The Method of Poetry Writing & Criticism

시 쓰기와 읽기의 방법

공광규

푸른사상

시 쓰기와 읽기의 방법

책머리에

　창작방법은 어떻게 쓸 것인가, 썼는가의 문제이다. 필자는 시 창작방법에 관하여 의식적인 관심과 노력을 기울여 오면서, 가능하면 창작방법을 중심으로 글쓰기를 해나가고 있다. 그러나 의식적인 의도와 현실적인 실천과의 사이에 늘 간격이 있음을 고백하지 않을 수 없다.
　창작방법의 특징을 밝히면서 어느 것은 지도비평의 지경에 이르고, 어느 것은 단순 해설의 나락에 떨어지기도 했다. 그러다보니 창작자에게 뜻하지 않은 상처를 주기도 하고 만족스럽다는 인사도 받았다. 또 어느 것은 작품 자체에 집중하기도 했지만, 어느 것은 작품 주변을 강조하거나 맴돌기도 하였다.
　시에 대한 대중의 친화력 소생을 위하여 '재미시론'을 제안하거나 시의 관찰을 통해 '적층구성'이나 '영상구성' 등을 생각해내기도 했으나, 낡은 해석 방식이 채용되기도 했다. 아직 필자가 균정된 글쓰기를 하고 있지 못하다는 얘기이기도 하며, 공부가 여실히 부족한 탓이기도 하다.

여기에 실린 글들은 한국문예창작학회 학회지인 ≪한국문예창작≫에 발표했거나 학회 세미나에서 발표한 글, ≪불교문예≫와 ≪문학사상≫ 등 문예잡지에 발표하거나 개인 시집 해설에 사용했던 것들이다.

창작방법 강의실천 기회를 준 단국대 김수복·강상대·박덕규, 한성디지털대 유한근·육효창 교수님께 감사를 드린다. 가까이에서 제목과 체제를 고민해준 광주대 이은봉, 동국대 장영우 선배님과 어려운 교정을 봐준 문숙 시인에게도 감사한다.

출판 시장의 어려움에도 불구하고 발행을 맡아주신 푸른사상 한봉숙 사장님과 편집실 직원들에게도 감사를 드린다. 이 책이 조금이나마 창작자와 독자들의 시 쓰기와 시 읽기에 도움이 되었으면 한다.

2006년 9월 일산 백석에서
공 광 규

차례

■ 책머리에

■■■■■ 여는 시론

1. 재미시론 ; 재미의 원리를 활용한 시 창작
  1. 여는 글   15
  2. 해학의 방법   17
  3. 풍자의 방법   24
  4. 희언의 방법   30
  5. 닫는 글   36

■■■■■ 창작 방법들

2. 박인환 ; 현실인식과 사실주의 방법   41
  1. 여는 글   41
  2. 해방기 현실인식과 시대의식 반영   43
  3. 전장의 생체험과 상흔의 형상화   53
  4. 닫는 글   61

3. 고 은; 선적 직관과 정경교융의 방법

1. 여는 글   64
2. 폐허현실에서 민중현실로 극전   66
3. 진술의 비약과 상식 모반의 표현   70
4. 전경후정의 인식과 인간 풍유   75
5. 닫는 글   79

4. 신경림; 풍유와 우화적 진술 방법

1. 여는 글   82
2. 풍유적 진술   83
3. 우화적 진술   92
4. 닫는 글   101

5. 박이도; 종교, 현실, 전통지향의 태도

1. 여는 글   103
2. 추상 관념과 종교지향의 태도   105
3. 일상 반영과 현실지향의 태도   111
4. 민담 수용과 전통지향의 태도   119
5. 닫는 글   125

6. 나태주; 자연 친화와 동화의 방법

  1. 여는 글   128
  2. 적층 구성과 어휘 반복   129
  3. 자연과 식물의 인격화   138
  4. 생태적 상상과 자연 동화   143
  5. 닫는 글   149

7. 김종철; 가족, 현실, 종교 제재의 형상화

  1. 여는 글   151
  2. 가족 일화의 회고적 구성   154
  3. 전장, 도시, 민중현실 묘사   164
  4. 기독교 신앙과 불교정신 수용   176
  5. 닫는 글   190

8. 최동호; 불교 제재의 영상구성과 선적 어법 활용

  1. 여는 글   192
  2. 불교 제재의 단편영상 구성   193
  3. 선적 어법과 중층은유 활용   200
  4. 닫는 글   205

9. 임효림; 사회변혁과 구도일상의 형상화

1. 여는 글   206
2. 민중 현실의 구체적 진술   207
3. 사회변혁 의지의 사실적 표현   216
4. 자연과 수행 일상의 비유적 표현   228
5. 닫는 글   234

10. 박몽구; 인식의 대립구성과 인유의 활용

1. 여는 글   236
2. 인식의 대립 구성   237
3. 음악 제재의 인유   244
4. 닫는 글   251

11. 문숙; 생활제재의 부정과 비극적 상상

1. 여는 글   253
2. 일상 생활제재의 서정화   254
3. 부정과 비극의 어휘 사용   262
4. 회고적 연애와 관능의 상상   269
5. 닫는 글   278

12. 표성배; 공장 공간과 노동 일상의 표현

1. 여는 글 279
2. 생물어 투입과 공장 공간의 서정화 280
3. 노동현실의 반영과 비극적 인물 형상 288
4. 닫는 글 297

닫는 시론

13. 정치시론; 사회정치적 상상력 시의 전통과 현재

1. 여는 글 301
2. 사회정치적 상상력의 시적 전통 303
3. 반자본, 반제국주의를 선동한 박인환 309
4. 역사와 사회인식을 강조한 신경림 313
5. 닫는 글 317

■ 찾아보기 • 321

여는 시론

1. 재미시론; 재미의 원리를 활용한 시 창작

1. 여는 글

필자는 최근 현재 문학의 위기를 극복할 작은 해법의 하나로 시에 재미를 적극 도입해보자는 '재미의 시학'[1]을 제안하였다. 재미는 한자 '자미(滋味)'에서 온 말인데, 아기자기한 즐거운 기분이나 흥취를 말한다. 시에서 재미의 문제는 연원이 오래된 비평적 관심이었다.[2] 서사의

---

[1] 공광규, <재미의 시학>, ≪시와정신≫, 2006 봄, pp.26~41 및 공광규, <재미의 원리를 활용한 시창작 방법>, ≪문학교육과 문예창작≫, 한국문예창작학회 제10회 정기학술세미나, 2006.4.22 참조.

[2] 중국 남조시대 문학이론가인 종영(서기 466?~518)은 시가평론집인 『詩品』의 서(序)에서 자미를 언급하여 "5언시가 문학에 있어 중요한 위치를 차지하는 까닭은 많은 작품들이 자미를 갖추고 있기 때문이다.(五言居文詞之要 是衆作之有滋味者也)"라고 하였다. 종영은 자미를 기준으로 영가(진나라 회제 연호. 서기 307~312) 시기에 한때 유행한 현언시(玄言詩)가 "이치가 문사를 넘어섰고 담담하여 맛이 부족(理過其辭 淡乎寡味)"하다고 비판하였다. 현언시는 현리(玄理)를 드러내기에 골몰해서 정작 시의 형상이나 의경은 소홀히 했으며 추론만 중시해

긴장과 충돌, 반전을 통한 극적 구성 등이 산문에서 재미를 산출하는 방법3)이라면, 시 창작에서 재미를 산출하는 방법은 해학(유머), 풍자(새타이어), 풍유(알레고리), 역설(패러독스), 풍자적 개작(패러디), 언어유희(펀), 기지(위트), 농담(조크), 축소와 과장, 자기비하와 폭로 등이 있을 것이다.

우리는 이미 '재미의 시학'을 위한 준비된 근원과 시적 전통을 풍부하게 가지고 있다. 민중의 감정이 스민 민요, 민담·전설·신화 등 설화, 향가, 고려가요, 한시, 시조와 사설시조, 판소리와 민속극에서부터 우스갯소리를 수용한 현대의 시에서 쉽게 확인할 수 있다. 아무튼 재미는 우리의 전통적 문학자질 가운데 중요한 요소였으며, 이는 현대시에도 중요한 방법으로 활용되고 있다.4)

그런데 문학의 귀족주의자나 엄숙주의자, 숭문주의자들은 재미의 시학, 재미의 문학이 휴식문학, 여가문학이지 본격문학이 아니

격정은 결핍되어 있었다. 이 때문에 현언시의 전반적인 병폐는 독자들에게 정서적으로 호소할 수 있는 힘을 찾을 수 없다는 것이었다. 그는 "풍력을 근간으로 삼아 단청과 채색으로 윤색하면 이를 맛보는 사람이 다함이 없을 것이고 듣는 사람의 가슴은 진동할 것이다.(之以風力 潤之以丹彩 使味之者無極 聞之者動心)"라고 시맛의 창조 문제로 풍력과 단채의 결합을 주장하였다. 종영은 자미설로 시를 논하는 표준으로 삼았다.(임종욱, 『중국의 문예인식』, 이회, 2001, pp.167~171 참조.)
3) 일반 서사에서 재미를 산출하는 핵심은 다중구조와 복선, 긴장의 축적과 반전, 창작자와 독자의 공유경험일 것이다.(이현비, 『재미의 경계』, 지성사, 2004. 참조) 재미에 관한 일반이론을 작품 분석이나 창작 방법에 적용하는 것도 가치가 있을 것 같다. 이는 다음 기회로 미루기로 한다.
4) 권혁웅은 최근(2005년)의 몇몇 젊은 시인들에게는 1980년대 시인들이 걸머져야 했던 역사와 시대에 대한 채무 의식이 없고, 1990년대 시인들이 내세운 그럴듯한 서정과 고만고만한 서정이 없는 대신에 '재미'가 있다고 하였다.(권혁웅, 「미래파—2005년 젊은 시인들」, 『미래파』, 문학과지성사. 2005, pp.149~150 참조.)

지 않느냐는 이의를 제기할 수 있다. 그러나 문학 작품의 생명력은 상당수 재미를 통해 유지된다는 사실이다. 딱히 시는 아니지만 계속하여 시의 제재로 복제되는 처용설화와 함께 전하는 「처용가」에서부터 민요, 「춘향전」 등 연희문화나 폭소를 자아내게 하는 박지원의 소설류 등이 그러한 사례이다. 서구의 『아라비안 나이트』나 『오딧세이』, 『이솝우화』 등도 재미 때문에 살아남은 세계적인 걸작일 것이다.

시에 재미를 수용하기 위한 여러 가지 방법이 있겠으나 여기서는 비교적 보편화된 해학과 풍자, 희언의 방법을 활용한 민요나 시가와 현대시를 검토하고 필요할 경우 필자의 창작 경험을 제시해보고자 한다. 해학이 대상의 은근한 접근을 통해 악의가 없는 재미를 준다면, 풍자는 대상을 공격하고 비판하고 폭로하여 재미를 주고, 희언은 언어의 다양한 사용을 통해 재미를 준다는 입장을 가지고 접근해보도록 하겠다.

2. 해학의 방법

골계는 우리말로 익살이다. 익살은 남을 웃기기 위하여 일부러 하는 재미있고 우스운 말이나 짓이다. 익살은 해학과 풍자를 포함하는 말이다. 해학은 영어의 유머[5]에 해당하며, 웃음으로 독자에게 우행과 악덕

---

[5] 유머에는 긍정적 유머와 부정적 유머가 있는데, 긍정적 유머는 타인과 함께 웃고 긴장을 풀 수 있는 유머이고, 부정적 유머는 누군가를 난처하게 만들거나 비

에서 벗어나도록 하는 것이다. 그리고 감정을 부드럽게 만들어주고, 호탕한 웃음과 함께 고된 현실로부터의 도피와 해방, 방어, 슬픔, 상처, 비밀, 폭로와 수치감을 주기도 한다.6)

민요는 해학의 보고이다. 필자의 고향인 청양 지역에서 모내기할 때 부르는 민요인 「이앙요」7)를 하나 보자. 시의 대상인 식물의 생태와 인간의 생태를 병렬시키고 있다.

> 유자 탱자는 의가 좋아
> 한 꼭지에 둘이 여네
> 처자 총각은 의가 좋아
> 한 베개에 잠이드네

창자는 처음 두 행에서 한 꼭지에 두 개가 열리는 유자와 탱자의 생태를 말한 다음, 나머지 두 행에서 한 베개에 남녀가 잔다는 인간의 행위를 통사구조의 반복과 병렬구성을 통하여 재미를 준다. 이러한 방법은 민요에서 흔히 나타나는 재미의 전략이다. 결혼한 부부도 아니고 신랑 각시도 아닌, 미혼의 처자와 총각이 한 베개에 든다는 상황은 더 극적 재미를 준다.

한국문학에서 해학의 전통은 대단하다. 이미 『삼국유사』에 설화와 함께 전하는 향가인 「처용가」8)에서 그 싹을 보여준다.

꿈으로써 웃음을 유발하게 하는 것이다.(≪주간동아≫ 2006.1.31~2.7, pp.30~33 참조)
6) 이주열, 『한국현대시에 나타난 해학성과 정신』, 푸른사상, 2005, pp.13~25 참조.
7) 청양문화원, 「이앙요」, 『청양의 구비문학』, 2001, p.34.
8) 일연, 이민수 역, 『삼국유사』, 을유문화사, 1983, p.139 참조.

동경 밝은 달에
밤들어 노닐다가
들어와 자리를 보니
다리 가랑이 넷일러라
둘은 내해이고
둘은 뉘해인고
본디 내해지만
빼앗겼으니 어찌할꼬

처용설화에 대한 여러 가지 해석이 있지만 다리가 네 개 가운데 두 개는 내 것인데 나머지 두 개는 누구의 것이냐는 표현방식이 재미있다. 시에 설화를 채용하면 시에 개성미가 적고 예술성이 낮다는 비판이 있을 수 있으나 꼭 그렇지만은 않다. 설화를 전거로 현대의 서정주나 김춘수는 시를 재미있게 썼다는 증거가 있으며, 다른 많은 시인들이 설화를 시의 제재로 채용하여 시 창작을 하고 있다. 이들은 설화로부터 서정적 충동을 받아 시에 설화를 수용했던 것이다. 처용설화를 수용하여 재미있게 재구한 서정주의 시를 보자.

달빛은
꽃가지가 휘이게 밝고
어쩌고 하여
여편네가 샛서방을 안고 누운게 보인다고서
칼질은 하여서 무얼하노?
고소는 하여서 무엇에 쓰노?
두 눈 지그시 감고
핑동그르르 한바퀴 맴돌며
마후래기 춤이나 추어보는 것이리라.

피식! 그렇게 한바탕 웃으며
　　　"잡신아!　잡신아!
　　　만년 묵은 이무기 지독스런 잡신아!
　　　어느 구렁에 가 혼자 자빠졌지 못하고
　　　또 살아서 질척질척 지르르척
　　　우리집까정 빼지 않고 찾아 들어왔느냐?"
　　　위로 옛 말씀이라도 한 마디 얹어 주는 것이리라.
　　　이것이 그래도 그 중 나은 것이리라.
　　　　— 서정주, 「처용훈－『삼국유사』 제2권, '처용랑, 망해사'조」 전문

　　이 시는 처용설화를 선행 재료로 하고 있으며, 처용설화 중 향가 「처용가」에 얽힌 사연을 소재로 삼고 있다. 처용 설화의 특정 장면을 시인이 변사가 된 것처럼 설화의 내용을 구술하고 있다.[9] 결혼한 여자를 낮추어 부르는 '여편네', "무얼하노?" "무엇에 쓰노?"하는 경상도 방언의 의문문, "잡신아!" 하고 부르는 호격 등 활달한 어휘로 처용 설화의 장면을 재미있게 구술하고 있다. 이 시의 화자는 창작자 자신이다. 그러나 원래 설화에서 화자는 처용이다. 대화 방식의 서술도 독특하다. 처용 설화를 채용할 경우 거의가 처용을 화자로 삼았지만 여기서는 창작자가 처용에게 말하는 형식이다.

　　유교주의로 잘 무장된 우리의 점잖고 근엄한 유학자들은 해학을 좋아해서 해학집을 책으로 묶어 돌려보기도 했다. 조선 초기에 오랫동안 문단을 장악했던 서거정 같은 경우가 대표적이다. 서거정은 40여년간 『경국대전』, 『동국여지승람』, 『동국통감』 등 저술 참여와 『동문선』을

---

9) 오정국, 「한국 현대시의 설화 수용 양상 연구」, 중앙대학교 대학원 문예창작학과 박사학위논문, 2002, pp.24~25 참조.

편찬하면서 조선의 치교와 빛나는 문장을 전부 정리한 사람임에도 뜻밖에 『골계전』10)을 지었다. 그는 자신이 해학을 좋아한다고 직접 말하였다. 그는 세상의 인정을 받고 명성을 얻거나 나라를 다스리는 데 필요한 글은 힘든 글이어서 마음을 피로하게 한다고 하였다. 그래서 세상 근심과 무료함을 없애기 위해서 '휴식의 문학'으로 이 전을 지었다는 것이다. 이러한 골계담이 서거정 만의 것이 아니라 강희맹, 송세주, 성현 등의 저작들에서도 적지 않은 비중을 차지하며, 이러한 것들은 민중문학의 전통과 연결되고 있다.11)

김삿갓의 시 역시 재미의 원리를 창작 방법으로 채택한 시인이다. 그는 발상 전환을 통해 해학이 넘치는 시를 많이 창작하였다.

> 네 다리 소반 위에 멀건 죽 한 그릇
> 하늘에 뜬 구름 자취 그 속에 함께 떠도네
> 주인이여 그러나 미안해하지 마오
> 물 속에 비치는 청산을 나는 좋아 한다오
>
> — 김삿갓, 「무제」 전문

화자가 외딴집에서 죽 한 그릇 얻어먹으면서도 민중의 어려움을 배려하는 모습이 보인다. 빈궁한 살림이라서 멀건 죽으로 손님을 대접하며 미안해하는 주인에게 시인은 죽 그릇에 떠 있는 청산을 더 좋아한

---

10) 서거정이 조선 성종 8년인 1477년에 지은 설화집이다. 원래 이름은 『태평한화골계전』으로 모두 4권이다. 내용은 고려 말과 조선 초에 걸쳐 고관, 문인, 승도들 사이에 떠돌던 기발하고도 익살스러운 이야기를 모은 것이다. 한국 소설이 비롯되기 이전의 설화문학의 양상이 어떠한 것인지 관찰하는데 귀중한 자료가 된다.(『대세계백과사전-문학』, 태극출판사, 1981(개정중판), p.463 참조)
11) 조동일, 『한국문학사상사시론』, 지식산업사, 1982(3판), pp.125~127 참조.

다고 재치 있게 말을 한다. 주인은 시인의 말에 웃으며 더욱더 친밀감과 안도감을 나타냈을 것이다.12)

세상에 떠도는 재담에서 소재를 채취하여 시에 재미를 주기도 한다. 오탁번의 「굴비」13)라는 시를 보자.

> 수수밭 김매던 계집이 솔개그늘에서 쉬고 있었다
> 마침 굴비장수가 지나갔다
> ―굴비사려, 굴비! 아주머니 굴비사요
> ―사고 싶어도 돈이 없어요
> 메기수염을 한 굴비장수는
> 뙤약볕 들녘을 휘 돌아보았다
> ―그거 한 번 하면 한 마리 주겠소
> 가난한 계집은 잠시 생각에 잠겼다
> 품 팔러간 사내의 얼굴이 떠올랐다
>
> 저녁 밥상에 굴비 한 마리가 올랐다
> ―웬 굴비여?
> 계집은 수수밭 고랑에서 굴비 잡은 이야기를 했다
> 사내는 굴비를 맛있게 먹고 나서 말했다
> ―앞으로는 절대 하지마!
> 수수밭 이랑에는 수수 이삭 패지도 않았지만
> 소쩍새가 목이 쉬는 새벽녘까지
> 사내와 계집은
> 풍년을 기원하며 수수방아를 찧었다

---

12) 김규동, <김삿갓과 한하운 시의 대비적 고찰―방랑시를 중심으로>, 창원대학교 대학원 국어국문학과 석사학위논문, 2004, pp.40~41 참조.
13) ≪시와사람≫, 2004 봄, pp.154~155.

며칠 후 굴비장수가 다시 마을에 나타났다
　　그날 저녁 밥상에 굴비 한 마리가 또 올랐다
　　―또 웬 굴비여?
　　계집이 굴비를 발라주며 말했다
　　―앞으로는 안 했어요
　　사내는 계집을 끌어안고 목이 메었다
　　개똥벌레들이 밤새도록
　　사랑의 등 깜박이며 날아다니고
　　베짱이들도 밤이슬 마시며 노래 불렀다
　　　　　　　　　　　　　― 오탁번, 「굴비」 전문

　시중에 떠도는 우스갯소리를 채용한 시이다. 처음에 웃음이 나오다가 나중에 아내가 성을 팔아서 사온 조기를 먹어야 하는 가난한 가장의 슬픔 때문에 울컥해지는 시이다. 창작자는 옛날 시점의 우스갯소리를 재구성하는 방법을 사용하였다. 아마 창작자는 이 우스갯소리를 술자리에서 듣거나 지면에서 읽었을 것이다. 그리고 집이나 사무실로 돌아와 적절한 변형을 거쳐 한 편의 시로 제작했을 것이다.14)

　그러나 시의 내용과 우스갯소리의 내용은 일치하지 않는다. 이는 우스갯소리가 시정에서 입과 입으로 돌아다니며 첨삭되거나, 시인이 우스갯소리를 시로 재구성하면서 내용을 변형시켰기 때문이다. 우스갯소리의 내용과 시의 내용이 일치한다면 시 쓰기는 거의 실패할 것이다. 그것은 시가 우스갯소리의 내용 요약에 불과하기 때문

---

14) 필자는 이 시의 원형이 되는 '조기장수 이야기'를 유머집에서 읽은 적이 있다. 그 책에서는 본 이야기의 장소적 공간이 충청북도 어느 마을에서 일어난 일이라고 하였으나, 그것도 책을 펴내는 과정에서 변형되었을 수 있다.

이다.

3. 풍자의 방법

　해학이 은근하고 악의가 없는 웃음을 주는 것이라면, 풍자는 추악한 대상을 매질하여 보복의 달콤함을 대리 경험하게 하기 때문에 대상을 불쾌하게 하며, 현실을 폭로하고 반항적인 태도를 취하는 방법이다.15) 풍자는 인간의 우행과 위선, 사회의 악덕과 부조리를 폭로하는데 주력한다. 풍자의 궁극적 목적은 부정적 대상과 가치를 개선하고 도덕적 이상을 실현하는 데 있다. 풍자는 현상과 본질의 대립구도를 즐겨 사용하며 목적을 달성하기 위해 위트, 아이러니, 야유, 욕설, 패러디, 역설, 부풀리기, 깎아내리기 등의 기교나 어조를 사용하여 풍자의 효과를 달성한다.16) 풍자는 대상에 따라 개인 공격의 저급한 풍자, 정치권력을 비판하는 정치적 풍자, 인류 전체를 조소하는 고급 풍자, 자기가 자기를 해부하고 비판하고 욕하는 자기 풍자17)가 있으나 정치 풍자, 세태 풍자, 성적 풍자로 유형화할 수도 있다.
　청양 지역의 민요 가운데「범벅타령」18)이라는 것이 있다. 이것은 여성의 바람끼를 풍자한다.

---

15) 이주열, 앞의 책.
16) 이순욱,『한국의 현대시와 웃음시학』, 청동거울, 2004, pp.29~30 참조.
17) 홍문표,『시창작 원리』, 창조문학사, 2002(5판 개정), p.443.
18) 청양문화원, 앞의 책, pp.59~62 필자가 재구성.

어리여 둥둥 범벅이야 둥글둥글 범벅이야
누가 잡술 범벅인가 김도령 잡술 범벅이야
이도령은 멥쌀범벅 김도령은 찹쌀범벅
이도령은 본 낭군이요 김도령은 후 낭군이요
이도령이 나간 뒤에 계집년의 거동 봐라
김도령을 기다려서 마중 나와 얼싸안고
안방으로 들어가서 홍공단이불 뒤집어쓰고
굼실굼실 잘도돈다 이리굼실 저리굼실
이월에는 시래기범벅 삼월에는 쑥범벅
사월에는 느티범벅 오월에는 수리치범벅
유월에는 밀범벅 칠월에는 수수범벅
팔월에는 꿀범벅 어화둥둥 범벅이로다

이 노래의 주인공은 여성이다. 여성이 자기 남편인 이도령에게 만족하지 못하고 다른 남자인 김도령과 바람을 피우는 내용이다. 요즘에도 충분히 있을만한 이야기다. 아내는 자기 남편에게는 맛이 없고 질이 떨어지는 멥쌀 범벅을, 애인에게는 찹쌀 범벅을 해준다. 거기다 남편이 나간 사이에 애인에게 열두 달 열두 가지 범벅을 모두 해준다. 그리고 애인을 방에 끌어들여 홍공단 이불 속에서 '굼실굼실' 성행위를 한다. 이불 속에서 하는 남녀의 성행위를 맛있는 범벅을 만드는 것으로 비유하고 있다. 남녀가 몸을 뒤섞는 것을 범벅을 통해 암시하는 것이다. 이 시는 '계집년'이라는 욕설이 해학의 경계를 넘는 풍자라고 할 수 있다. 창자는 자신의 도덕적 표준을 넘어서는 행위를 '계집년'이라고 욕함으로써 다른 남자와 놀아나는 시적 주인공을 '교정'하려고 하기 때문이다.

풍자는 대상을 비하, 격하시키기도 한다. 인간이 욕망하고 통제하는 권력집단인 종교는 오래전부터 민중들의 풍자와 조롱의 대상이 되어 왔다. 욕망의 억제와 윤리적 삶의 표상인 승려들이 스스로 일탈 행위를 해왔기 때문이다.

　　중놈도 사람인 체하여
　　자고 가니 그립더군
　　중의 송낙 나 베고
　　내 족두리 중이 베고
　　중의 장삼 나 덮고
　　자다가 깨달으니
　　둘의 사랑이
　　송낙으로 하나 족두리로 하나
　　이튿날 하던 일 생각하니
　　흥뚱항뚱해지누나

조선 말 창작자를 알 수 없는 시이다. 억불정책으로 승려들의 도성 출입을 막았던 조선 말. 이 때는 승려들이 사람취급을 받지 못했다. 이 시에서도 "중놈도 사람인체하여"라는 표현을 통하여 승려를 비하하고 있다. 승려계급에 대한 풍자는 오래된 민중시의 전통이다. 더구나 여기서는 정책적으로 억압받는 성직자를 성의 타락을 통해 더욱 비하하고 있다. 이 시는 중과 성행위를 한 여성 화자를 통해 당대의 보편화된 승려계급의 타락과 당시에 풍미했을 수도 있는 여염집 아낙의 성적 일탈을 고발하는 기능도 하고 있다. 요즘 시대에도 신문에 간간히 보도되는 것과 같이 성직자와 부녀의 성적 일탈 행위는 충분히 가능한 일이다.

  황지우는 신문기사와 낙서에서 소재를 채용하여 비속한 일상을 풍자한다. 수사법상 인유의 방법이다.

> 길중은 밤늦게 돌아온 숙자에게
> 핀잔을 주는데, 숙자는 하루종
> 일 고생한 수고도 몰라 주는 남
> 편이 야속해 화가 났다. 혜옥은
> 조카 창연이 은미를 따르는 것
> 을 보고 명섭과 자연스럽게 이
> 야기를 나누게 된다. 이모는 명
> 섭과 은미의 초라한 생활이 안
> 스러워…
>
> 어느날 나는 친구 집에 놀러
> 갔는데 친구는 없고 친구 누
> 나가 낮잠을 자고 있었다.
> 친구 누나의 벌어진 가랑이
> 를 보자 나는 자지가 꼴렸다.
> 그래서 나는…
> ― 황지우, 「숙자는 남편이 야속해 KBS 2TV, 산유화(하오 9시 45분)」 전문

  기존 시 형식을 파괴한 낯설기와 비속한 내용의 드러냄이 독자에게 재미를 준다. 사람들의 관습적이고 저속한 일상성을 드러내기 위해 1연은 티비 연속극을, 2연은 공중화장실의 낙서를 소재로 채용하였다. 티비 연속극과 낙서가 시가 될 수 있다는 데서 의외성과 재미를 준다.

특히 2연은 저급하고 비속한 낙서가 시에 수용되면서 창작자와 독자의 공유된 경험으로 재미를 주게 된다.

　김영승은 대중적인 농담을 채용하여 현대 사회에 범람하고 있는 은폐된 성의 일탈을 풍자하고 있다.

　　　당신 섹스 파트너는 솔직히
　　　몇 명이었소?
　　　킥킥.

　　　한 부부가 염라대왕 앞에 갔단다
　　　염라대왕이 부부를 각각 따로따로 떼어놓고
　　　자신이 몇 번 간음을 했는가 절대
　　　비밀로 할 테니 말하라고 했고
　　　그리고 간음 한 번에 팔뚝에 한 땀씩
　　　바느질을 하는 벌을 주기로 했다

　　　남편은 딱 두 번이라고 고백하고
　　　아얏! 두 번 꼬맸다

　　　다 꼬매고 남편이 아내는 왜 아직 안 오나 몰래 보니
　　　아내는 들들들 재봉틀로 누비를 당하고 있었다나
　　　　　　　　　　　　　　　─ 김영승, 「반성 810」 부분

　이 시는 현재 보편화되었으나 드러나지 않은 은폐된 성의 일탈을 시의 내용에 담아 드러내고 있다. 이 시를 읽는 독자는 은폐되어 있으나 이미 다 알고 있는 사실을 드러낸 시를 읽으면서 공감과 재미를 느낄 것이다. 김영승은 다른 시에서도 비 시적 담론을 과감하게 채용하여 재미를 주고 있다. 현실의 세속성에 대한 시적 대응인 것이다. 그러면 필자의 창작 사례를 들어보자.

>친구들은 기독교 신자인 나를
>도덕교과서라고 부른다. 그러나
>회사 접대 술을 마실 때면 항상
>여자를 옆에 앉히는 버릇을 가졌던 나는,
>생일날 친구네 식구들을 초청하여
>술을 마시다가 나 자신도 모르게,
>친구 아내의 사타구니에 그만
>손을 넣는 바람에 대판 싸우고
>뜻하지 않게 친구까지 잃었다.
>"애새끼들만 아니면 네 놈하고 안 살아!"
>아내는 울고불고하다가
>지갑을 압수하고 신용카드란 카드는
>모두 가위로 잘라버렸다.
>"쌍놈! 신용 지랄하네!
>그놈의 물건도 그냥 잘라버릴쳐!!"
> ― 공광규, 「우리집에서 생긴 일」 전문

위 시는 풍자적 음성이 일인칭 화자인 '나'를 솔직하게 말하는 직접적 풍자이다. 시에 겉으로 드러나는 화자는 자기풍자가 분명하지만 내용은 타자 풍자이다. 타인의 악덕과 약점을 조소하기 위해 자신을 비판하는 기법에서 자연스럽게 재미를 드러낸다. 창작자는 화자를 일인칭화하여 교회에서 도덕을 강조하는 기독교신자이면서도 도덕불감증에 걸린 '나'를 솔직하게 고백해버린다. 저급한 상업자본주의 삶에서 흔히 일어나는 신앙과 생활의 불일치이다. 창작자의 생활이 실제로 그렇든 아니든, 위선적 종교를 가지고 있든 아니든 상관없다. 생계를 위한 회사원으로서 화자의 습관화된 부도덕성을 고백하여, 불특정 독자에게 한바탕 웃음과 도덕적 위의성을 갖게 하여 재미를 주려는 것이다. 독자는 시를 읽으면서 생계를 유지하기 위해 반성 없이 일상을 영위하는 자신의 도덕 불감증에 걸린 관성적 삶을 돌아볼 것이다.

4. 희언의 방법

희언법은 언어유희로 말놀이, 말재롱을 통하여 시성을 획득하는 창작 기법이다. 희언법은 여러 유형이 있으며, 아이러니의 한 형식으로 말을 통해 재미를 주는 반어적 수법[19]이기도 하다. 영어로 펀(Fun)인 말재롱은 소리는 같거나 유사하지만 뜻이 전혀 다른 말이나 두 개의 뜻을 가진, 단어표기만 다를 뿐 발음과 뜻이 유사한 단어를 사용한다. 송욱은 「何如之鄕 5」에서 "痴情같은 政治", "現金이 實現하는 現實" 등의 언어유희로 부조리한 사회현실을 신랄하게 비판[20]하기도 하지만, 꼭 현실 풍자를 하는 것만은 아니다. 말놀이를 통한 재미의 방법을 먼데서 찾을 필요도 없다. 우선 어려서 듣고 부른 자신의 고향 민요를

---

19) 홍문표, 위의 책, p.451.
20) 김준오, 『시론』, 1982, p.180 참조.

생각해보자.

  이게 무엇이오
  옷이요
  네, 옵니다

  이게 무엇이오
  잣이요
  네, 먹습니다

  이게 무엇이오
  갓이요
  네, 갑니다

 필자의 고향인 청양에서 불려지던 민요인 「자음요」[21]이다. 옷이요와 옵니다, 잣이요와 먹습니다, 갓이요와 갑니다는 발음이 유사하지만 전혀 다른 의미의 말로 받는다. 유사음 잇기이며, 수사법상 희언법이다. 대답이 예상을 뒤엎고, 기대를 배반하여 재미를 준다.
 이규보는 신라 이래 오랜 인습을 지켜온 문벌 귀족의 권력을 공격하고 특권의식, 사대의식, 형식주의, 보수적 문학관을 청산하기 위해 실천한 문인이다. 스스로 자신을 시마(시의 마귀)에 걸린 광객(미친 손님)이라고 했다. 이규보는 술 마시고 시를 짓는 것을 좋아하였으며, 이인로를 중심으로 하는 불투명하고 위선적인 지식인인

---

[21] 「자음요 1」, 『청양의 구비문화』, 청양문화원, pp.23~24.

죽림칠현을 공격하였다. 죽림칠현은 지금으로 말하면 최고의 가문에다 공부를 잘하던 보수적 엘리트 그룹이었다. 그들은 실제로는 관직을 바라면서도 그렇지 않은 척하며 술을 마시고 시를 짓고 기생과 놀고 방약무인하여 민중들로부터 지탄을 받았던 계급이었다. 벼슬살이와 시 창작을 적극적으로 한 이규보의 재미있는 시 한 편을 보자.

牡丹含露眞珠顆	진주 이슬 머금은 모란꽃을
美人折得窓前過	미인이 꺾어들고 창 앞을 지나며
含笑問檀郎	살짝 웃음띠고 낭군에게 물었다
花强妾貌强	"꽃이 예뻐요, 제가 예뻐요?"
檀郎故相戱	낭군이 짐짓 장난을 섞어서 말했다
强道花枝好	"꽃이 당신보다 더 예쁘구려."
美人妬花勝	미인은 그 말 듣고 토라져서
踏破花枝道	꽃을 밟아 뭉개며 말했다
花若勝於妾	"꽃이 저보다 더 예쁘시거든
今宵花同宿	오늘밤은 꽃을 안고 주무세요."

— 「折花行(꽃을 꺾어들고 가면서)」 전문

여성 주인공의 기지가 엿보이는 시이다. 남자가 여자보다 꽃이 더 예쁘다는 말을 했다가 낭패를 보고 있다. 이규보가 쓴 이 재미있는 대화체의 시를 읽으면서 독자들은 웃음을 터뜨릴 것이다. 이것이 상당히 진취적이고 혁신적인, 유교는 물론이고 불교경전까지 외울 정도로 두루두루 공부를 많이 한 이규보라는 선비의 시인 것이다. 이규보는 시가 자기만족을 위한 것이 아니라 자신이 흥을 느껴 들뜨고, 다른 사람도 들뜨게 만드는 것이라고 하였다.

절간의 스님들이 사용하는 선시도 비약과 파격을 통해 재미를 준다. 선시적 표현기법의 모범은 아무래도 최근에 성철 스님이 남긴 오도송인 "산은 산이요, 물은 물이다"일 것이다. 싱겁기 짝이 없는 어법이다. 당연한 말이며 말할 필요가 없는 말이다. 그러므로 당연한 말 속에 진리가 있는 것이다. 역설이며 언어당착이다. 선시의 수사법은 역설과 유사하다. 언어당착적인 모순어법을 사용하여 깨달음의 세계를 글로 표시하는 것이다.

뙤약볕 속 찬 서리 구슬을 맺고
쇠 나무에 핀 꽃 광명을 자랑한다
진흙소 포효소리 바다 속 달리고
바람에 우는 나무 말, 도의 길을 가득 채운다

17세기에 살았던 허백 명조라는 스님의 선시이다.22) 뙤약볕 속에서 찬서리가 내릴리 없고, 쇠가 나무가 될 수도 없으며, 꽃이 필 리가 없다. 또 진흙으로 만든 소가 어떻게 울겠는가. 거기다 진흙으로 만든 소가 바닷속으로 들어가기란 불가능하다. 진흙은 물속에서 금방 녹아

---

22) 송준영은 이 시가 선시 표현방법론에서 중시되는 반상합도의 표현법을 극명하게 보여주는 시로 보고 있다. 정상이 아닌 기이한 사물과 상호 충돌적인 이미지를 등장시켜 독자를 황당하게 한다는 것이다. "뙤약볕 속 서리"와 "쇠나무에 핀 꽃"이 그것이며, 진흙소가 큰 울음을 울고, 진흙소가 바다에 든다, 바람에 우는 나무말, 길을 메운 그 소리 등이 독자를 황당 무게한 속으로 밀어넣고, 독자에게 충격적 당황감을 경험하게 하며, 독자가 현실적인 기본질서나 정상으로 인정하는 기본 바탕을 고의적으로 깨어버린다고 한다.(송준영, '선시와 아방가르드 시', <선과 아방가르드>, 2006년 시와세계시학회 창립기념 제1회 학술세미나 자료, 2006.1.14, p.15 참조.)

버릴테니까. 또 나무로 만든 말은 울 수가 없다.23) 이처럼 선시는 불가능한 사실의 열거를 통해 초월적 은유를 하는 것이다. 모순어법이 재미를 준다. 모순어법이라는 것은 언어당착이다. 모순된 표현으로 서로 다른 두 세계를 동질화시키는 것이다. 시적 대상에 상상력의 자유와 초월적 인식을 보여주고 있다.

다음 시는 필자의 창작 실천의 사례이다. 성을 제재로한 시가 아니어도 재미가 가능하다는 것을 보여준다. 제재를 어떻게 요리하느냐에 따라 다른 것이다. 대화체를 사용하였다.

> 마부가 말했다.
> 지금 마차는 사십오 세 역을 지나고 있습니다.
> 나는 마부에게 항의했다.
> 왜 이렇게 빨리 지나는 거요, 이건 내가 원하는 속도가 아니오.
> 마부는 말했다.
> 이봐요, 손님. 속도는 당신 주민등록증에 써 있소. 쯩을 까보시오.
> 나는 쯩을 쥔 손을 부르르 떨며 마부에게 떼를 썼다.
> 억울해요, 좀 천천히 가거나 마차를 멈춰주시오.
> 마부는 근엄하게 말했다.
> 이 마차는 속도를 늦추는 법이 없소. 내리면 다시 탈수도 없구요.
> 나는 더욱 놀라서 마부에게 졸랐다.
> 그렇다면 시간을 파는 가게를 찾아주시오. 돈은 얼마든지 있어요. 몸과 영혼과 시간을 다 바쳐서 번 돈 말이오. 시간을 살 수만 있다면 모든 걸 당신에게 주겠어요.
> 마부는 심각하게 말했다.
> 글쎄요, 이 마부조차 시간을 파는 가게가 있다는 얘기를 아직까

---

23) 박인환의 시 「목마와 숙녀」에서 '목마'가 울며 떠났다는 표현이 나오는데, 이는 언어의 재미 측면에서도 고려해볼 만하다.

지 들어본 적이 없소. 그러나 당신의 용기가 가상하니 찾아보죠.
　　마부는 채찍을 마구 휘둘러대며, 시간을 파는 가게를 찾아서 달리고 달렸다. 마차의 속도는 갈수록 더 빨라졌고, 시간을 파는 가게는 가도 가도 나타나지 않았다. 나중에는 마차가 너무 빨리 달리는 바람에 나는 겁이 나서 마부에게 소리쳤다.
　　마부나으리, 여기서라도 당장 내려주시오, 어서! 제발!!
　　마부는 냉정하게 말했다.
　　그러죠, 늙은이. 이 마차에서 내리는 순간 당신은 꽥이오.
　　　　　　　　　　— 공광규, 「시간의 마차 위에서」 전문

'쯩'은 주민등록증의 줄임말 강조이다. 술집에서 찻집에서 서로 주민등록증을 보여주면서 나이를 확인할 때 '쯩을 까볼까?' 제안을 하는 현대 유행 속어이다. 자립명사인 주민등록증의 음절수를 언어의 경제적 효과를 위해 줄이면서 '증'이라는 비자립명사가 되자, 그 음절 보상을 위해 경음화하여 강조하는 것이다. 연극 대사 같은 빠른 대화법과 쯩, 늙은이, 꽥이요 등의 상말을 사용하여 재미있게 구성하려고 하였다. 독자는 이 시를 읽어가다 웃음 뒤에 숨어있는 인생의 시간이나 나이 먹어가는 것에 대한 비애를 환기할 수 있을 것이다. 창작자는 웃음의 주요한 소재인 성을 이야기하지 않고도 재미있고 의미 있는 시 쓰기를 할 수 있다는 것을 보여주려고 하였다.

5. 닫는 글

　시의 대중화와 문학의 위기를 극복하기 위한 하나의 대안으로 현대시에 재미를 수용해보자는 '재미의 시학'을 어설프게나마 제안하고 민요와 한시, 선시, 시조에서 몇 가지 재미의 원리와 방법을 추출하여 보았다. 재미의 원리는 우리의 전통 구비문학이나 기록문학, 연희문화에서 빈번하게 발견된다. 서민문학이 주류화된 조선후기의 사설시조와 판소리, 민속극에서 역시 마찬가지다.
　인용한 구전 민요와 전래 동요에서는 해학과 성적 일탈 욕구에 대한 구체적이고 솔직한 표현과 말놀이, 민요와 옛 시가에서는 노골적인 성적 풍자, 이규보의 한시에서는 대화법을 통한 시적 주인공의 기지와 반전, 김삿갓의 한시에서는 해학적 상상, 선시에서는 언어당착적 모순 어법 등을 창작 원리로 하고 있음을 살펴보았다. 이러한 방법은 독자에게 놀라움과 웃음을 통해 시 읽는 재미를 준다.
　그리고 현대시에서 서정주, 오탁번, 황지우, 김영승의 시를 실례로 살펴보았다. 또한 필자가 직접 창작한 시를 가지고 재미의 원리를 살펴보았다. 그러나 좀더 많은 시가 양식을 사례로 분석하여 재미의 원리를 추출하거나, 추출된 원리와 같은 유형의 현대시들을 많이 인용하여 분석하지 않은 것이 한계이다.
　필자의 시를 인용한 것은 부끄러운 일이나, 다분히 '재미의 원리'를 필자가 창작으로 실천해보았다는 의미로 이해하였으면 한다. 그러나

이 글을 쓰면서 재미에만 치중하여 지나치게 무정치, 탈사회적인 시만 생산해서는 안 되겠다는 주문도 해본다.
 필자는 이 땅의 문예 창작자들이 재미의 원리와 방법을 통하여 재미있는 문학, 재미있는 시, 그러면서도 개인과 사회에 모두 도움이 되는 작품들을 많이 생산할 것을 주문한다.

창작 방법들

2. 박인환; 현실인식과 사실주의 방법

1. 여는 글

박인환은 1946년 12월 <국제신보>에 「거리」를 발표하여 등단한 후 10여 년 동안 문단에 숱한 일화와 화제를 뿌리다가 1956년 3월 20일 31세로 죽었다.[1] 지금까지 그에 대한 시사적 평가는 "해방 후에 나타난 새로운 모더니스트"[2]로 집약된다고 보아도 무방하며, 그의 시세계는 주로 "도시문명에 대한 비판, 물량주의, 자본에 대한 혐오, 그리고 팽배된 죽음의식"[3]이나 "소박한 센티멘털리즘에 바탕을 둔 허무주

---

[1] 이 글은 '공광규, 「전후 현실인식과 사실주의 방법」, ≪문학사상≫ 2006. 6월호'를 보완한 것이다.
[2] 정한모, 『현대시론』, 보성문화사, 1994(개정판), p.335.
[3] 이건청, 「박인환과 모더니즘적 추구」, 김용직 외, 『한국현대시사연구』, 일지사, 1983, p.623. 이건청은 박인환의 시를 도시·문명에 대한 비판에서 오는 회의와 절망감을 노래한 시, 신의 죽음을 통한 좌절의식이 추구되고 있는 시, 이국 취향의 기행시, 전쟁의 비정함과 파멸감을 노래하려한 시로 나누어 검토하기도

의"4) 등 논점의 자장에서 크게 벗어나지 못하고 있다.

그러나 그의 시 전편을 살펴보면 의외로 구체적인 현실인식과 사실주의 기법에 충실한 시들이 많이 있음을 확인할 수 있다. 그럼에도 그의 사실주의 시편들에 대한 다양한 검토는 아직 이루어지지 않은 것 같다.5) 그리고 어떤 이유에서인지 그의 책이 나올 때마다 사실주의적 시편들은 편집과정에서 번번이 빠지기가 일쑤였다. 이를테면 1955년 박인환 자신이 편집하여 출판된 『박인환 선시집』(산호장)은 「거리」와 「남풍」이 빠지고, 1976년에 그의 아들이 편집한 20주기 기념시집 『목마와 숙녀』(근역서재)에서는 「남풍」「자본가에게」「인도네시아 인민에게 주는 시」 등이 빠져 있다. 당시 정치적 상황을 고려한 편자들의 내부 검열로 보인다.

박인환은 해방 직후 정치권과 문단이 좌우 분열로 혼란스러웠으나, 거기에 휘말리지 않고 새로운 해방의 나라 새로운 도시의 새로운 현실을 그가 생각하는 '시민정신'이라는 렌즈로 들여다보며, 이를 시로 쓰려는 부단한 노력을 했다고 볼 수 있다. 그리고 전란을 직접 겪으면서 숨어살거나 피난행렬에 속하기도 하고, 종군기자로 참여하여 전쟁의 참화를 체험하고 시로 썼다.

또한 전후의 상실감과 문명비판의 시들도 구체성이 떨어지기는 하

하였다.
4) 이동하, 『박인환』, 문학세계사, 1993, p.51.
5) 다만 김영철은 박인환이 모더니즘에 실패한 시인이었으며, 8·15 직후에 쓴 비판적 리얼리즘시나 6·25 체험을 바탕으로 한 현실인식의 시에서는 일정한 성과를 거두고 있다고 하였다. 아울러 1950년대적인 한계 상황을 인식하고 절망과 좌절의 불안과 고독 등 실존적 포즈를 취함으로써 1950년대 전후 문학의 당대성을 획득하는데 성공하고 있다고 하였다.(김영철, 『박인환』, 건국대학교출판부, 2000, p.107 참조.)

나 정확한 현실인식 노력을 통해 창작에 임하였음을 박인환의 많은 시를 통해 확인할 수 있다. 이러한 점들이 당대 현실인식을 시로 쓴 박인환을 리얼리스트로 보아야 할 근거가 된다. 자본 및 문명비판에 대하여는 다른 지면에서도 많이 다루어졌으므로 해방 직후 혼란기에 쓴 시와 전쟁과 전쟁으로 인한 상흔을 제재로 한 시를 중심으로 살펴보기로 한다.

2. 해방기 현실인식과 시대의식 반영

박인환의 현실인식과 그가 지향하는 문학정신은 산문을 통해 확인하는 것이 적절할 것이다. 당시 문단에서 주목을 받았던 동인지 ≪신시론≫(1948.4. 국판 16쪽) 1집에 박인환이 산문을 썼지만 아직 내용을 확인할 수 없다. 다만 같은 동인지에 산문을 쓴 김경린의 글을 통해 '새로운 시적 사고'와 '현실의 과학적인 채택', 그리고 '현실과의 새로운 결합'이 박인환과 동인들이 지향한 창작 이념이었다는 것을 눈치 챌 수 있다.

박인환은 ≪신시론≫ 제2집에 해당되는 사화집 『새로운 도시와 시민들의 합창』(1949.4)에 창작시와 발문을 싣고 있어서 그의 문학적 지향성을 구체적으로 알 수 있다. 거기에 박인환이 「불안과 희망 사이에서」라는 제목으로 쓴 발문 일부는 다음과 같다.

　　나는 불모의 문명, 자본과 사상의 불균정한 싸움 속에서 시민정

> 신에 이반된 언어작용만의 어리석음을 깨달았다.
>   자본의 군대가 진주한 시가지는 지금은 증오와 안개 낀 현실이 있을 뿐……
>   더욱 멀리 지난 날 노래하였던 식민지의 애가이며 토속의 노래는 이러한 지구에 가라앉아간다.6)

위 인용문에서 박인환이 지향하려는 핵심은 시민정신이며, 시민정신의 렌즈로 본 현실은 "불모의 문명", "자본과 사상의 불균정한 싸움", "자본의 군대가 진주한" "증오와 안개가 낀 현실"임을 알 수 있다. 그리고 과거의 식민지 애가와 토속의 시는 한물 간 것으로 보고 있는데, 이는 '청록파' 등 기성문단을 지목하는 것으로 보여진다. 다시 정리하면 박인환은 새로운 도시에서는 시민정신에 입각한 시민들의 합창이 있어야 한다는 것이다. 물론 그가 생각하는 시민정신이 무엇인지는 다음 기회로 미루거나 더 논의해볼 필요가 있다.

아무튼 박인환은 나름의 일관된 시민정신으로 새로운 사회에 대한 당대적 현실인식 노력과 시 창작을 하였음을 알 수 있다. 박인환 자신이 편집하여 출판된 『박인환 선시집』의 제목을 '검은 준열의 시대'로 하려고 했던 것에서 당대의 시대의식을 시에 반영하려 했던 그의 노력을 충분히 엿볼 수 있다. 『박인환 선시집』 후기를 보자.

> 시를 쓴다는 것은 내가 사회를 살아가는데 있어서 가장 의지할 수 있는 마지막 것이었다. 나는 지도자도 아니며 정치가도 아닌 것을 잘 알면서 사회와 싸웠다. (중략) 여하튼 나는 우리가 걸어온 길과 갈 길 그리고 우리들 자신의 분열한 정신을 우리가 사는 현실

---

6) 강계순, 『아! 박인환』, 문학예술사, 1983, p.44.

> 사회에서 어떻게 나타내 보이며 순수한 본능과 체험을 통해 본 불안과 희망의 두 세계에서 어떠한 것을 써야 하는가를 항상 생각하면서 여기에 실은 작품들을 발표했었다.7)

박인환은 문단에 등단한 시점이 10년쯤 되는 시기에 선시집을 엮으면서 자신이 시에 의지하여 "사회와 싸웠다"고 밝힌다. 이는 그가 현실주의 시 정신을 항상 가지고 있었다는 것으로 이해할 수 있다. 그리고 우리들의 과거나 미래, "분열한 정신"을 "현실사회에서 어떻게 나타내 보"일 것인가를 항상 생각했다고 했는데, 이는 현실인식의 시적 표현의 문제라고 볼 수 있다. 이 시적 표현은 곧 사실주의 방법으로 나타난다.

또한 박인환은 국제적인 정치정세에 대한 시사적인 감각을 가지고 있었던 것 같다. 항상 문학의 새로움을 찾았던 박인환을 비롯한 동인들은 구미의 시인들을 번역하거나 직접 일본에서 동인을 하다가 온 사람들이었다. 박인환은 외국잡지를 들고 다니기도 하였고, 적어도 일본어 외에 영어 프랑스어 독해 능력이 있었던 것 같다. 박인환은 실제로 1947년 ≪신천지≫에 「아메리카 영화 시론」을, 1948년에는 「사르트르의 실존주의」를 발표하기도 했다. 박인환이 외국 문학이나 예술에 대한 관심으로 얻은 '외래어 남용'은 '시의 멋부리기'보다 시에 현대성을 구현하려는 표현전략으로 이해할 필요가 있다. 그리고 그의 국제정세에 대한 시사적 감각은 해방 직후 신식민지로 진입하려는 한국의 혼란 현실을 지구적 상상력으로 통한 객관화하고 있음을 알 수 있다.

등단작 「거리」(1946.12)는 산만한 표현이 보이기는 하지만 지구적

---

7) 이동하, 위의 책, 76쪽.

상상력을 통한 이국의 지명과 문명어를 사용하고 있음을 알 수 있다.

나의 시간에 스코올과 같은 슬픔이 있다
붉은 지붕 밑으로 향수가 광선을 따라가고
한없이 아름다운 계절이
운하의 물결에 씻겨갔다

아무 말도 하지 말고
지나간 날의 동화를 운율에 맞춰
거리에 화액(花液)을 뿌리자
따뜻한 풀잎은 젊은 너의 탄력같이
밤을 지구 밖으로 끌고 간다

지금 그곳에는 코코아의 시장이 있고
과실처럼 기억만을 아는 너의 음향이 들린다
소년들은 뒷골목을 지나 교회에 몸을 감춘다
아세틸렌 냄새나는 내가 가는 곳마다
음영같이 따른다.

거리는 매일 맥박을 닮아갔다
베링 해안 같은 나의 마을이
떨어지는 꽃을 그리워한다
황혼처럼 장식한 여인들은 언덕을 지나
바다로 가는 거리를 순백한 식장으로 만든다

전정(戰庭)의 수목같은 나의 가슴은
베고니아를 끼어안고 기류 속을 나온다
망원경으로 보던 천만의 미소를 회색 외투에
싸아

　　　　얼은 크리스마스의 밤길로 걸어 보내자

　　　　　　　　　　　　　　　　—「거리」 전문

　"나의 시간"은 해방 직후 혼란기를 보내고 있는 화자의 현재 시간이다. 핵심 단어인 '거리'는 혼란한 국내 현실이다. 이러한 거리의 시간에 있는 화자의 현재 정서는 슬픔이다. 그러나 화자는 결국 슬픔을 극복하자는 긍정적 세계관을 피력한다. 1연에서 "한없이 아름다운 계절이 / 운하의 물결에 씻겨"갔다며 한국의 아름답지 않은 현실 상황을 전제 한 뒤, 그러나 화자는 이런 슬픈 현실에서 아무 말도 하지 말고 "지나간 날의 동화를 운율에 맞춰 / 거리에 화액을 뿌리자"고 선동한다. 그러면 "따뜻한 풀잎"은 "밤을 지구 밖으로 끌고 간다"는 것이다. 지구 밖은 다른 나라이며, 그곳은 "코코아의 시장"이 있는 곳이며, "베링 해안 같은 나의 마을"이 있는 곳이다. 스코올, 코코아의 시장, 아세틸렌, 베링 해안, 베고니아, 크리스마스 등 외래어와 문명어들이 등장하여 현대적인 감각을 보여주고 있다. 표현의 구체성이 떨어지고 심상의 집중이 안 되며 감상적인 면이 드러나는 것이 사실이지만, 현재의 혼란한 슬픈 현실을 극복하려는 의지를 전 지구적으로 상상력을 확장하고 있다는 데 이 시의 의의를 찾을 수 있다.

　그가 두 번째 발표한 시로 보이는 「남풍」(1947.7) 역시 지구적 상상력을 동원하고 있다. 다만, 지구적 상상력을 통하여 반제국주의 투쟁을 종용하고 있다는 것이 등단시와 다르다. 박인환을 모더니스트로만 보기 어려운 놀라운 진경이 여기서부터 시작된다.

　　　　거북이처럼 괴로운 세월이

바다에서 올라온다

일찍 의복을 빼앗긴 토민(土民)
태양 없는 말레이
너의 사랑이 백인의 고무원(園)에서
자스민 소형처럼 곱게 시들어졌다.

민족의 운명이
쿠멜신(神)의 영광과 함께 사는
앙코르와트의 나라
월남인민군
멀리 이 땅에도 들려오는
너희들의 항쟁의 총소리

가슴 부서질 듯 남풍이 분다
계절이 바뀌면 태풍은 온다

아세아 모든 위도(緯度)
잠든 사람이여 귀를 기울여라

눈을 뜨면
남방의 향기가
가난한 가슴곽으로 스며든다.

— 「남풍」 전문

    이 시는 한마디로 반제국주의 투쟁의 아시아적 연대를 고무시키고 있다. '남풍'은 남쪽에서 벌이고 있는 반제국주의 투쟁의 비유이다. 시에 거명된 말레이, 버마, 월남 등에서 일어나고 있는 반제국주의 투쟁의 현장이 위도상 남쪽에 있으며, 이들의 투쟁 바람이 "아시아의 모든 위도"에 불어오기를 바라는 시인의 열망이 시로 표현된 것이다. 1연의 "거북이처럼 괴로운 세월이 / 바다에서 올라온다"는 것은 바다를 건너오는 제국주의의 식민지 열풍을 비유하고 있다. 2연은 식민주의자로 상징되는 '백인'이 경영하는 고무농원에서 일하고 있는 식민지 민족의 절망감을 표현하고 있다. 제국주의의 약탈적 착취와 그 아래 사는 식민지 강제적 노동에 동원된 노동자의 절망감을 보여주고 있다. 3연은 지나반도의 구체적이고 무력적인 반제국주의 투쟁을 묘사하고 있다. "앙코르와트의 나라"와 "월남인민군"이 벌이고 있는 반제국주의 무력투쟁의 총소리가 화자가 사는 "이땅" 즉, 한반도에까지 들려온다는 것이다. 4연에서는 화자의 "가슴이 부서질 듯 남풍이 분다"고 하여 한반도에서 반제국 투쟁의 절실함을 말하고 있으며, "계절이 바뀌면 태풍이 온다"고 하여, 향후 한반도에 거센 무력투쟁이 있을 것임을 예언하고 있다. 5연에서는 반제국주의 투쟁의 아시아적 연대에 "귀를 기울여라" 하며 독자에게 명령적 어조로 이야기하고 있다. 6연에서는 반제국투쟁의 절실함이 체화되어 있음을 "눈을 뜨면"이라는 행으로 처리하고 있다. 그리고 남방의 무력투쟁의 바람이 "남방의 향기"로 전화되어 '가슴'이 아니라 '가슴팍'으로 강하게 온다고 강조하고 있다.

  이 시는 서구 제국주의에 침탈당하고 있고, 그에 대항하여 싸우고 있는 아시아의 여러 나라들의 상황을 통해 해방정국의 혼란 속에서 미국과 소련의 개입으로 자주국가 건설이 요원해진 한국의 정치상황을 사실적으로 진술하고 있다.

 1948년 5월 ≪신천지≫에 발표한 「인도네시아 인민에게 주는 시」 역시 초기의 작품이다. 작품 끝에 1947년 7월 27일에 썼다고 기록하고 있으니 「남풍」을 발표한 시기와 같다.

   동양의 오케스트라
   가메란 반주악이 들려온다
   오 약소민족
   우리와 같은 식민지의 인도네시아

   삼백 년 동안 너의 자원은
   구미자본주의 국가에 빼앗기고
   반면 비참한 희생을 받지 않으면
   구라파의 반이나 되는 넓은 땅에서
   살 수 없게 되었다.
   그러는 사이 가메란은 미칠 듯이 울었다

   오란다의 오십팔 배나 되는 면적에
   오란다인은 조금도 갖지 않는 슬픔을
   밀림처럼 지니고
   육천칠십삼만인 중 한 사람도 빛나는 남십자성은 쳐다보지도 못
   하며 살아왔다.

   수도 바다비아 상업항 스라바야 고원 분지의 중심지
   반돈의 시민이여
   너희들의 습성이 용서하지 않는
   남을 때리지 못하는 것은 회교서 온 것만이 아니라
   동인도회사가 붕괴한 다음

오란다의 식민 정책 밑에 모든 힘까지도 빼앗긴 것이다

사나이는 일할 곳이 없었다 그러므로 약한 여자들은 백인 아래
눈물 흘렸다
　수만의 혼혈아는 살 길을 잃어 애비를 찾았으나
　스라바야를 떠나는 상선은
　벌써 기적을 울렸다

　오란다인은 포르투칼이나 스페인처럼
　사원을 만들지 않았다
　영국인처럼 은행도 세우지 않았다
　토인은 저축심이 없을 뿐만 아니라
　저축할 여유란 도무지 없었다
　오란다인은 옛말처럼 도로를 닦고
　아세아의 창고에서 임자 없는 사이
　보물은 본국으로 끌고만 갔다.

　주거와 의식은 최저고
　노예적 지위는 더욱 심하고
　옛과 같은 창조적 혈액은 완전히 부패하였으나
　인도네시아 인민이여
　생의 광영은 그놈들의 소유만이 아니다

　마땅히 요구할 수 있는 인민의 해방
　세워야 할 늬들의 나라
　인도네시아 공화국은 성립하였다 그런데 연립임시정부란 또다
시 박해다
　지배권을 회복하려는 모략을 부숴라
　이제 식민지의 고아가 되면 못 쓴다
　전 인민은 일치 단결하여 스콜처럼 부서져라

국가 방위와 인민전선을 위해 피를 뿌려라
삼백 년 동안 받아온 눈물겨운 박해의 반응으로 너의 조상이 남겨 놓은 저
야자나무의 노래를 부르며
오란다군의 기관총 진지에 뛰어들어라

제국주의의 야만적인 제재는
너희뿐만 아니라 우리의 모욕
힘 있는 대로 영웅 되어 싸워라
자유와 자기 보존을 위해서만이 아니고
야욕과 폭압과 비민주적인 민정책을 지구에서 부숴내기 위해
반항하는 인도네시아 인민이여
최후의 한 사람까지 싸워라

참혹한 몇 달이 지나면
피흘린 자바 섬에는
붉은 칸나꽃이 피려니
죽음의 보람은 남해의 태양처럼
조선에 사는 우리에게도 빛이려니
해류가 부딪치는 모든 육지에선
거룩한 인도네시아 인민의 내일을 축복하리라

사랑하는 인도네시아 인민이여
고대문화의 대유적 보로 보도울의 밤
평화를 울리는 종소리와 함께
가메란에 맞추어 스림피로
새로운 나라를 맞이하여라
　　　　　　　— 「인도네시아 인민에게 주는 시」 전문

1947년 7월 26일에 완성한 이 시는 인도네시아에 대한 시사적이고

구체적 정보를 가지고 쓴 모두 11연 66행으로 구성된 장시이다. 스림피는 자바의 대표적인 무용이다. 화자는 제국주의로부터 해방이 됐지만 다시 연립임시정부에 개입을 하여 지배권을 회복하려는 제국주의자들에 대하여 반제국주의 투쟁을 통해 진정한 독립으로 새로운 나라를 맞이하라는 강도 높은 선동을 하고 있다. 해방정국에 미국과 소련이 개입해 있는 한국의 정황을 인도네시아의 상황을 통해 환기해내고 있다.

창작자는 내심으로 진정한 한반도의 해방은 인도네시아의 해방처럼 진정으로 이루어지지 않았다는 것과, 진정한 해방을 위해서는 반제국인민무력투쟁도 가능하다는 것을 암시하고 있다. 이렇게 박인환은 국제적인 시사 감각을 시에 반영하여 국내의 당면 사항을 시로 형상화하려고 애쓴 현실주의자의 면모를 가지고 있다. 위에 인용한 시 외에도 식민지 상황이나 반제국주의 투쟁의 성격을 가지고 있는 「인천항」, 「정신의 행방을 찾아」, 「식민항의 밤」 등이 있다.

3. 전장의 생체험과 상흔의 형상화

박인환은 해방 직후 국내의 좌우분열과 혼란을 경험한 뒤 제국주의의 대리전인 1950년 6월 25일 시작된 한국전쟁을 직접 경험한 생체험 현실을 시로 형상화한 대표적 전장시인이기도 하다. 동족상잔의 처참성과 비극을 경험하면서 인간 이성의 한계를 목격하기도 한다. 그러므로 그의 시에는 전장의 현실과 신과 죽음과 불안이 나타난다. 박인환은 북한군이 점령한 서울에서 1950년 9월 28일, 수복이 되기까지 서울에서 숨어 지내는 도중 딸을 낳게 된다. 그리고 상황이 역전되자 1950년 12월 8일 가족들을 인솔하고 야간에 군용열차로 피난길에 오른다. 이때의 힘들고 참담한 경험을 시로 형상화한다.

        기총과 포성의 요란함을 받아가면서
        너는 세상에 태어났다 주검의 세계로
        그리하여 너는 울지도 못하고
        힘없이 자란다.

        엄마는 너를 껴안고 3개월간에
        일곱 번이나 이사를 했다.

        서울에 피의 비와
        눈사람이 섞여 추위가 닥쳐오던 날
        너는 입은 옷도 없이 벌거숭이로
        화차 위 별을 헤아리면서 남으로 왔다.

        나의 어린 딸이여 고통스러워도 애소(哀訴)도 없이
        그대로 젖만 먹고 웃으며 자라는 너는
        무엇을 그리우느냐.

        너의 호수처럼 푸른 눈
        지금 멀리 적을 격멸하러 바늘처럼 가느다란
        기계는 간다. 그러나 그림자는 없다.

엄마는 전쟁이 끝나면 너를 호강시킨다하나
　　언제 전쟁이 끝날 것이며
　　나의 어린 딸이여 너는 언제까지나
　　행복할 것인가.

　　전쟁이 끝나면 너는 더욱 자라고
　　우리들이 서울에 남은 집에 돌아갈 적에
　　너는 네가 어데서 태어났는지도 모르는
　　그런 계집애.

　　나의 어린 딸이여
　　너의 고향과 너의 나라가 어데 있느냐
　　그때까지 너에게 알려 줄 사람이
　　살아 있을 것인가.

　　　　　　　　　　　　　— 「어린 딸에게」 전문

　모두 8연 28행의 이 시는 전쟁의 참화가 가족의 고난과 겹쳐서 비극성을 더한다. 화자는 어린 딸을 매개로 전쟁이 언제 끝날지 모르고, 고향과 나라까지 잃어버릴지 모르는 불안한 미래를 걱정하고 있다. 1연에서는 전쟁 중 화자의 딸이 "주검의 세계"에 태어났다고 한다. 주검의 세계는 전쟁 상황의 세계이다. 이렇게 태어나서 잘 울지도 못하고 힘없이 자란다고 한다. 2연은 전장에서 죽음을 피하여 가족이 여러 번 이사를 했음을, 3연에서는 또 다른 전투가 닥쳐오면서 피난을 하여 남으로 왔다고 한다. 4연은 전쟁 상황을 모르는 어린 아이의 천진함을, 5연은 어린 아이의 맑은 표정과 전투 기계장비를 통하여 대비적 효과를 노리고 있다. 6, 7, 8연이 이 시의 핵심이다. 전쟁이 언제 끝날지 모르며, 어린 딸아이가 계속 행복할 수 없을 것이라는 불안감, 전쟁이 끝나고 서울에 돌아가도 폐허로 인하여 어디서 태어났는지도 모른다는 비극성, 전쟁으로 고향도 나라도 없어지고, 고향을 알려줄 딸아이의 엄마나 화자 자신이 죽을 수도 있다는 전쟁의 실상을 비극적으로 나타내주고 있다.

박인환은 경향신문의 기자로 있으면서 1951년 5월부터 종군작가단의 일원으로 전쟁의 현장을 체험한다. 그러한 전장의 생체험을 「어떠한 날까지―이중위의 만가를 대신해서」, 「한 줄기 눈물도 없이」, 「서부전선에서―윤을수 신부에게」, 「신호탄」 등의 시로 형상화한다.

> ―형님 저는 담배를
> 피우게 되었습니다―
> 이런 이야기를 하던 날
> 바다가 반사된 하늘에서
> 평면의 심장을 뒤흔드는
> 가늘한 기계의 비명이 들려왔다
> 20세 해병대 중위는
> 담배를 피우듯이
> 태연한 작별을 했다.
> ― 「어떠한 날까지―이중위의 만가를 대신해서」 부분

전장에서 직접 체험한 '이중위'의 죽음을 시로 형상화하고 있다. 작품 내 주인공인 이중위는 20세의 해병대 중위이다. 주인공은 화자에게 담배를 피우게 되었다고 고백한 날 "가늘한 기계의 비명"으로 형상된 총탄에 맞아 죽는다. 중위의 죽음을 "평면의 심장을 뒤흔드는 / 가늘한

기계의 비명이 들려왔다"거나 "담배를 피우듯이 / 태연한 작별을 했다"거나 "복잡으로부터 / 단순을 지향하던 날"이라고 암시하는 높은 형상성을 구현한다. 화자는 이러한 죽음 앞에서 "운명의 부질함"을 느끼고 "이단의 술을 마"신다. 화자 자신은 물론 전쟁과 자유의 한계를 알 수 없다는 것이다. 화자는 어린 장교의 죽음을 통하여 "적은 바로 / 나와 나의 일상과 그림자"이며, 전장에서 외로움과 단절감을 느끼고 있는 자신을 인식하고 있다. 「한줄기 눈물도 없이」는 야전병원에서 죽어가는 병사를 소재로 하고 있다.

음산한 잡초가 무성한 들판에
용사가 누워 있었다
구름속에 장미가 피고
비둘기는 야전병원 지붕 위에서 울었다.

존엄한 죽음을 기다리는
용사는 대열을 지어
전선으로 나가는 뜨거운 구두소리를 듣는다.
아 창문을 닫으시오.

고지탈환전
제트기 박격포 수류탄
어머니! 마지막 그가 부를 때
하늘에서 비가 내리기 시작했다.

옛날은 화려한 그림책
한 장 한 장마다 그리운 이야기
만세소리도 없이 떠나

> 흰 붕대에 감겨
> 그는 남모르는 토지에서 죽는다.
>
> 한줄기 눈물도 없이
> 인간이라는 이름으로서
> 그는 피와 청춘을
> 자유를 위해 바쳤다.
> 음산한 잡초가 무성한 들판엔
> 지금 찾아오는 사람도 없다.
>
> ―「한줄기 눈물도 없이」 전문

　이 시는 시의 주인공이 "음산한 잡초가 무성한 들판"에 누워 있는 것에서 시작한다. 들판에 누워 있는 부상병과 야전병원 지붕 위에서 비둘기가 대비를 이루어 전쟁의 비극과 죽어가는 인간의 쓸쓸함을 보여주고 있다. 또 평화를 상징하는 비둘기의 울음을 통해 전쟁의 비극성을 확장시키고 있다. 들판에서 흰 붕대에 감겨 죽음을 기다리는 부상병은 대열을 지어 전선으로 나가는 환청을 듣는다. 그 병사가 전장에서 마지막으로 부른 이름은 '어머니'였다. 결국에는 조국이나 자유가 아니라, 어머니를 부르고 화려한 옛날의 그리운 이야기를 떠올리면서 죽어가는 실존적 인간의 형상을 잘 그려내고 있다. 그가 아무리 몸을 바쳐 자유를 위해 싸웠지만, 들판에 버려져 죽어가는 그를 찾아오는 사람은 아무도 없다.

> 싸움이 다른 곳으로 이동한
> 이 작은 도시에
> 연기가 오른다

종소리가 들린다.
희망의 내일이 오는가.
비참한 내일이 오는가.
아무도 확언하는 사람은 없었다.

그러나 연기 나는 집에는
흩어진 가족이 모여들었고
비 내린 황톳길을 걸어
여러 성직자는 옛날 교구로 돌아왔다.

〈신이여 우리의 미래를 약속하시오
회한과 불안에 얽매인 우리에게 행복을 주시오〉
주민은 오직 이것만을 원한다.

군대는 북으로 북으로 갔다.
사막에서도 웃음이 들린다.
비둘기들이 화창한
봄의 햇볕을 쪼인다.
　　　　　—「서부전선에서—윤을수 신부에게」 전문

　위 시는 전쟁이 휩쓸고 간 서부전선에 있는 작은 도시의 일화를 시로 형상화하고 있다. 시의 내용은 작은 도시에 한판 총격이 치러지고 다른 곳으로 이동하면서 시작된다. 도시의 성당 종소리가 들리지만 화자는 미래를 장담할 수 없다고 한다. "희망의 내일"이 올지 "비참의 내일"이 올지. 도시에 잠시 총소리가 들리지 않자, 흩어진 가족들이 모여들고 성직자들도 성당으로 돌아온다. 그리고 신부는 기도를 한다. "신이여 우리의 미래를 약속하시오 / 회한과 불안에 얽매인 우리에게 행복을 주시오"라고. 화자는 이러한 기도문이 주민이 원하는 것이라고 한다. 미래를 알 수 없는 이런 전장의 도시에 웃음이 들리고 평화의 상징인 비둘기들이 화창한 봄 햇볕을 쬐고 있다고 종전의 희망을 이야기한다.

「신호탄」은 "수색대장 K중위는 신호탄을 올리며 적병 30명과 함께 죽었다. 1951년 1월"이라는 주를 달고 쓴 시다. "옛날 식민지의 아들"이었던 시적 주인공이 "참다운 해방"을 위하여 '신호'하다 죽었다고 한다. 죽은 주인공과 화자 자신이 "자유의 그늘에서" 살고 있음을 말하고 있다. 「새로운 결의를 위하여」는 "적의 침략을 쳐부수기 위하여" 가정을 버리고 산악에서 싸웠으나 "죽은 자와 날개 없는 승리"만 있다고 한다. 이러한 싸움은 "자유라는 것만이 남아 있는 거리와 / 용사의 마을에서는 / 신부는 늙고 아비 없는 어린것들은 / 풀과 같이 / 바람 속에서 자란다."고 한다. 화자는 "의의를 잃은 싸움의 보람"과 "소기의 것은 아무것도 얻지 못했다"며 무의미한 전쟁과 전쟁의 무용성을 강조한다. 「부드러운 목소리로 이야기할 때」에서 전쟁은 "나를 괴롭히는 물상"일 뿐이며 화자가 바라던 모든 것을 불태워버리는 상실감을 주는 것이며 공포이다. 그리고 애욕을 사라지게 하는 것이며, 불안과 황폐와 종말의 노정을 걷게 하는 것이다. 그러므로 화자는 전쟁이나 사나운 애정을 잊고 "인간의 단상에 서서" 부드러운 목소리로 이야기하자고 한다.

박인환은 전쟁 후 물리적 심리적 상흔을 시로 형상화하고 있다. 「고향에 가서」는 전쟁이 끝난 후 고향에 가서 쓴 고향 상실의 시이다. 화자가 가본 고향은 "학교도 군청도 내 집도 / 무수한 포탄의 작열과 함께 / 세상엔 없다"고 한다. 옛날에 남아 있던 것들이 없어진 고향에서는 "비내리는 사경(斜傾)의 십자가와 / 아메리카 공병이 / 나에게 손짓을"하는 새로운 식민지일 뿐이다. 「잠을 이루지 못하는 밤」에서 화자는 전쟁 기간 중 "하루하루가 나에게 있어서는 / 비참한 축제였다."고 한다. 화자는 이 전쟁에서 "재산과 친우"를 잃었고, 서적도 잿더미가 되고, 지난날의 영광도 날아가버렸다고 한다. 현재 가족을 위해서 비겁하게 살며, 자신의 말로를 바라보며 혼자 울고, 자신만이 "지각"이라는 인식을 통해 인간 실존에 접근하고 있다. 신에 대한 질문이 반복으로 시작되는 「검은 신이여」는 "전쟁이 뺏아간 나의 친우는 어데서 만날 수 있"느냐고 묻는다. 그리고 "하루의 1년 전쟁의 처참한 추억은 / 검은 신이여 / 그것은 당신의 주제일 것"이라고 한다. 시인이 생체험한 전쟁의 상흔은 뇌리에 깊게 박혀 전후의 불안과 황폐와 죽음과 신으로 빈번하게 나타난다. 전쟁은 생명, 고향, 친구, 서적 등 모든 것을 떠나가게 했으며, 이러한 현실인식은 그의 명작 「목마와 숙녀」나 「세월이 가면」으로 남게 된다.

4. 닫는 글

지금까지 연구자나 독자들은 박인환을 모더니스트, 센티멘털리스트라는 풍문에 가두고 있다. 그런 선입견 때문에 박인환이 몰사회적이고 비현실적 인물이며, 따라서 그의 시들이 몰사회적 상상력과 비현실적 어구들을 나열한 관념 투성이의 시를 쓴 시인으로 비하하여 보는 경우가 많다. 그러나 그렇지 않다. 그는 국제적 감각을 바탕으로 국내의 올바른 현실인식을 내용으로 하는 새로운 시를 위해 노력한 사실주의 시인이다.

박인환은 조국의 비참한 식민지 현실에서 탄생하고 성장하여 해방기의 정치적 혼란기를 거쳐 전쟁의 참상을 체험하고 전후의 폐허를 경험한 격동의 역사현장을 살다 간 시인이다. 그는 해방 직후 '신시론', '새로운 도시와 시민들의 합창', '후반기' 동인을 주도하여 1950년 전후 문단을 뜨겁게 달구어 놓았던 주인공이었다. 그는 나름대로의 '시민정신'의 렌즈로 혼란기 해방정국 현실을 보려고 하였고, 전장의 생체험이나 전후의 상황을 구체적 실존의 문제로 보려는 노력을 하였다.

박인환은 국제적인 시사 감각으로 해방직후 국내 현실을 올바르게 인식하려고 노력하였으며 이를 사실적인 방법으로 형상화하였다. 그의 당대성을 갖는 현실인식의 시들은 대개 지구적, 아시아적 상상력을 통해 국내 현실을 유추하는 방법을 사용한다. 자연히 시의 내용은 반제국, 반식민, 반자본주의 투쟁이나 성격을 가지고 있다. 이러한 비판적 사실주의 시들은 거의 등단 초기에 쓰여졌다. 또 이러한 시들이 『새로운 도시와 시민들의 합창』(1949.4)[8])에 대부분 실렸다는 것을 보면, 박인환이 지향하려는 새로운 나라 "새로운 도시"에서 불러야 했던 "시민들의 합창"이 뭐였던가를 짐작할 수 있다.

또 박인환은 직접 전쟁의 참화를 겪었으며, 이의 생체험을 통한 전장의 현실과 전후의 현실을 구체적으로 시로 형상화하려고 하였

---

8) 「장미의 온도」, 「열차」, 「지하실」, 「인천항」, 「남풍」, 「인도네시아 인민에게 주는 시」 등 6편을 실었다.

다. 그는 전장의 생체험을 통해 전쟁에 희생되는 인간과 파괴되는 문명을 보면서 인간의 실존적 삶을 자각하거나 무의미한 전쟁을 부각시키고, 전쟁의 무용성과 불안, 그리고 절망의 주제화를 통해 전쟁문학을 한 차원 고양시킨 사실주의 시인이었다. 이제, 이러한 그를 더 이상 모더니스트나 감상주의자라는 관념에 가두어 놓을 필요가 없을 것이다.

3. 고 은; 선적 직관과 정경교융의 방법

1. 여는 글

나는 그의 옹호자이다.1) 그의 시의 옹호자이기도 하고, 인간의 옹호자이기도 하다. 그가 문학이나 삶의 탈정치성과 탈사회성에 동의하고 있지 않기 때문이다. 무뎌지거나 훼절하지 않은 그의 문학이념에 대한 동류의식이 그를 옹호하게 한다. 그래서 필자는 그가 하는 말과 글을 유심히 듣고 읽고 기록한다.2)

---

1) 이 글은 '공광규, 「대상의 선적 직관과 호방한 정경교융의 방법」, ≪불교문예≫ 2006 여름호'에 발표한 글이다.
2) 필자가 민족문학작가회의 시분과 간사로 심부름을 하던 무렵인 1991년 8월 26일, 시분과에서 고은 시인을 초청하여 작가회의 사무실에서 작은 토론회를 가졌다. 고은이 시집 『해금강』(한길사, 1991)을 내고 난 직후였다. 당일 시집 『해금강』 뒤에 필자가 기록한 고은의 발언을 요약하면 다음과 같다. 민족문학 진영에 흥이 깨졌다. 민족문학 진영 비평가들이 직무유기를 하고 있다. 비평가들이 열의가 없고 정실비평도 없다. 허명, 즉 민족문학의 허위의식을 극복하지 않으면 침몰할 것이다. 인생과 역사와 사회의 진실을 말해야 하는데 허명을 가지

고은은 최근에 "나의 시는 서사의 무한성을 지향합니다. 마찬가지로 시인으로서의 나 자신의 서사역시 단순하지 않습니다."3)라고 했다. 그렇다, 그 자신의 서사는 복잡하다. 흔한 말로 팔자가 세다는 말이다. 이러한 그 자신의 서사는 곧 그 자신의 문학적 서사이다.

그는 1933년 군산에서 태어났다. 본명은 고은태. 고은 자신의 연보에 의하면, 그는 어려서 서당에 다녔고, 초등학교 때는 미술과 일본어 작문에 능했다. 학교 때 친일파 교장 선생을 몰아내려는 동맹휴업을 주모하다 군산사범학교 진학이 물거품이 됐다. 그는 중학교에 전체 수석입학을 하였고, 중학교 때 정음사판 『한하운 시초』를 읽고 문학을 하기로 결심을 했다. 그는 "십리 길 신작로를 통학하는 한 중학생은 저문 길 가녘에 떨어져 있는 시집을 주워들고 집으로 돌아가 밤 이슥토록 읽은 뒤 울음 가득히 시인이 되고 싶었다. 어린 나방이 거미줄에 걸린 것이다."4)라고 자신이 시를 처음 만난 사건을 객관화하여 고백하

고 있을 뿐이다. 시의 사회적 역할이 중요하다. 민초는 그냥 풀이다. 거목을 풀이라 하지 않는다. 현실의 가짜에게 속지 않는 것, 기만당하지 않는 것이 리얼리즘이다. 정직과 진실과 과학적으로 사물을 바라봐야 한다. 나무를 베고 난 다음에 산을 유지하는 것은 풀이다. 풀을 민중으로 비유하는 것은 허위의식이다. 농민은 풀과 싸운다. 풀은 영원히 제거해야 하는 대상이다. 그런데 왜 민중과 비유하냐. 그것은 비유의 무책임이다. 비유는 도피다. 문학에서 비유를 무책임하게 해서는 안 된다. 나는 얼마든지 혼자 문학을 할 수 있는 사람이다. 오만이 아니다. 민족문학을 떠나도 문학을 할 수 있다. 그러나 선배와 동지와 후배가 없이는 살 수 없다. 우리는 우리 자신을 우리 자신이 갱신해야 한다. 요즘 흥이 없다. 문단에 정이 통하는 마당을 만들어야 한다. 삶의 정리, 이치, 의리에 과학적 조명을 해서 튼실하게 정리해야 한다. 문화운동에서만이라도 모여야 한다. 사람이 모이면 문화가 생기고 정치가 생긴다. 민족문학 세력이 상당히 건조해지고 있다. 술맛이 안 난다. 사실주의적 현실주의를 하다보니까 척박해진 것 같다. 그렇다고 리얼리즘으로부터도 가까워진 게 아니라 멀어졌다.
3) 고은, <나의 시를 말한다>, ≪시와사람≫ 2004 겨울호. p.215.
4) 위의 책, p.218.

고 있다.

고은은 한국전쟁으로 중학 4학년을 휴학하고 학교 선배인 좌익인사를 만나 현실에 눈을 뜨게 된다. 그리고 시를 습작하게 된다. 그러다 1951년 군산 북중학교 미술교사겸 국어교사로 특채되어 교사를 하다가 금강사 절에 머물던 혜초를 만나 출가를 하여 일초(一超)라는 법명을 받았다. 1953년에 혜초가 환속을 하자 고은은 효봉스님의 제자가 되어 구걸행각을 했다. 1957년에는 서울 안국동 선학원에 들어가고, 불교 총무원 간부, 전등사 주지, 해인사 교무 및 주지 대리를 했다. 현재의 <불교신문>을 창간하여 초대 주필을 지내기도 했다.

2. 폐허현실에서 민중현실로 극전

고은은 1958년 「폐결핵」을 조지훈 등의 천거로 ≪현대시≫에 발표하면서 문단에 나왔다. 등단 시의 화자는 "언제나 오는 것은 없고 떠나는 것뿐"인 전후 폐허의 난장에서 태어난 허구의 누이에게 정신을 기대고 있다. 허무의 정서가 가득하다. 당시는 병적인 허무 자체가 현실이었는지 모른다. 등단작을 보자.

> 누님이 와서 이마 맡에 앉고
> 외로운 파스·하이드라지드瓶 속에
> 들어 있는 정서를 보고 있다.
> 뜨락의 목련이 쪼개어지고 있다.
> 한 번의 긴 숨이 창 너머 하늘로 삭아 가 버린다.

> 오늘 슬픈 하루의 오후에도,
> 늑골에서 두근거리는 체온의 넋이
> 이름 없는 머나먼 곳으로 간다.
> 지금은 틀 거울에 담은 기도와
> 소름 마르는 아래 얼굴,
> 모든 것은 이렇게 두려웁구나.
> 기침은 누님의 간음,
> 한 겨를의 실크빛 연애에도
> 나의 시달리는 홑이불의 일요일을
> 누님이 그렇게 보고 있다.
> 언제나 오는 것은 없고 떠나는 것뿐
> 누님이 치마 끝을 매만지며
> 화장 얼굴의 땀을 닦아 내린다.
>
> ―「폐결핵」 부분[5]

 이렇게 고은의 초기 시는 제1차 세계대전 후의 시대적인 환멸 혹은 허무사상을 노래하거나 현대문명의 불모성을 노래한, 그러면서도 불교적인 영국 엘리어트의 『황무지』를 연상케 한다.[6] 고은 역시 전후의 폐허와 허무, 승속을 드나들면서 체험해야 했던 환멸을 제재로 하기 때문이다.
 고은은 김관식, 천상병과 함께 삼괴라는 별명을 얻기도 했다. 그의 첫 시집으로 예정되었던 『불나비』는 1959년 인쇄도중 화재로 불타 없

---

[5] 고은, 『고은시선 부활』, 민음사, 1974, P.28.
[6] 그러나 엘리어트는 『황무지』에 대한 이러한 비평가들의 말에 동의하지 않았다. 엘리어트는 많은 비평가들의 이러한 의미부여가 넌센스라고 했다. 자신의 시들은 자신의 인생에 대한 극히 개인적이고 아주 무의미한 불평의 해소에 지나지 않는다고 했다.(이창배, 『T.S.엘리어트 연구』, 민음사, 1988, pp.185~186 참조)

어지고, 해인사로 내려가 불교와 실존주의 철학을 비교한 논문 「객관성・주관성의 문제」를 발표하기도 했다. 그는 1960년에 첫 시집 『피안감성』을, 1961년에 장편소설 『피안행』을 내고, 1962년 한국일보에 환속을 선언한다. 1963년 제주에 가서 금강고등공민학교를 개교하고, 1964년 두 번째 시집 『해변의 운문집』을 출간한다. 이후 시집과 산문집을 여러 권 낸다. 이때까지 그는 이 땅의 폐허 위에서 몸부림치는 허무의 시를 썼다. 최근에 고은은 "나는 이러한 식민지 문학의 배경과 1950년대 한국전쟁의 후방에서 살아남은 폐허문학을 모태로 삼아 시인이 되었다."[7]고 고백했다.

> 폐허는 내 문학입니다. 그리고 그 폐허는 인간의 내면에도 폐허를 만들어 줌으로써 내 초기 시는 허무에 자리잡았습니다. 어떤 의미로는 그 허무주의야말로 현실주의의 역설이었는지도 모릅니다.[8]

그는 "1970년대에 이르러 나는 한 노동자의 분신자살을 통해 나 자신이 극적인 변화를 실현하게 됩니다."[9]라고 한다. '한 노동자'란 전태일을 가리킨다. 필자가 어느 글에서인가, 아니면 고은 시인으로부터 술자리에서 직접 들은 얘기인가 기억이 확실하지 않지만, 시인은 밤새 술을 퍼마시고 술집에서 쓰러져 자다가 술이 깨는 새벽 무렵에 우연히 전태일의 사망 소식을 만나 전율했다고 한다. 이때부터 고은의 창작태도가 역사와 사회와 민중의 삶을 껴안는 창작 태도로 확 바뀌게 된다.

---

7) 고은, <평화, 폭력 그리고 문학>, ≪평화, 폭력 그리고 문학≫, 한국평화문학 제2집, 2005, p.53.
8) 고은, <나의 시를 말한다>, 앞의 책, p.216.
9) 고은, 위의 책, pp.216~217.

고은은 1970년대 이후 자유실천문인협회 결성을 주도하는 등 군부 개발독재에 맞서 재야운동의 험난한 길을 걷게 된다. 1973년 민청학련 사건으로 구속된 김지하 시인의 석방운동을 벌이는가 하면, 1974년에 자유실천문인협회를 창립하여 초대 대표간사가 된다. 1979년에는 국가보안법에관한특별조치법 위반으로 서울구치소에 투옥되어 1982년 석방된다.10)

1985년 서사시 「백두산」을 ≪실천문학≫에 연재를 시작하여 이후에 시집 『백두산』 1~7권을 창작과비평사에서 내고, 1986년부터 「만인보」를 ≪세계의 문학≫에 연재를 시작하여 시집 『만인보』를 2006년 4월 현재 23권까지 창작과비평사에서 출판하였다. 시에 인물의 실명을 거론하며 모두 2,890편의 시를 썼다. 처음에는 30권까지 계획을 하였으나, 최근 기사에 의하면 임종 직전까지 쓸 계획을 가지고 있는 것으로 보인다.

1989년 비합법 단체인 한국민족예술인총연합 공동의장에 취임하여 문화예술인의 민주화운동 수장으로 헌신한다. 그의 민주화운동 동지이기도 한 김대중 씨가 대통령에 당선되자, 그는 2000년 남북정상회담 특별수행원으로 평양에 가서 정상회담에 참여하기도 한다. 2002년에는 『고은전집』 38권을 김영사에서 출간했다. 머리책 1권, 시 14권, 산문 7권, 자전 3권, 소설 7권, 기행 1권, 평론과 연구 5권으로 원고지 총 12만매, 2만4천여 쪽에 이르는 방대한 분량이다.

이처럼 고은의 시쓰기와 사회참여는 지칠 줄 모르고 광야를 달리는

---

10) 각주 2)의 토론회에서 고형렬 시인이 "시의 변화가 『조국의 별』(창작과비평사, 1984)에서부터 달라졌다."고 질문을 하자, 고은 시인은 "1970년대에는 강곽하게 자신을 몰고 갔었다."고 대답한다.

열차와 같다. 정말 끊임없이 써댄다. 그러면서도 늘 흥미롭게 시가 변화한다. 염무웅의 말대로 그는 화려한 변신의 능수로서, 그의 시세계를 보는 것은 불꽃놀이를 보는 것처럼 눈부시며, 전광석과 같은 상상력은 독자의 충격을 불허한다.11)

3. 진술의 비약과 상식 모반의 표현

이러한 고은은 현대문학사에서 서정주와 함께 불교적 상상력을 토대로 시를 써온 대표적 시인이다. 그러나 인연, 샤머니즘, 설화에 근본을 두고 있는 서정주와는 방법을 달리하여, 선적 발상을 방법으로 하는 것이 고은 시의 특징이다.12) 선적 발상이란 다름아닌 모순과 비약, 비논리와 역설 등 언어사용의 파격을 통해 거침없는 충격과 울림을 주는 방법이다. 이러한 선적 어법은 독자의 상상력을 가열시켜 시 읽기에 즐거움을 준다. 그래서인가 고은은 시 자체를 선적 구조물13)로 본

---

11) 염무웅, <시경대담/민족문학이 걸어온 길, 그리고 가야할 길>, ≪시경≫, 2004 상반기, pp.55~56.
12) "고은은 서정주와 함께 불교에서 시적 영감을 얻고 있는 시인이다. 그의 불교취는 그러나 서정주처럼 인연설에 기초해 있지 않다. 그의 불교취는 오히려 대상을 직관적으로 파악하는 선적 요소를 많이 가지고 있다. 선적 직관에 의한 대상파악은 그의 시의 상당부분을 경귀스타일로 만든다.… 그의 선적 발상은 서정주의 불교가 보여주는 샤머니즘적인 면모를 뛰어넘으려는 그의 노력의 결과이다. 그 결과 그는 서정주가 애용하는 토속어를 버리고, 오히려 생경한 듯한 서구어를 실험한다."(김윤식·김현, 『한국문학사』, 민음사, 1973, p.276.)
13) 각주 2)의 토론회에서 박찬 시인은 '선의 민족문학적 수용'에 대하여 질문을 했고, 고은은 대답하였다. 필자의 기록을 정리하면 내용이 다음과 같다. 불가에서는 선의 발달이 저항의 수단이었다. 화엄사상이 당대 지배이데올로기였으며

다는 발언을 한 적이 있다.

>   어린 왕
>   어린 조카인 왕 내쫓아버리고
>   왕이 된 사나이
>   조선 세조
>
>   당신은 마마가 아니라
>   오직 나으리일 뿐이라고
>   끝까지
>   끝까지
>   세조더러 나으리라고 부른
>   성삼문의
>   그 등짝 찌직찌직 지져대는
>   달군 시뻘건 쇠꼬챙이 고문의

귀족의 전유물이었다. 권력에 문화가 장식된 것이 불교였다. 그래서 지배층을 농락하기 위해 왕당파의 문자를 일격에 때려부순 것이 선이다. 나중에는 선도 규범이 생겨 선조차도 부정을 하는 게 선이다. 여기서 또 선외 선이 생겨났다. 화두가 가닥이 생기면서 당파가 생기고 선이 죽어버렸다. 우리나라 선은 전부 죽어버린 선이 들어온 것이다. 그러다 고려말부터 회생이 됐다. 그동안 불경은 수 없이 논증되어 왔다. 이것을 끝낸 뒤에 한마디 시로 지껄이는 것이 계송이다. 선은 이론 전개가 생략되고 선만 남은, 엄격하게 억! 할! 등에 무한한 메시지를 담는 것이다. 그래도 인간은 문자로부터 벗어날 수 없다. 이태백의 시에 선시가 많이 들어 있다. 선시는 소승주의, 즉 자기들끼리 지껄이는 것이다. 한산시가 대표적이다. 한산시의 자식이 되어서는 자기 시를 쓸 수 없다. 선은 많은 말을 축약하기 위한 것이다. 그러나 선시가 거부하는 것은 말장난이다. <u>시 자체가 선적인 구조물이다.</u> 시의 우연성이 선의 직관성과 관계가 있다. 한시를 민족문학에 수용하는 것도 가능하지만 김소월도 민족문학에서 중요하게 다루어야 한다. 심훈도 만해에 너무 가려져 있다. 윤동주는 유치한데 너무 크게 하고 있다. 이제는 김소월을 민족문학의 반열에 정식으로 올려놔야 한다. 선에서 빌려올 필요는 없지만 불교 속에 들어가 선시에 빠지면 안 된다. 괴테도 보편문학이자 민족문학인 동시에 세계문학이다.

> 아픔
> 찌직찌직 타들어가는
> 역한 살 냄새 친국 고문의
> 그 아픔
>
> 오늘
> 너무 일찍 피어난 산수유꽃에 다가가 있다가
> 돌아섰는데
> 그 아픔의 4백 년 전 하늘이더라
> 어쩌자고
> 그때의 역한 살냄새의 바람 일더라
>
> ―「산수유꽃 핀 날」 전문

　모두 3연 22행의 위 시는 다소 터무니없어 보인다. 제목이 「산수유꽃 핀 날」인데, 본문에는 단종의 일화를 이야기하고 있기 때문이다. 시적 대상과 시적 진술의 거리 문제이다. 이 거리가 너무 멀면 독자의 상상이 불가능해져 독해 불가능의 시가 되며, 너무 가까우면 상상이 불필요한 재미없는 쓰나마나한 시가 된다. 그래서 대상과 진술 사이의 적절한 거리가 필요하다. 대부분의 창작자는 적절한 거리를 통해 적절한 시를 탄생시키게 된다. 창작자가 적절한 거리를 효과적으로 통제하지 못할 경우 재미없는 시의 일색이 된다. 그러나 고은은 대상과 진술 사이에 비약을 통한 거리의 파격을 주어 상상의 진폭을 다양하게 통제함으로써 충격적 재미를 준다. 이러한 파격적 거리를 통한 상상의 재미는 이미 등단시 「폐결핵」에서 "기침은 누이의 간음"이라는 폭력적 은유로 싸가지를 보여주고 있다.
　「산수유꽃 핀 날」의 창작 동기는 "산수유꽃"이 아니라 "너무 일찍 피어난 산수유꽃"이다. 창작자는 너무 일찍 피어난 산수유꽃에서 "어린 왕"을 상기하게 되고 이를 시로 형상화하고 있다. 창작자가 상대하고 있는 너무 일찍 핀 산수유꽃과 이의 등가물인 어린 왕의 심상은 아름다움이 아니라, 어린 왕을 중심으로 일어났던 사건의 아픔이다. 창작자는 일찍 피어난 꽃에서 봄의 환희나 꽃의 아름다움을 노래하지 않고, "그 등짝 찌직찌직 지져대는 / 달군 시뻘건 쇠꼬챙이 고문의 / 아픔"과 고문에 타들어가는 "역한 살 냄새 친국 고문의 / 그 아픔"을 은유하고 있다. 이러한 대상에 대한 파격적인 심상의 진술은 독자의 상상에 충격을 주어 시 읽기의 재미를 배가시킨다.

꽃이 아름답다는 것은 인식의 관습이고 문화일 뿐이다. 냉정하게 꽃은 꽃일 뿐이다. 식물이니 당연히 생래적으로 꽃이 피고 지는 것일 뿐이다. 고은은 이러한 꽃이 아름답다는 고정된 관습을 반격하고 뒤집어엎는다. 이러한 상식모반이 그의 창작방법의 특징이다. 선적 발상과 호방한 정서와 경물이 서로 융합하는 지경을 보여주고 있다. 다음의 시도 마찬가지다.

> 막 숨 거둔 사람의 얼굴 고요하다
> 그 얼굴 기슭
> 아직 남아 있는 숨 꼬리
> 고요하다
>
> 애통 사절
>
> ―「숨」 전문

5행의 짧은 시에는 막 숨을 거둔 사람의 얼굴이 왜 고요한지 설명이 없다. 단도직입의 단정이다. 독자는 죽은 사람의 얼굴이 무섭지 않고 "고요하다"는 단정적 언사에 당황한다. 상식과 어긋난 단정적 언사는 시에 관심을 촉발케 한다. 죽은 사람의 얼굴이 무섭다는 것은 선입관이고 상식이다. 이러한 선입관과 상식을 거둬내면 막 죽은 사람의 '본질적인 얼굴'은 무섭지 않고 고요할 수 있다. 거기다 얼굴 기슭에 남아 있는 숨꼬리마저 눈으로 잡을 수 있다니. 이건 창작자의 관찰력과 직관이고 발랄한 재능이 최대한 발휘된 상태다. 죽은 사람의 얼굴이 고요하다는 뒤집기의 상상력, 이런 상식의 모반이 시성을 획득하게 한다. 화자는 죽은 사람의 고요를 깨지 않도록 간결한 주문을 한다. "애통사절"이라고. 1연과 2연 사이에 비약이 존재한다. 이 비약의 거리가 정서적 파동을 일으킨다.

      내 봄 내 여름날로는
      내 반생
      내 어설픈 여생으로는
      도저히 네가 될 수 없구나

      저봐
      저봐

      지는 떡갈나무잎새 넷 다섯 여섯
                                ―「낙엽」전문

'내'가 반복되는 위 시는 화자 관찰자 시점을 취하고 있다. 화자는 낙엽을 관찰하고 있다. 낙엽은 인생 종말의 비유이다. 화자가 지향하는 '낙엽'의 이상은 일생을 충실히 산 잎새의 결과로서 아름다운 '낙엽'이다. 화자는 1연에서 "내 봄 내 여름"은 물론 "내 반생"을 어설프게 살았으며, "내 어설픈 여생"으로 봐서도 낙엽이 될 조건을 만들 수 없다는 것이다. 주어진 일생을 잎새처럼 충실하게 살지 못했다는 자아반성이며, 앞으로도 자신의 남은 생이 어설플 거라는 예시를 통하여 낙엽의 완전성에 도달불가능함을 이야기하고 있다. 이 시는 "저봐 / 저봐"라며, 관찰자의 자아와 대상을 확연히 구분하고 있다. 이러한 방법은 독자의 관심 촉발과 창작자 자신의 반성 강도를 부각시킨다. 또 3연에서는 떨어지는 낙엽의 숫자를 하나, 둘, 셋으로 시작하여 세는 것이 아니라 "넷 다섯 여섯"으로 세면서 의외성을 준다. 하나, 둘, 셋, 넷으로 시작하는 관습적인 기술은 시를 관념으로 떨어뜨리지만 넷, 다섯, 여섯으로 기술하는 것은, 시적 상황이 직관적 실제라는 것을 반증한다. 고은의 노련한 시적 전략이다.

4. 전경후정의 인식과 인간 풍유

    지난 날
    교도소 기결수들은
    아침에 발가벗은 채 뛰어 간다
    뛰어갈 때
    항문에 뭔가를 숨기고 가면
    그것이 영락없이 빠져나온다

    하
    하

하고 입을 쩍 벌리고 뛰어 간다
입안에 뭔가 숨기고 가면
그것이 영락없이 튀어나온다

감방에서 공장으로
공장에서 감방으로
벌거숭이 몸
그렇게 가고
그렇게 온다

차라리 무기수를 쳐다보며 살아간다
그렇게 살아가면
어느새 7년 만기
4년 만기에 이르고 만다

하
하
하
그렇게 빈 몸으로
세상에 나간다

그렇게 빈 몸으로
세상 떠난다

—「빈몸」 전문

위 시의 특징은 낯선 교도소의 재미있는 이야기와 현상에서 인식으로 전환하는 극적 구조를 가지고 있다. 구성은 전반부에 사건이나 경물을, 후반부에 정서와 감정을 교차시키는 전경후정의 고전적 방법이다. 그러나 이야기의 서술기법은 시원시원하다. 1~3연은 교도소에서 일어나는 사건이다. 재소자들이 감방과 공장을 왔다 갔다 하면서 몸을 발가벗기고, 입을 벌리고 뛰는 광경이 사실적으로 재미있게 묘사되고 있다. 4~6연은 이러한 경험을 통해 얻은 인식의 상황이다. 물건을 교묘하게 숨기려고 요령을 부려봤자 들통 나고 고생만 하니, 기약이 없는 무기수처럼 모든 것을 내려놓고 살자는 것이다. 그러면 "어느새 7년 만기 / 4년 만기"가 닥쳐 자유로워진다는 것이다. 해서 이렇게 "빈 몸으로 / 세상에 나"아가서 안달하지도 매이지도 기다리지도 기약하지도 말고, 멀리보며 산다는 것이다. 그러다 빈 몸으로 세상을 떠난다는 것이다. 외부적 사건을 통해 창작자의 내부적 인식에 다다르고 있다. 2연의 "하 / 하"와 5연의 "하 / 하 / 하"의 문맥상 의미는 확연히 다르다. 2연의 경우는 입을 벌리고 뛰어가는 모습을 연상하게 하는 반면, 5연의 경우는 모든 것을 내려놓은 자의 호방하고 경쾌한 웃음을 연상하게 한다.

　　　　웬 일이신가 푸른 하늘님 어디에도
　　　　구름님 아니 계시다

　　　　빈 산딸나무님 가지에 앉아
　　　　흔들리시는
　　　　참새님

　　　　사뭇 여기저기 돌아다보셔야 하는
　　　　참새님

내 마음님

　　　내 마음님

　　　이미 마당님은 저승님이시다
　　　내 마음님
　　　내 눈님
　　　내 코님
　　　내 입님
　　　내 귀님
　　　내 살갗님
　　　총 6근님 도무지 철딱서니 없도록
　　　어쩌자고 마당님의 여기저기 돌아다보신다
　　　딱도 하시다

　　　　　　　　　　　　　　—「한낮 님」전문

　위 시는 한낮의 풍경을 그리고 있다. 한낮님, 구름님, 산딸나무님, 참새님, 마음님, 저승님, 눈님, 코님, 입님, 귀님, 살갗님, 6근님, 마당님 등 모든 명사에 존경을 나타내는 접미사 '님'을 붙여 인격화하고 있다. 대상을 인격화하였을 때, 대상은 단순히 기호화된 대상이 아니라 직접적 실제로서 지각된다. 자연과 인간이 일체로 소통되는 것이다. 대상을 인격으로 대하는 의인관적 태도는 자아와 세계의 융합을 꿈꾸는 물활론자의 임무이다. 원래 시인은 무정물의 유정화를 통해 인간과 자연을 소통시켜보려고 몸부림쳤던 물활론의 전사일 것이다.

　위 시는 구름 한 점 없이 맑은 하늘 아래의 정경이다. 참새가 흔들리는 산딸나무에 앉아 바쁘게 여기저기 돌아다본다. 흔들리는 나무에서 여기저기 돌아다보는 참새는 바로 화자의 번잡한 마음과 동일화된다. 그러한 참새의 마음을 4연과 5연에서 "내 마음님"하고 두 번을 강조해서 처리한다. 그런데 마당은 이미 죽은 세계인 저승인데, 화자의 6근인 마음, 눈, 귀, 코, 혀, 살갖 등 감각기관이 "철딱서니 없도록" 저승인 마당의 여기저기를 돌아다본다는 것이다. 화자는 그런 자신이 "딱도 하"다고 한다.

6근은 사물을 인식하는 근원적인 감각기관이다. 세상에 놓여 있는 6근은 색깔과 소리와 냄새와 맛과 촉각에 집착하므로 번잡할 수 밖에 없다. 이러한 집착과 미혹에서 벗어나 깨끗하고 맑아지면 부처의 경지에 들어 갈 수가 있는 것이다. 그러나 세속의 감각기관이 집착에 붙들려 생사 윤회의 공포에 떨고, 존재에 대한 번뇌를 무서워하면서 부처의 세계에 들기란 불가능한 일이다. 구름 한 점 없이 깨끗한 청정한 하늘로 훌쩍 날아오르지 못하고, 흔들리는 나뭇가지에 앉아 여기저기를 돌아다보는 참새를 통하여 번잡한 감각기관으로 삶을 유지하는 인간을 풍유하고 있다.

5. 닫는 글

시적 대상을 직관하여 순간의 상황을 파격적 언어로 포획하는 고은의 시는 독자에게 읽기의 충격과 정서적 파장을 일으킨다. 이러한 비교과서적이고 상식모반의 언어사용은 대상의 선적 발상과 호방한 정경교융을 방법적 특징으로 한다.

「산수유꽃 핀 날」은 "너무 일찍 피어난 산수유꽃"을 창작동기로 하고 있다. 너무 일찍 피어난 산수유꽃에서 "어린 왕"을 상기하게 되고 이를 시로 형상화하고 있다. 상상의 비약을 보여준다. 창작자는 일찍 피어난 꽃에서 봄의 환희나 꽃의 아름다움을 노래하지 않으므로, 대상에 대한 파격적인 심상 진술로 충격과 재미를 준다. 선적 발상과 호방한 정서와 경물이 서로 융합하는 지경을 보여주고 있다.

「숨」은 막 숨을 거둔 사람의 얼굴이 왜 고요한지 설명이 없다. 단도직입의 단정이다. 독자는 죽은 사람의 얼굴이 무섭지 않고 "고요하다"는 단정적 언사에 당황한다. 상식과 어긋난 단정적 언사는 시에 관심을 촉발케 하며, 죽은 사람의 얼굴이 고요하다는 뒤집기의 상상력, 이런 상식의 모반이 시성을 획득하게 한다. 연과 연 사이에 비약이 존재하며, 이 비약의 거리가 정서적 파동을 일으킨다.

「낙엽」은 화자 관찰자 시점의 시이다. 낙엽은 인생 종말의 비유이다. 화자가 지향하는 '낙엽'의 이상은 일생을 충실히 산 잎새의 결과로서 아름다운 '낙엽'이다. 이 시는 관찰자의 자아와 대상을 확연히 구분하고 있다. 이러한 방법은 시적 대상에 관심을 촉발시키면서, 창작자 자신의 반성 강도를 부각시키고 있다. 또 떨어지는 낙엽의 숫자를 하나, 둘, 셋으로 시작하는 관습을 파기하여 넷, 다섯, 여섯으로 기술하여 시적 상황이 직관적 실제라는 것을 반증하는 고도의 전략을 구사한다.

「빈몸」은 낯선 교도소의 재소자들 이야기를 재미있게 서술하고 있으며, 전반부의 현상에서 후반부의 인식으로 전환하는 극적 구조를 가지고 있다. 이러한 구성은 전경후정의 고전적 방법이다. 재소자들의 사건을 통해 물건을 교묘하게 숨기려고 요령을 부려봤자 들통나고 고

생만 하니, 기약이 없는 무기수처럼 모든 것을 내려놓고 매이지도 기다리지도 기약하지도 말고, 멀리 보며 살다가 빈 몸으로 세상을 떠난다는 호방하고 경쾌한 불교적 인식이다.

「한낮 님」은 시에 등장하는 모든 명사에 존경을 나타내는 접미사 '님'을 붙여 인격화하고 있다. 대상을 인격으로 대하는 의인관적 태도는 자아와 세계의 융합을 꿈꾸는 물활론자의 임무이다. 흔들리는 나무에서 여기저기 돌아다보는 참새는 바로 화자의 번잡한 마음이다. 구름 한 점 없이 깨끗한 청정한 하늘로 훌쩍 날아오르지 못하고, 흔들리는 나뭇가지에 앉아 여기저기를 돌아다보는 참새의 행위를 통해 번잡한 감각기관으로 삶을 유지하는 인간을 풍유하고 있다.

4. 신경림; 풍유와 우화적 진술 방법

1. 여는 글

　이 글은 신경림의 시에 나타난 풍유와 우화의 방법을 살피는 데 목적이 있다.[1] 신경림은 정치사회의 현실과 인간의 행위를 풍자하기 위해 구체적 방식으로 "직유가 융합 발전된 형식"[2]인 풍유(allegory)와 우화(fable) 수법을 활용한다. 풍유는 창작자가 의도하는 본래 의미는 숨기고 다른 말 또는 이야기를 내세워 본래의 의미를 암시하는 비유법이다. 풍유는 표면적으로 전개되는 구체적 사실이나 정황과 이면에 숨겨진 추상적 의미가 존재하고 원관념이 숨고 보조관념이 나타나 있으므로 상징과 유사한 형태를 보여주나 풍자, 비판, 교훈성을 띠고 있는 점

---

1) 이 글은 '공광규,『신경림 시의 창작방법 연구』, 푸른사상, 2005, pp.248~266' 및 '공광규, <신경림 시의 풍자적 상상과 창작방법>, ≪한국문예창작≫, 2004년 12월 제3권 제2호'를 보완한 것이다.
2) 김봉군,『문장기술론』, 삼영사, 1980, p.394.

이 다르다. 우화는 동식물을 주인공으로 하여 인간의 삶을 암시하는 이야기 형태이다. 우화의 보조관념은 모두 비인격적인 동식물이며 원관념은 인격적인 것이 된다.3) 그리고 우화는 도덕적 명제 또는 인간 행위의 원천을 예시한 짧은 이야기이며, 결론에서 화자나 등장인물 중 하나가 경구(警句)형식으로 교훈을 진술한다.4)

2. 풍유적 진술

신경림의 후기 시에서는 풍유(알레고리)를 자주 활용한다.5) 풍유의 방법은 원관념과 보조관념의 관계가 1:1이며, 한 개의 보조 관념이 한

---

3) 오규원, 『현대시작법』, 문학과지성사, 1990, pp.314~316 참조.
4) 이명섭, 『세계문학비평사전』, 을유문화사, 1985, p.286 참조.
5) 이동순은 「소장수 신정섭씨」는 농민과 소와의 관계에 비유하여 집권자와 민중과의 관계를 풍자하고 있다고 하였다.(이동순, 「신경림 론」, 영남대학교 ≪국어국문학연구≫(제19호), 1991, p.80 참조)
   유종호는 신경림의 후기 시가 "서정시의 중요 영역인 삶의 보편적 국면에 대한 명상을 시도할 때 그것은 쉽게 교훈적 우의성으로 드러"나며, "서경과 사생도 점차 우의성의 발견과 함께 제시되는 것이 최근의 중요한 변화"라고 하며 「기차」, 「강물을 보며」, 「산에 대하여」, 「토성」, 「밤차를 타고 가면서」를 사례로 분석하였다.(유종호, 『동시대의 시와 진실』, 민음사, 1985, pp.64~67 참조)
   박정선은 시대에 대한 반성과 성찰을 통해 우화적 알레고리로써 시대를 풍자한다며 「끊어진 철길」, 「철길」 등의 시에서 분단의 상처를, 「꿈의 나라 코리아」, 「산동네」, 「나무 1」 등을 통해 세태의 모습을 풍자하는 사례로 제시했다.(박정선, 「떠남과 돌아옴 - 신경림 론」, ≪유심≫ 2003 여름, p.331 참조)
   강정구는 신경림의 「길」을 부분적으로 알레고리를 활용한 시, 「겨울숲」을 완전한 알레고리를 구현한 시로 분석하고 "알레고리를 활용해서 순환적인 역사의식을 암시"한다고 하였다.(강정구, 「신경림 시의 서사성 연구」, 경희대학교 대학원 박사학위논문, 2003, pp.175~179 참조)

개의 원관념을 환기하는 본질적으로 단순성의 문학이다. 역사적·시대적 삶의 의미를 효과적으로 표현하는데 사용되며, 미적 가치보다 당대의 삶의 문제에 가치를 더 두기도 한다.6)「소백산 양떼」는 외세 추종과 영어사대주의, 친미주의자들에 몰리는 민중을 개와 미국과 양떼를 통하여 풍유하고 있다.

> 소백산 자락의 목장에서 양떼를 모는 개는
> 이상하게도 영어만 알아듣는다
> 뒤로 가 하면 우두커니 섰다가도
> 고백 하면 재빨리 천여 마리 양떼 뒤로 가 서고
> 몰아라 하면 딴전을 피우지만 캄온 소리엔 들입다 몬다
> 미국서 훈련받은 개들이라 날쌔고 영악하기 사람 뺨쳐
> 양치기들은 종일 시시덕거리고 장난질이나 치며
> 몇 마디 영어로 명령만 하면 된다
>
> 모르고 있었을까 정말 우리가 모르고 있었을까
> 영어만 알아듣는 개한테 쫓기는 것이
> 양떼만이 아니라는 걸
> 우리들 울부짖음에는 눈만 멀뚱거리다가도
> 캄온 하는 명령에는 기겁을 해서 양떼를 몰고
> 스톱 하고 호령하면 목숨을 걸고 세우는 것이
> 개만이 아니라는 걸
> 또 개를 영어로 부리며 시시덕거리기만
> 하면 되는 것이 양치기만이 아니라는 걸
> 마침내 영어를 알아듣는 개라야
> 두려워하게 된 것이 양떼만이 아니라는 걸
> ―「소백산의 양떼」전문

---

6) 김준오,『시론』, 삼지원, 1982, pp.152~153 참조.

모두 2연 19행의 이 시는 민중으로 비유되는 양떼와 미제국주의의 앞잡이를 상징하는 개, 미국을 상징하는 양치기의 행위들이 연결되어 한 연을 이룬다. 양떼인 민중들은 영어만 알아듣는 개의 관리를 받으며 산다. 개는 미국에서 훈련받은 친미주의자나 영어사대주의자들이다. 개의 뒤에는 개를 명령하는 양치기가 있는데 바로 미국을 풍유한다. 보조관념과 원관념의 사이에 1:1의 관계가 성립하는 것이다.

보조관념	원관념	대응관계 (보조관념:원관념)
양떼	한국 민중	1:1
개	친미주의자(영어만 알아들음)	1:1
양치기	미국	1:1

2연에서는 친미주의자들에게 쫓기는 것이 민중들만이 아니며, 미국의 명령에 따르는 것이 친미주의자들만이 아니라고 한다. 그리고 영어로 부리는 것이 미국만이 아니라는 의미를 드러낸다. 국내의 민중과 외세 및 친미, 미국 문제들을 양떼와 개와 양치기를 통하여 풍유하고 있다.

모두들 큰 소리로만 말하고
큰 소리만 듣는다
큰 것만 보고 큰 것만이 보인다
모두들 큰 것만 바라고
큰 소리만 좇는다
그리하여 큰 것들이 하늘을 가리고
큰 소리가 땅을 뒤덮었다
작은 소리는 하나도 들리지 않고
아무도 듣지를 않는
작은 것은 하나도 보이지 않고
아무도 보지를 않는
그래서 작은 것 작은 소리는
싹 쓸어 없어져버린 아아
우리들의 나라 거인의 나라

—「거인의 나라」 전문

  단연 14행으로 구성된 이 시는 「우리시대의 새」와 함께 사람들의 살림살이와 밀접한 작고 보잘 것 없는 것에는 관심을 기울이지 않고 삶에서 동떨어진 공소한 거대담론만 주장하는 세태에 대한 풍유이다. 이 시의 전반부는 "모두들 큰 소리로만 말하고", 듣고, 보고, 바라고, 좇다보니 오히려 "큰 것들이 하늘을 가리고" "땅을 뒤덮었다"고 한다. 후반부에는 전반부의 결과로 "작은 소리는 하나도 들리지 않고 / 아무도 듣지를 않"고 작은 것은 하나도 보지를 못한다고 한다. 결국 작은 것 작은 소리는 모두 없어진 "거인의 나라"라는 것이다. 국가 단위에서 강자와 다수의 폭력적 행위가 약자와 소수의 목소리를 무시하고 있는 세대에 대한 풍유인 것이다. 인간의 고정된 인식의 틀을 '고장난 사진기'를 통해 풍유하기도 한다.

나는 늘 사진기를 들고 다닌다
보이는 것은 모두 찍어
내가 보기를 바라는 것도 찍히고 바라지 않는 것도 찍힌다
현상해보면 늘 바라던 것만이 나와있어 나는 안심한다
바라지 않던 것이 보인 것은 환시였다고

나는 너무 오래동안 알지 못했다 내 사진기는
내가 바라는 것만을 찍어주는 고장난 사진기였음을
한동안 당황하고 주저하지만
그래도 그 사진기를 나는 버리지 못하고 들고 다닌다

고장난 사진기여서 오히려 안심하면서
— 「고장난 사진기」 전문

"바라는 것만 선택하는 인간의 모습을 대상화"[7]한 모두 3연 10행으로 구성된 이 시는, 사람은 고정된 인식의 틀을 가지고 사물을 바라본다는 것을 '사진기'라는 사물을 통해서 풍유하고 있다. 곧 화자의 고정된 인식이 '사진기'가 됨에 따라 화자에게 보이는 것과 보기를 바라는 것, 바라지 않는 것도 찍히지만 "현상을 해보면 늘 바라던 것만이 나와있어"서 안심한다. 그리고 "바라지 않던 것이 보인 것은 환시"였다고 치부해버린다. 그러나 화자는 "내가 바라는 것"만을 찍어주는 사진기는 '고장난 사진기'라는 것을 깨닫는다. 화자는 한동한 당황하고 주저하지만 그럼에도 '고장난 사진기'를 버리지 못한다. 사물을 바라보는 인식의 틀을 바꾸기가 어렵고 불편하기 때문이다. 결국 시대가 바뀌어도 고정된 인식의 틀을 고집하며 안

---

7) 박정선, 앞의 글, p.333.

심하고 갇혀 사는 사람들을 '고장난 사진기'라는 사물을 통해 연민으로 바라보고 있다.

비슷한 계열의 형식으로 '성(城)'을 통해 풍유적 수법을 구사하기도 한다.

> 그림을 그리는 여학생이 놀러왔다. 돌아다니며 시골 장터만 그린다 한다. 함께 오일장을 구경하다가 폐교된 소학교 분교장을 얻어 그릇에 꽃만을 그려 넣는 젊은 도공을 만났다. 산성엘 올랐다. 산성에는 꽃이 피어있고 또 장터도 보였지만, 여학생은 장 얘기만 하고 젊은 도공은 꽃 얘기만 했다.
> ―「城―강읍기 3」 전문

이 산문시는 사람들이 자기인식 수준 이상으로 보지 못하거나 얘기하지 못한다는 것을 서술한 것이다. 화자가 시골 장터만 돌아다니며 그림을 그리는 여학생과 꽃만 그려넣는 젊은 도공을 만나서 같이 산성에 올라간다. 산성에는 꽃도 피어 있고 장터도 내려다보이지만 두 사람은 자기 인식 영역인 '장터'와 '꽃'만 이야기한다. 창작자는 시적 화자를 통해 사람들은 자기만의 '성(城)'에 갇혀서 다른 것을 인정하지 않거나 그 이상을 보지 못한다는 인간의 한계를 풍유하고 있는 것이다. 인간의 모순적 행위를 '성벽'을 통해 풍유하기도 한다.

> 더 멀리 보겠다고 더 널리 보겠다고
> 성벽 안에 살면서는 성벽을 허물려 무진 애를 썼지만,
> 성벽이 무너진 지금은 또 그것을 쌓으려 안간힘을 다한다.

　　　　새가 되어 공중으로 훨훨 날아갈까 두려워서, 내가
　　　　나뭇잎처럼 팔랑팔랑 허방으로 떨어질까 두려워서.
　　　　　　　　　　　　　　　　　　　　　―「내 허망한」 전문

　모두 2연 5행으로 구성된 이 시의 화자는 '성벽'이라는 상징적 의식 공간 안에 살고 있다. 1연에서 화자는 현재보다 '더 멀리', '더 널리' 보기 위해서 성벽을 허물려고 애를 써왔다. 그래서 성벽은 무너졌지만 다시 쌓으려고 애쓴다. 그 이유는 2연에서 나온다. 화자가 새가 되어 날아가거나 나뭇잎처럼 허방으로 떨어질까 두려워서이다. 인간의 견고한 고정관념과 의식, 그것이 무너졌을 때의 두려움을 성벽을 통해 풍유하고 있다.
　창작자의 자화상으로 비쳐지는 「숨막히는 열차 속」은 인생을 '열차'로 풍유하고 있다.

　　　　낯익은 사람들이 하나둘씩 내린다
　　　　어떤 사람은 일어나지 않겠다 버둥대다가
　　　　우악스런 손에 끌려 내려가고
　　　　어떤 사람은 웃음을 머금어
　　　　제법 여유가 만만하다
　　　　반쯤 몸을 밖으로 내놓고 있는 사람도 있다
　　　　바깥은 새까맣게 얼어붙은 어둠
　　　　열차는 그 속을 붕붕 떠서 달리고

　　　　나도 반쯤은 몸을 밖으로 내놓고 있는 것이 아닐까
　　　　땀내 비린내로 숨막히는 열차 속
　　　　새 얼굴들과 낯을 익히며 시시덕거리지만

4. 신경림; 풍유와 우화적 진술 방법　89

내가 내릴 정거장이 멀지 않음을 잊고서
—「숨막히는 열차 속」 전문

　모두 2연 12행의 시를 통해 화자는 자신이 살고 있는 세상을 '숨막히는 열차 속'이라고 한다. 열차 안에서 "낯익은 사람들이 하나 둘씩 내린다"는 것은 아는 사람들이 죽어가고 있음을 의미한다. 어떤 사람은 죽지 않으려고 버둥대지만 '죽음'이라는 "우악스런 손에 끌려" 삶의 궤도에서 내려가 죽게 된다. 목숨이 한참 남은 사람도 있지만 "반쯤 몸을 밖으로 내놓"은 죽음에 가까운 사람도 있다. '열차'의 바깥은 어디인가? "새까맣게 얼어붙은 어둠" 즉 저승일 뿐이다. 1연에서는 화자가 열차 안 풍경을 바라보지만, 2연에서는 화자 자신의 감정이 개입된다. "나도 반쯤 몸을 밖으로 내놓고 있는 것이 아닐까"하며 화자의 죽음이 가까웠음을 암시한다. 화자는 "숨막히는 열차 속"인 세상에서 새로운 사람들과 만나서 "시시덕거리"며 얼굴을 익히지만 화자 자신이 "내릴 정거장이 멀지 않"다고 한다.
　「숨막히는 열차 속」이나 「특급열차를 타고 가다」가 개인적 인생을 풍유한 것이라면 「아름다운 열차」는 공동체의 희망을 '열차'를 통해 풍유한 것이다.

우리는 지금 달리는 열차 속에 앉아 있는 거다.
망망한 바다가 보이는 도시에 닿기 위하여
검붉은 장미가 뒤덮은 공동묘지를 지나고 있는 거다.
차안은 휘황한 불빛, 더러는 열띤 토론을 하고,
더러는 곤한 잠에 떨어지고,
또 더러는 달콤한 사랑에 취해서.

아니, 우리는 지금 어느 산역에 버려져 있는 거다.
요기를 위해 내려 잠시 한눈 파는 사이 열차가 떠나
노숙자들이 우굴거리는 대합실 한 구석에서
좀체 오지 않는 다음 열차를 기다리고 있는 거다.
더러는 불안과 초조로 잠을 설치고, 또 더러는
술과 도박으로 어둠을 잊으면서

아니, 오지 않는 열차를 기다리기에도 지쳐 마침내
우리는 지금 새로운 열차를 만들 꿈을 키우고 있는 거다.
스스로 열차가 되어 서로가 서로를 태우고
바닷가 도시를 지나 더 멀리 달려갈,
아예 하늘로 날아올라 전갈자리 페가수스 자리까지 갈
힘차고 아름다운 열차를 만들 꿈을 키우고 있는 거다.
— 「아름다운 열차」 전문

    모두 3연 18행으로 구성된 이 시는 보다 더 살기 좋은 세상을 바라는 공동체의 희망을 '열차'로 비유하고 있다. 1연에서 복수 화자인 '우리'는 지금 달리는 '열차' 속에 앉아 있다고 한 뒤, 열차 안 풍경으로 공동체 삶의 모습을 축소하여 다양하게 그리고 있다. 2연에서 화자는 "어느 산역"에 버려져 있다고 한다. 그러다 잠시 생계를 의미하는 "요기"를 위해 "한눈파는 사이" '열차'는 떠나가고, 한번 떠난 열차는 좀체 오지 않는다며 다음 '열차'를 기다리는 산역 대합실의 정경을 삶의 모습을 축소해서 다양하게 그리고 있다. 3연에서는 기존의 희망인 '열차'를 기다리기에 지쳐 아예 다른 희망인 "새로운 열차"를 만들려고 한다. 이 "새로운 열차"는 뭔가? "스스로들 열차가 되어 서로가 서로를 태우"는 세상이다. 결국, "힘차고 아름다운" 세상을 만드는 꿈을 키우는 것이라고 한다. 집단의 희망을 위해 노력해야 함을 끊임없이 진행, 전진한다는 열차의 속성을 통해 풍유하고 있다.

3. 우화적 진술

　우화는 짧은 비교가 아닌 행위들의 조합이다.8) 신경림은 1990년대 이후의 시들에서 우화적 수법을 많이 사용한다. 주로 동식물의 인격화를 통한 행위들을 조합하는 방식으로 서술해 나간다. 「우리 시대의 새」는 작고 여린 것들을 보지 못하고 더 높이 더 멀리 오르려고만 하는 새를 통해 우리시대의 모습을 우화적으로 보여주고 있다.9)

> 훌쩍 날아올라 온 마을을 굽어본다
> 더 높이 날아올라
> 산 넘어 강 건너 이웃 마을까지 내려다본다
> 더 높이 오르고 더 멀리 나니
> 바다가 보이고 이웃나라가 보인다
> 마침내 하늘 끝까지 날아오른다
> 내려다보니 세상은 온통
> 검은 땅과 푸른 물뿐
> 그래서 새는 쉰된 소리로 노래한다
> 세상은 온통 검은 땅뿐이라고
> 세상은 온통 푸른 물뿐이라고
>
> 제가 나서 한때 자라기도 한

---

8) 김현 편, 『수사학』, 문학과지성사, 1985. p.71 참조.
9) 박정선, 앞의 글, p.334 참조.

> 더 어두운 골과 깊은 수렁
> 점점이 핀 고운 꽃들은 보지 못하는
> 높은 데로만 먼 데로만
> 날아오르는 우리시대의 새여
>
> ―「우리시대의 새」전문

　모두 2연 16행으로 구성된 이 시는 1연에서 행위의 주체인 새가 마을을 굽어보고 있는 높이에서 시작하여 점점 날아올라 온 마을 → 바다와 이웃나라 → 하늘 끝까지 날아오른다. 하늘 끝까지 날아오른 새는 아래를 내려다보면서 "쇳된 소리"로 "세상은 온통 검은 땅"과 "푸른 물뿐"이라고 노래한다. 2연에서는 화자가 직접 개입하여 판단한다. "우리 시대의 새"는 "높은 데로만 먼 데로만" 날아올라서 자기가 자라거나 주변의 소외된 곳, 그리고 주변의 사소한 것들의 아름다움을 보지 못한다는 것이다. 이것은 우리 시대가 삶에 밀착한 현실을 보지 못하고 정체성을 잃어버린 채 현실과 동떨어진 거대담론만 "쇳된 소리"로 반복한다는 것을 새의 행위를 통해 우화로 구성한 것이다.
　인간의 다툼을 곤충의 다툼 행위를 통해 우화적으로 그리기도 한다.

> 사마귀와 메뚜기가 물고 뜯고 싸우고 있다
> 방아깨비와 찌르레기가 여름내 가으내
> 내 잘났다 네 잘났다 다투고 있다
> 뉘 알았으랴 그때
> 하늘과 땅을 휩쓰는 비와 바람이 몰아쳐
> 사흘밤 사흘낮을 불다 가리라고
> 이제 들판에는 그것들
> 부러진 날개죽지만이 흩어져 있다

토막난 다리와 몸통만이 남아 있다

　　　태풍이 지나간 저녁 들판에 서 보아라
　　　누가 감히 장담하랴
　　　사람의 일 또한 이와 같지 않으리라고
　　　　　　　　　　―「태풍이 지나간 저녁 들판에서」 전문

　모두 2연 12행의 「태풍이 지나간 저녁 들판에서」는 사람의 행위를 사마귀, 메뚜기, 방아깨비, 찌르레기 등 곤충으로 대치하고 있다. 곤충들은 같은 공동체인데도 서로 "물고 뜯고 싸우고" "내 잘났다 네 잘났다 다투"다가 태풍에 대비하지 못하여 전부 몰살하고 만다. 2연에서는 숨어 있는 화자가 "사람의 일 또한 이와 같"다며 사람들에게 화합할 것을 우화를 통해 제안한다.
　비주체적 인간의 삶, 혹은 깨우치지 못한 민중의 삶을 동물인 소의 일생을 통해 우화적으로 구성한 시를 보자.

　　　　사나운 뿔을 갖고도 한 번도 쓴 일이 없다
　　　　외양간에서 논밭까지 고삐에 매여서 그는
　　　　뚜벅뚜벅 평생을 그곳만을 오고 간다
　　　　때로 고개를 들어 먼 하늘을 보면서도
　　　　저쪽에 딴 세상이 있다는 것을 알지 못한다

　　　　그는 스스로 생각할 필요가 없다
　　　　쟁기를 끌면서도 주인이 명령하는대로
　　　　이려 하면 가고 워워 하면 서면 된다
　　　　콩깍지 여물에 배가 부르면
　　　　큰 눈을 끔벅이며 식식 새김질을 할 뿐이다

도살장 앞에서 죽음을 예감하고
두어 방울 눈물을 떨구기도 하지만 이내
살과 가죽이 분리되어 한쪽은 식탁에 오르고
다른 쪽은 구두가 될 것을 그는 모른다
사나운 뿔은 아무렇게나 쓰레기통에 버려질 것이다
—「뿔」전문

    모두 3연 15행의 단정한 구조로 되어 있는 이 시는 거의 완전한 우화를 구현하고 있다. 독자는 이 시를 통해 보조관념인 소의 삶을 읽을 것이고, 원관념인 소가 가리키는 숨은 뜻을 읽어낼 것이다. 1연에서 소는 자신에게 '뿔'이라는 무기가 있으나, 고삐에 매여 평생 무기를 사용해 보지 못하고 외양간과 논밭을 오갈 뿐이다. 고개를 들어서 먼 하늘을 보면서도 그곳을 벗어날 생각을 못한다. "저쪽에 딴 세상", 즉 이상향이나 아니면 인간중심의 세상이 있다는 것을 알지도 못한다. 2연에서 소는 주체적으로 생각을 하지 못하므로, 주인의 명령대로 살며 배가 부른 것으로 만족한다. 그러다 3연에서 죽음이 임박했음을 알고 눈물을 흘리며 후회하나 곧, 사람의 식탁에 오르거나 구두가죽으로 사용되고 '뿔'은 아무렇게나 버려진다는 것이다. 소의 평생을 통해 남에게 수동적으로 부림만 당하지 주체적 사고와 행동을 하지 못하는 인간의 비애를 우화를 통해 보여주고 있는 것이다. 「뿔」과 같은 유형의 우화를 「개」를 통해 구성한 시도 있다.

    서라면 서고 앉으라면 앉았다. 가라면 가고 오라면 왔다. 쫓으라면 쫓고 물라면 물었다. 그러다가,

나이 들어 기운이 빠지자 주인은 그를 개장수에게 팔았다. 그리고 그는 살과 뼈가 따로 추려져 탐욕스러운 사람들의 식탁에 올랐다. 주인도 끔찍이도 사랑하던 제 개의 고기를 먹으며 자못 흡족했다.

그 개는 죽어서 헐값의 가죽밖에 남긴 것이 없다. 가죽보다 더 값진 교훈을 남겼다는 거짓과 함께.

―「개」 전문

    3연의 산문시를 통해 비주체적 인간을 개에 비유하여 우화적 수법으로 형상화하고 있다. 개는 주인이 시키는대로 행동하는 습성을 가지고 있다. 그러다 개가 나이 들어 기운이 빠지면 주인은 개를 팔고, 팔린 개는 고기가 되어 주인의 식탁에 오르기도 한다. 주인은 그를 끔찍이 사랑했지만 어디까지나 허구일 뿐이다. 자기가 사랑했다던 개의 고기를 흡족하게 먹기 때문이다. "개는 죽어서 헐값의 가죽"을 남겼는데, 화자는 "가죽보다 더 값진 교훈을 남겼다는 거짓과 함께"라며 주체성이 없는 대상에 대한 사랑의 허구성을 개를 통해 우화화하고 있다. 신경림의 시 「개미를 보며」는 노동자와 자본가의 속성을 개미와 배짱이를 통해 우화적 수법으로 서술하고 있다.

새 천년이 된들 무엇이 나아지랴
더 강력하고 더 무자비해진 차바퀴에
더 많이 더 빨리 깔려 죽겠지
사람들은 말하겠지
너희들 진한 땀과 피가 아니었던들
어찌 이 세상이 이만큼 만들어졌겠느냐고

여름 내내 그늘에서 노래로 즐긴 베짱이들이
　　너희들의 문전을 찾아 구걸하는 그림이 찍힌
　　낡은 교과서를 뒤적이면서

　　　　　　　　　　　　　　―「개미를 보며」전문

　단연 9행으로 된 이 시는 화자가 '개미와 배짱이'라는 우화가 그림으로 그려진 낡은 교과서를 보면서 시상을 전개하고 있다. 새 천년이라며 민중들이 혹할만한 많은 계획을 발표하는 정부와 호들갑떠는 언론. 그러나 시인은 이러한 지배 이데올로기에 비판적으로 접근한다. "더 강력하고 더 무자비해진 차바퀴"를 상징하는 자본과 권력의 힘에 민중들은 "더 많이 더 빨리 깔려 죽"을 것이라는 시인의 직관적 예언이다. 그러면서 자본과 권력은 노동자들의 "진한 피와 땀이 아니었던들" 경제가 이렇게 나아졌겠느냐는 허위적 칭찬을 역설적으로 드러내고 있다.
　다국적 식품 연쇄점이 한국에 급속도로 번지면서 패스트푸드에 입맛이 길들여진 아이들을 우화적 수법으로 구성한 다음 시를 보자.

　　새로 난 동물병원 원장은 다리를 절고 그 앞 피자집은 늘 산토끼처럼 입을 오물거리며 피자를 먹는 아이들로 가득하다. 원장은 안개 자욱한 산책길에서 병든 산토끼를 주워왔다. 일주일 내내 정성을 다해 돌보니 산토끼는 아이들처럼 씩씩해졌다. 차에 태워 유원지 깊숙한 곳까지 가서 산으로 돌려보내는 날은 내가 동행을 했다. 다음 다음날 산토끼는 되돌아왔다. 네가 살 곳은 산이라고, 그래서 차에 태워 다시 유원지에 갖다 풀어놓았지만 또 돌아왔다. 또 차에 실으려고 찾으면 지하실로 피해 달아나고 옥상으로 도망가 숨는다 한다. 아무래도 토끼가 도시 속에서는 불행할 것 같아 온갖 노력을 다하다가 마침내 그는 포기했다. 토끼가 아이들 속에 들어가 숨어서 아이들처럼 오물거리며 피자를 먹고 있어서다. 새로 난 동물병원 원장은 다리를 절고 그 앞 피자집은 늘 제가 살던 산을 버린 산토끼들로 가득하다.

—「산토끼」전문

병원 원장과 화자인 '나'는 산토끼가 "도시 속에서 살면 불행할 것 같아 온갖 노력"을 다해 산으로 돌려보내려고 하나, 토끼가 다시 돌아와 포기했는데 "아이들 속에 들어가 숨어서 아이들처럼 오물거리며 피자를 먹고 있"다는 동화적 내용이다. 완전한 우화는 다른 사물을 가리키면서 숨은 뜻을 독자가 알아차리도록 "시종일관 독립된 문장이나 이야기의 형태"10)를 취해야 한다. 그러나 이 시에서는 "산토끼처럼 입을 오물거리며 피자를 먹는 아이들"이라는 직유를 통해 산토끼가 곧, 아이들이라는 정보를 독자가 쉽게 취득할 수 있게 됨에 따라 완전한 우화라고 볼 수는 없다. 실재로 "새로 난 동물병원 원장은 다리를 절고"는 어떤 상징으로 읽히지 않고 시인의 순수한 경험적 대상을 그대로 서술한 것에 불과하다. 그리고 직유를 사용한 "그 앞 피자집은 늘 산토끼처럼 입을 오물거리며 피자를 먹는 아이들로 가득하다."라는 표현대신 "그 앞 피자집은 늘 제가 살던 산을 버린 산토끼들로 가득하다"라는 긴장을 유지했을 때 완전한 우화가 가능할 것이다.

곤충인「진드기」를 화자로 하여 현실에 안주하고 있는 인간의 행태를 우화적으로 진술하기도 한다.

---

10) 김봉군, 앞의 책, p.393.

지금 우리는 너무
쉽게 살아가고 있는 것은 아닌가,
너무 편하게만 살려고 드는 것은 아닌가,
우리가 먹고 자고 뒹구는 이 자리가
몸까지 뼛속까지 썩고 병들게 하는
시궁창인 걸 모르지 않으면서도,
짐짓 따스하고 편안하게 느껴지는 이 자리가
암캐의 겨드랑이나 돼지의
사타구니일지도 모른다고 생각하면서도.

음습한 그곳에 끼고 박힌 진드기처럼
털과 살갗의 따스함과 부드러움에 길들여져
우리는 그날 그날을 너무 쉽게
살아가고 있는 게 아닌가,
시큼한 냄새와 떫은 맛에 취해
너무 편하게 살려고만 드는 것은 아닌가,
암캐나 돼지가 타 죽는 날
활활 타는 큰 불길 속에 던져져
함께 타 죽으리라고는 생각도 못하고서.
   —「진드기」전문

모두 2연 18행으로 구성된 이 시는 화자가 진드기이면서 '우리'라는 공동집단 화자다. 1연에서 화자는 자기가 지금 너무 쉽게 살고 있지 않은가 하고 반문한다. 쉽고 편안한 삶은 "암캐의 겨드랑이나 돼지의 / 사타구니일지도 모른다"는 경고이다. 2연에서도 마찬가지로 따스함과 부드러움에 길들여져 너무 쉽게 살고 있지 않은가 하며, 삶의 터전인 암캐나 돼지가 타 죽는 날 함께 타 죽을 것이라고 경고한다. 그러니 현실에 안주하지 말고 삶의 환경을 직시하여 긴장된 삶을 살자고 제안한다. 2연 1행에서 "진드기처럼" 하고 본래의 이야기 주체가 밖으로 표현되면서 우화의 완전성은 훼손된다.

「나목」과 「흔적」은 사람의 일생을 '나무'의 생태 주기를 통해 우화적으로 진술하고 있다.

> 나무들이 실오라기 하나 걸치지 않고 서서
> 하늘을 향해 길게 팔을 내뻗고 있다
> 밤이면 메마른 손끝에 아름다운 별빛을 받아
> 드러낸 몸통에서 흙 속에 박은 뿌리까지
> 그것으로 말끔히 씻어내려는 것이겠지
> 터진 살갗에 새겨진 고달픈 삶이나
> 뒤틀린 허리에 밴 구질구질한 나날이야
> 부끄러울 것도 숨길 것도 없어
> 한 밤에 내려 몸을 덮는 눈 따위
> 흔들어 시원스레 털어 다시 알몸이 되겠지만
> 알고 있을까 그들 때로 부둥켜안고
> 온몸을 떨며 깊은 울음을 터뜨릴 때
> 멀리서 같이 우는 사람이 있다는 것을
> ―「나목」 전문

이 시는 단연 13행으로 겨울에 잎이 진 나무들이 서 있는 모습을 의인화하여 우화적으로 진술하고 있다. 그러나 맨 마지막 줄을 '나무' 대신 '사람'으로 치환하는 바람에 완전한 우화에 이르지는 못하고 있다. 인간이 서로 "실오라기 하나 걸치지 않"은 채 "부끄러울 것도 숨길 것도 없"이 진솔하게 접근할 때 같이 슬픔을 나눌 수 있다는 것을 겨울

나무를 통해 우화화하고 있다.

> 생전에 아름다운 꽃을 많이도 피운 나무가 있다.
> 해마다 가지가 휠 만큼 탐스런 열매를 맺은 나무도 있고,
> 평생 번들거리는 잎새들로 몸단장만 한 나무도 있다.
> 가시로 서슬을 세워 끝내 아무한테도 곁을 주지 않은
> 나무도 있지만, 모두들 산비알에 똑같이 서서
> 햇살과 바람에 하얗게 바래가고 있다.
>
> 지나간 모든 날들을 스스로 장밋빛 노을로 덧칠하면서.
> 제각기 무슨 흔적을 남기려고 안간힘을 다하면서.
> ―「흔적」전문

2연 8행으로 구성된 이 시는 나무의 이야기를 통해 사람의 인생살이를 우화화하고 있다. 나무와 같이 어떤 사람은 평생 화려하게 살기도 한다. 어떤 사람은 일생의 성공도 거둔다. 어떤 사람은 평생 겉모습에 관심을 가지며 살기도 한다. 어떤 사람은 상대에게 마음을 열지 않고 혼자서 산다. 그렇지만 산비알의 나무들처럼 늙어가거나 죽어 가는 것은 똑같다. 그럼에도 사람은 무엇인가를 남겨보려고 안간힘을 쓴다는 것을 나무의 생태를 통해 우화적으로 보여주고 있다.

4. 닫는 글

지금까지 풍자적 상상으로써 풍유와 우화적 진술을 방법으로 사용

하는 작품들을 살펴보았다. 풍유의 방법으로는 국내의 민중과 외세 및 친미 문제들을 양떼와 개를 통해 비유하거나 '거인의 나라'를 통하여 거대 담론만 주장하는 세태를, 고정된 인간의 의식을 '고장난 사진기'로 비유한다. '성'을 통해 인간이 자기인식 수준을 넘어서지 못하는 인간의 한계를, 인간의 모순적 행위를 '성벽'을 통해 비유하고 '열차'의 속성을 통해 개인과 공동체의 희망을 풍유한다. 신경림은 동식물을 인격화하여 인간의 삶을 암시하는 우화적 방법도 사용한다. '새'를 통해 높이만 오르려고 하는 시대를 풍자하고, '사마귀'와 '메뚜기' 등 곤충들의 싸움을 통해 인간의 분열과 화합의 중요성을, 소의 '뿔'을 통해 주체적으로 사고와 행동을 하지 못하는 인간의 비애를 우화화하고 있다. '개'를 통해 허구적 사랑을, '개미'를 통해 일만 하는 노동자들의 삶을 우화화하고 있다. 신경림은 풍유와 우화의 방법을 통하여 민감한 정치적 문제를 우회하고 인간의 삶을 풍자하거나 비판하며 교훈을 준다.

5. 박이도; 종교, 현실, 전통지향의 태도

1. 여는 글

이 글은 박이도 시의 창작방법 특징을 살펴보기 위하여 쓴 것이다.[1] 박이도(1938~)의 시선집 『반추』는 시인 자신이 1959년 자유신문 신춘문예로 등단한 이래 발간한 10권의 시집[2]에서 손수 가려뽑은 것이

---

[1] 공광규, 「박이도의 시창작 방법 특징」, ≪한국문예창작≫, 2003년 12월 제2권 제2호 참조.
[2] 박이도는 등단 이래 지금까지 시집 『회상의 숲』(삼애사, 1968), 『북향』(예문관, 1968), 『폭설』(동화출판공사, 1975), 『바람의 손끝이 되어』(문촌, 1980/문학예술사, 1981), 『불꽃놀이』(문학과지성사, 1983), 『안개주의보』(현대문학사, 1988), 『홀로 상수리나무를 바라볼 때』(창작과비평사, 1991), 『약속의 땅』(시와시학사, 1994), 『을숙도에 가면 보금자리가 있을까』(문학동네, 2000), 『민담시집』(모아드림, 2002) 등 10권, 시선집 『빛의 형상』(영언문화사, 1985), 『순결을 위하여』(문학사상사, 1988), 『침묵으로 일어나』(종로서적, 1988), 『반추』(문학수첩, 2003) 등 4권, 시론집 『한국현대사와 기독교』(종로서적, 1987/예전사, 1994 증보판)를 출간했다.

다. 이 시선집은 시인이 시를 전공했을 뿐만 아니라 학생들에게 시를 가르치던 대학교수직에서 정년을 맞아 그동안의 시 창작 작업을 정리했다는데 의미가 있다고 할 수 있다. 시인 자신도 시선집의 서문에서 시선집 발간이 개인적으로 큰 의미가 있음을 밝히고 있다.

유추해 보건대 본 시선집은 발표 연도는 아니더라도 적어도 시집을 낸 연대순으로 편집된 것 같다. 그는 40년 이상 시를 써왔고 적어도 문학 연구자나 대중에게 비교적 잘 알려진 시인이다. 그러나 그의 등단시부터 시작되는 시선집에 수록된 89편의 시를 읽어가면서 시를 잘 쓰기의 어려움을 절감했다. 당대의 유명한 시인이라도 인구에 회자되는 좋은 시를 쓰기는 참으로 힘들다는 생각을 지울 수 없다.

한 개의 작품이나 한 권의 시집, 아니면 전 창작활동 기간을 통하여 창작자는 소재나 주제, 구성면에서 일정 기간동안, 아니면 전 기간동안 지속적이거나 반복적으로 어떤 유형을 보여준다. 그것을 개성이라고 할 수도 있는데 이는 창작자가 의도하기도 하지만 의도하지 않아도 전 작품의 흐름을 통해 희미하게, 아니면 뚜렷이 드러난다. 본인은 이것을 창작자의 방법적 특징으로 보며, 박이도의 시에서 어떤 창작방법의 특징이 나타나는지 드러내 보이려는 게 이 글의 목적이다.

본인은 그의 시선집을 읽어가면서 기독교에서 소재와 주제를 끌어오는 다수의 종교시를 발견 할 수 있었다. 그리고 점차 일상과 현실 문제를 직접 시에 가져와 풍자하기도 하며, 후반부에 가서는 『민담시집』을 출간할 정도로 아주 적극적으로 시에 민담을 수용하고 있는 것을 확인했다. 그래서 필자는 그의 시 창작 유형을 기독교와 신을 다룬 종교지향성, 일상과 현실의 문제를 시로 형상화하려고 노력한 현실지향성, 민담이라는 전통형식을 수용한 전통지향성으로 특징지을 수 있다는 가설 아래 이 글을 시작한다.

2. 추상 관념과 종교지향의 태도

시선집의 첫 시는 「음성」이다. 이 시는 1959년 1월 자유신문사 신춘문예 당선작품이다. 그의 등단작인 이 시는 상당히 추상적이다. 도무지 해독이 쉽지 않으며 막연하다. 그렇다고 다 읽고 나서도 어떤 시적 느낌이 전해온다고 볼 수도 없다. 그러니 감동을 기대하기는 더욱 어렵다. 당시 이 시에 대한 심사평이 어떤지는 선입견에 매일까봐 찾아보지 않았지만, 독자들도 이 시가 상당히 추상적이라는 것에 공감할 것이다.

　　　일렁이는 불길이 영혼을 사르듯
　　　꽃을 바라보는 나비의 여울

　　　미루나무 그림자가 흔들리면
　　　계수(桂水)를 지나가는 소나기 소리

　　　돌아오는 귓소리에 움츠린 거북이 한 쌍
　　　벼랑을 넘어서는 학(鶴)의 모가지가 그리워
　　　울다 울다 목이 메었는가

　　　오래전

　　　　아카시아 향긋한 등성이에서
　　　　카랑한 꽃의 울음을 실어보내고

　　　　이제 들을 수 없는 여울 속에
　　　　하늘이 내려앉아 손짓하기에
　　　　바람 속으로 부르고 싶어라
　　　　보고싶어라

　　　　집 없는 물가에
　　　　울고 간 물새와 영혼은 핑그러니 눈물 고이도록
　　　　억년(億年)을 굽어 오는 물결이어라
　　　　　　　　　　　　　　　　— 「음성」 전문

　6연 17행으로 된 이 시는 우선 1연부터 상이 잘 잡히지 않는다. '일렁이는 불길'은 심상이 잡히지만 '영혼을 사르듯'은 상당히 추상적이다. 전반부와 후반부를 연결하여 '일렁이는 불길이 영혼을 사른다'는 문장을 읽는 사람은 누구나 추상적인 문장이구나 하고 생각할 것이다. 그러므로 첫 행부터 이 시는 대상에 대한 구체적 형상화에 실패하고 있다는 생각이 든다. 특히 이 시를 추상적이게 하는 것은 '영혼'이라는 관념어다. 현대 시인이라면 '영혼'이라는 관념어를 어떻게 하면 구체화할 수 있을까 고심할 것이며, 그것이 안 될 때는 아예 '영혼'이라는 단어를 시에서 쫓아 낼 것이다. 그러니 당시의 문단의 유행과 시류, 수준을 인정하는 선에서만 이 시를 무난하게 받아들일 수 있을 뿐이다. 2행 후반부 역시 마찬가지다. '나비의 여울'이 어떤 것인지 상이 잘 잡히지 않는다. '여울'의 사전적 의미와 다르게 나비가 펄럭 펄럭 날갯짓하는 모습이라고 추측할 수 있겠으나 구체적이지 않다. 그러므로 1연은 추상화로 떨어졌다는 느낌을 지울 수 없다.

그러나 2연은 심상이 확실히 잡힌다. 시 전체에서 가장 성공적인 연이라고 볼 수 있겠다. 미루나무가 바람에 흔들리면 미루나무 그림자도 흔들린다는 시각 심상, 미루나무가 흔들릴 때 바람이 '지나간다'는 의인법을 통한 시각 심상과 '소나기 소리'라는 청각 심상은 독자에게 읽는 쾌감을 준다. 특히 한 감각을 다른 감각으로 전이시켜 표현하는 공감각적 심상이 2연에서 실현되고 있다. 즉 시각 심상이 청각 심상으로 전이되면서 두 심상이 공명현상을 일으킴으로써 독특한 표현효과를 나타내고 있는 것이다. 아니면 실제로 소나기가 내리는 소리일 수도 있으나 제목이 '음성'인 것으로 추정해 볼 때 미루나무가 흔들리는 소리를 소나기 소리로 청각화한 것으로 짐작된다.

그러나 3연에서는 다시 추상적인 그림으로 되돌아간다. 1행의 '귓소리'가 뭘까가 궁금하나 상이 잘 잡히지 않는다. 물론 거북이 한 쌍이 있었을 수도 있지만 '거북이 한 쌍'도 너무 인위적이고 2행의 '학(鶴)'도 현대성에서는 떨어진다는 느낌이다. 학은 사전적으로 두루미를 이르는 말이지만 이 시에서는 아마 추상적인 관념의 새를 가리키고 있는 것 같다. 벼랑을 '넘어선다'는 표현은 적확하지가 않고, '모가지가 그립다'는 표현도 진부한 느낌을 지울 수 없다. 3행의 '울다 울다 목이 메었는가'도 감정 노출이 심하여 독자는 목이 메이지 않는다는 느낌이다. 창작에서 보편적 언어선택이 이루어져야 독자가 시의 구체성을 통한 진실성을 발견할 것이다.

4연 1,2행은 첫 눈으로 보기에 산문적이다. 2행의 '향긋한' 형용사는 시 읽기에 부담을 주고 언어사용에 비경제적인 느낌을 준다. 당연히 아카시나무 꽃은 향기롭지 않은가. 그러나 3행을 읽어가면서 반드시 그렇지 않다는 느낌이다. '향긋한'이 있어야 3행의 '카랑한'과 대응한다. 3행의 '카랑한 꽃의 울음'은 또 무슨 의미일까. 꽃의 울음이 카랑하다니. 쇳소리처럼 맑고 높은 음을 카랑카랑하다고 한다. 그러나 "향긋한 등성이에서 / 카랑한 꽃의 울음을 실어보"냈다는 것은 '향긋한 : 카랑한'이라는 모순과 충돌의 어법을 통한 시법이라고 할 수 있다. 어법의 충돌과 모순은 '카랑한 : 꽃의 울음'에서도 나타난다. 이 모순과 충돌 어법, 그리고 뒤에 오는 3행 때문에 1,2행은 산문성으로 떨어지지 않는 묘미가 있다.

5연은 산문성으로 떨어져버렸다는 느낌이다. 1행의 '여울'은 1연 2행에도 나온다. 여울은 강이나 바다에 바닥이 얕거나 너비가 좁아서 물살이 세게 흐르는 곳이다. 그런데 '이제 들을 수 없는 여울 속에 / 하늘이 내려앉아 손짓'한다고 하며, 그리고 '바람 속으로 부르고 싶'고 '보고 싶'다고 한다. 부르는 대상이 너무 구체적이지 못하다는 생각이다. 더구나 여울에는 하늘이 비추지 않는다. 물살이 세기 때문이다. 물론 시에서는 이런 과학적 오류을 인정한다. '비 오는 달밤'이라고 했을 때도 감동만 전해지면 된다. 그러나 이성적인 시 읽기에서는 독자의 눈에 금방 오류가 걸려든다.

6연 2행에서 주체는 "집 없는 물가에 / 울고 간 물새", 그리고 '영혼'이다. 이 '물새'와 '영혼'이 "억년을 굽어 오는 물결"이라는 것이다. 그런데 어떻게 굽어 오는가. 물새가, 그리고 영혼이 "핑그러니 눈물 고이도록" 온다는 것이다. 시적 표현이다. 그러나 구체성과 현실감이 떨어진 추상적인 표현이라고 할 수 있다. '영혼'이나 썩 장구한 세월을 뜻하는 '억년'이라는 단어는 시를 구체화하는데 방해가 되며, 이런 추상적 단어는 현대 시 창작에서 독소적 요소로 작용한다.

관념어인 '영혼'은 그의 다른 시들에서도 자주 사용된다. '영혼' 뿐만 아니라 '빛' 등 다른 관념어도 시어로 자주 동원된다. 「아저씨에게」 마지막인 4연에서도 마찬가지다.

> 가을이 오면 모두 산소에 들러
> 굽이굽이 흘러가는 세월을
> 울고 오듯이, 아저씨여
> 사랑과 황금을
> 적선하세요
>
> ― 「아저씨에게」 부분

시적 장치인 비유와 심상 처리가 되어있지 않아 산문으로 읽히는 것을 당장 확인할 수 있다. 시에서 주인공은 여학교 앞에서 즐겁게 꽃을 파는 남자다. 1연은 가을이 오면 여학교 '맘모롱이'에서 꽃을 파는 아저씨에게 마음을 가누어 생각해보라고 한다. 2연은 어서 딸을 낳아 석양이 깃든 음악교실에서 웃는 여학생처럼 키우는 기쁨을 기다려보라는 것이다. 3연은 꽃 파는 일을 끝내고 집으로 가면 하루 종일 해바라기처럼 기다리고 있는 아내를 어떻게 감당할 것이냐고 한다. 그리고 4연에서는 "가을이 오면 모두 산소에 들러/ 굽이굽이 흘러가는 세월을/ 울고 오듯이" "사랑과 황금을/ 적선하"라는 것이다. 연에서 연으로 흐르는 내용도 매끄럽지 못할 뿐만 아니라 이야기가 분명하게 잡히지 않는다. 또 이 시의 가장 핵심 문장으로 보이는 "사랑과 황금을 / 적선하"라는 뜻을 상상하기란 매우 힘들다. '사랑'과 '황금'의 관념성 때문이다. 다음 시를 보자.

> 내 사랑의 싹이 움트고
> 내 지혜의 은도(銀刀)가 빛나던
> 밤나무 숲속,
> 새들의 노래는 퍼져가고
> 노을 속에 물드는 강물의 꿈은
> 멀리 멀리 요단강으로 흘러가듯
> 그때 발성하던 내 목소리를
> 이제 누가 기억하고 있으랴.
> ―「회상의 숲·1」부분

'사랑', '지혜의 은도' '강물의 꿈' 등 관념어의 사용으로 시를 읽었을 때, 시에 사용된 단어는 물론 전체가 잘 상상되지 않는다. 막연한 '사랑의 싹', 종교적 상식이 없이는 상상이 어려운 '지혜의 은도', '밤나무'라는 특정한 나무, '요단강으로 흘러가듯' 한다는 비유가 구체적인 상을 그려주지 못하고 있다. 그의 시에 종교적, 특히 기독교적인 소재가 나타나는 시는 「금빛 은빛 겨울소묘」, 「방」, 「메아리」, 「안개꽃」, 「시련」, 「나의 형상」, 「입」, 「겨울 나그네」, 「아멘」, 「일상」, 「어머니의 웃음」, 「해방촌」, 「분명한 사건」, 「참새야 벼이삭 따지마라」, 「신은 알고 계실까」, 「득음」, 「이팝에 고깃국을…」 등 다수를 차지한다. 한편 그의 시에는 '빛'에 대한 시어도 자주 나오는데 대부분 시의 전체 구조상에서 구체적인 시적 형상화에는 실패하고 있다는 느낌이다. 시의 해독이 매우 어렵거나 가능하지도 않을 뿐만 아니라 전체로 오는 느낌도 작다.

박이도의 시를 계속 읽어가다 보면, 그가 시 창작에 있어서 관념을 추상화하는 창작 태도 또는 방법적 특징을 가지고 있음을 눈치챌 수 있게 된다. 그래서 해독이 어렵고 느낌이 잘 오질 않는다. 현대 시작법에서는 권하지 않는 시 창작 태도라고 볼 수 있다. 그러나 그의 이러한 시들은 문학이 어느 정도 시류를 탄다는 가정을 인정하는 선에서 한세대 이 전의 온전한 시로 받아들일 필요가 있다. 추상적인 시들은 소재나 주제가 神과 기독교적인 종교지향적 시들에 많이 나타나는 것으로 보여진다. 종교지향의 시, 종교적인 시들은 누가 쓰던지 대부분 시로 성공하기가 어렵다고 본다. 시가 특정한 목적 즉, 종교의 교지나 진리를 전파하기 위해 봉사하기 때문이다. 문학은, 시는 종교의 교리나 윤리나 도덕을 가르치고 강조하는 것이 아니라 인간의 진실을 문제삼는 것이다. 인간이 만든 종교와 인간의 진실은 어쩌면 항상 배반하는 관계일지도 모른다. 그래서 인간을 억압하고 규율하는 종교에 철저히 대항하는 것이 진정한 문학적, 시적 태도일 것이다.

3. 일상 반영과 현실지향의 태도

문학은 현실에서 소재를 취한다. 그러나 현실을 모사하는 것은 아니다. 미학적 장치를 통하여 현실을 반영하거나 굴절시킨다. 창작자는 나름대로의 미학적 견해와 창작 방식를 통해 현실에서 구한 소재를 가지고 독자적인 문학세계를 구축한다. 시인이 작품을 만들 때도 상상력을 통해 현실에서 구한 소재를 반영하고 굴절하고 선택한다는 말이다. 박이도는 종교지향성의 시보다 일상을 구체적으로 담담하게 묘사한 일상시에서 시적 성공을 보여준다. 초기 시인 「낱말」과 「입」, 「아멘」, 「일상」, 「따옥이 소녀」 등이 성공한 시편들이다. 이 시들은 대부분 다른 시에 비하여 시형이 짧고 표현이 명료하다. 그는 서민이나 소시민, 농민의 현실을 형상화한 현실지향적인 시들에서 시적 성공을 거두고 있다.

가난을 풀어가는 길은
너를 소시장에 내놓는 일이다
한숨으로 몇 밤을 지새고
작은 아들쯤 되는 너를 앞세우고
마을을 나선다
너는 큰자식의 학비로 팔려간다

왁자지껄 막걸리사발이 뒹군다
소시장 말뚝만 서 있던 빈 터
찬 달빛이 무섭도록 시리다
헛기침 같은 울음으로
새 주인에 끌려가던 너의 모습
밤사이 이슬만 내렸다

우리집 헛간은 적막에 싸이고
아들에게 쓰는 편지글에
손이 떨린다
소시장에서 울어버린 뜨거움
아들아, 너는 귀담아 들어라

오늘 우리 집안의 아픔을

— 「소시장에서」 전문

   3연 18행의 시다. 1연에서 주인공인 가난한 아버지는 도시에 유학한 아들의 학비를 걱정하면서 몇 밤을 한숨으로 지샌다. 결국 작은 아들이나 다름없는 소를 팔기로 한다. 아버지는 소를 앞세우고 마을을 나서 시장으로 향한다. 소를 팔아야 큰자식의 학비를 마련할 수 있기 때문이다.

   2연은 소 시장 상황이다. 소를 팔고 나서 괴로운 아버지는 막걸리를 취하도록 마셨나 보다. 소시장에는 왁자지껄한 막걸리 사발이 뒹군다. 그리고 소는 다른 사람이 끌고 갔고 빈 말뚝에는 달빛이 차갑게 내려 비친다. 아버지는 새 주인에게 끌려가면서 울던 소의 모습을 생각한다. 밤새 이슬만 내렸다.

   3연은 아버지가 집에 돌아와 아들에게 편지를 쓰는 모습이다. 소를 키우던 외양간은 텅 비었고, 아버지는 도시에 있는 아들에게 편지를 쓴다. 편지를 쓰는 아버지의 손은 떨린다. 감정을 쏟아놓는 편지 때문에 아버지는 다시 소 시장에서 울었던 것처럼 눈시울이 뜨거워진다. 아버지는 아들에게 귀담아 들으라고 한다. "오늘 우리 집안의 아픔을" 이 아픔이란 다름 아닌 가난의 아픔일 것이다. 이야기의 흐름은 이렇다.

   1연: 아버지가 집에서 소를 끌고 마을을 나섬
             ↓
   2연: 소시장 막걸리집(막걸리 집 밖으로 소말뚝이 보임)

↓
3연: 아들에게 편지를 쓰고 있음

　이야기의 흐름을 볼 때 제목 '소시장에서'는 잘못 붙인 것 같다. 제목을 '소시장에서'라고 했을 때는 2연에 한정된다. 그러니 전체를 아우르는 '소'나 다른 것으로 바꾸는 것이 나을 법도 하다. 이러한 단점에도 불구하고 이 시는 상당히 성공한 것으로 보여진다.
　그 이유는 첫째 시에 이야기가 있어 쉽다는 것이다. 이야기가 모호하지 않다는 것은 시인이 시의 재료인 소재를 확고하게 장악하여 주제를 무엇으로 할 것인지 확실히 세웠다는 것이다. 시의 모호성은 대부분 시인 자신도 무엇을 만드는지 모른 채 시를 만들어 가는 무책임성에서 빚어진다고 본다. 무엇을 만드는지, 만들어야 하는지, 만들 것인지도 정하지 않고 단어를 이리 붙이고 저리 붙인 시들은 틀림없이 모호성에 빠진다. 모호한 시들은 독자의 이해는 물론 창작자 자신도 설명이 불가하다. 대부분 시를 쓴 동기와 내용을 창작자에게 직접 말로 해보라고 했을 때 우물우물하면 그 시는 대개 실패했다고 보면 틀림없다. 그것은 시가 심오하여서가 아니고 창작 방향의 불철저성, 창작 목적의 불명확성이 낳은 창작지식의 무지일 뿐이다.
　둘째는 내용의 사실성 획득에 있다. 농촌사회에서 소는 노동력의 핵심이 된다. 집안에서 가장 소중하게 다루며 정성을 다하여 키우는 게 소이다. 제일 값이 나가는 재산목록 1호이기도 하다. 그러나 가난 때문에, 도시로 유학한 아들의 학비를 대기 위해 소중하기 그지없는 소를 팔아야 하는 아버지의 심정은 참으로 가슴저린 일이다. 거기다 아들에게 몸이 부서지도록 일을 해도 가난을 면치 못하는 농사꾼이 되지 말고 건강하고 공부를 잘하라는 아버지의 편지글은 손이 떨리고 가슴이 뜨거워질 수밖에 없는 상황이다. 특히 마지막 연의 마지막 두 행 "아들아, 너는 귀담아 들어라 / 오늘 우리 집안의 이 아픔을"은 학비를 위해서 소를 판 아픔보다도 가난 전체의 아픔을 명심하라는 아버지의 절규로 들린다.

셋째는 표현이 쉽고 명확함에 있다. 이 시는 비유와 상징 등 고도의 시적 장치를 사용하지 않고 있다. 이 시에 쓰여진 명사들은 통상어들이다. 통상어는 의사전달을 목적으로 한다. 통상어를 통한 쉬운 서술과 이야기 구조를 끌어들여 구체적 정황의 사실성으로 독자를 설득하여 시적 감동을 준다. 쉬운 시는 대개 긴장감이 없고 상상력이 뻔할 수 있다는 단점을 가지고 있으나 여기서는 그렇지 않다.

그는 시에 풍자기법도 사용한다. 풍자는 시적 대상을 조롱하는 것이며 웃음을 무기로 작품 외부에 존재하는 목표물을 공격한다.3) 풍자는 시적 대상을 우스꽝스럽게 만들거나 경멸 조소하여 재미있어하거나 대상을 깎아내리는 기법이다. 이러한 기법은 그가 나중에 시에 민담을 쉽게 수용하는 기저가 된다.

    식욕이 한창인
    오후의 거리를 지나가면
    레스토랑에서 새어나오는
    그 냄새와
    담소하는 인물들의 한가한 때,

---

3) 이명섭 편, 『세계문학비평용어사전』, 을유문화사, 1985, p.493.

그들의 모자는
나란히 벽에 걸려서
식욕에 빠지든가
재산을 거래하든가
정치에 몰두하는 법이다
금테 둘린 모자
향수(香水)를 풍기는 「필그림 모자」
그 사이에 끼어 있는
장미가 달린 모자는
아 부러워라 부러워
모자를 애용하는
상류계급의 머릿속엔
자신 있는 야망의 번개가
번쩍이고 있는가?
소시민의 거리를 빠져나와
저 골목으로 들어가면
나는 비어 있는 주머니에
주먹을 찔러 넣고
한참 동안 서성거릴 것이다
그 냄새와
담소하는 인물들의 한가한 때,
나는 누구의 것이든
모자를 하나 훔쳐쓰고 나와야지
거리의 중심을 걸어가며
나의 친구
나의 숙녀
나의 선생들에게
엄숙한 인사를 하고
다시 바라보는 그들을 위해서

열변을 토해야지
그러나 나의 결론은
아듀!
하늘 높이 모자를 흔들며
소시민의 골목으로
천천히 걸어가서
어린 아이들을 위해
피리를 불며
그 한 떼를 이끌고
시청 앞으로 나가야지
거기서 비둘기 한 마리를 잡아
모자를 씌워놓고
수수께기를 내어주겠다

이 모자는 누구의 것이냐?
이 모자 속에는 무엇이 있느냐?

나는 어둠 속에 돌아와
놓쳐버린 끼니를 위해
김칫국을 마시고
힘없이 쓰러질 것이다.
나의 행동을 감금하고
밤새워 참회할 것이다.

— 「모자(帽子)」 전문

    시가 늘어지고 간결한 맛은 없지만 시적 대상인 상류계급에 대한 조롱과 함께, 거기에 시적 화자가 해프닝으로 개입하는 재미있는 시다. 화자가 오후 거리를 지나가면 레스토랑에서 새어나오는 음식 냄새와 말소리가 들려온다. 레스토랑에 있는 사람들은 모자를 벽에다 나란히 걸어두고 있다. 여기서 레스토랑과 모자는 상류계급의 단면을 제시한다. 시적 대상의 속성이나 관련된 특징을 다른 것으로 제시하는 환유를 수사법으로 사용한다. 상류계급의 할 일이라고는 레스토랑에서 모자를 나란히 걸어 놓고 탐식 또는 미식을 하든가 재산증식에 힘쓰고 정치에 몰두하는 것이다.

소시민인 화자는 이런 상류계급이 부럽다. 화자는 소시민 거리를 빠져나와 한참 망을 보다가 그들이 한가해질 때 모자를 훔쳐 쓰고 나오겠다고 한다. 그리고 거리를 걸어가며 친구와 여성과 선생들에게 상류계급처럼 엄숙하게 인사를 하고 열변을 토하겠다고 한다. 그러나 결국 화자는 모자를 흔들며 작별인사를 하고 소시민의 골목으로 다시 천천히 걸어 들어가겠다고 한다. 거기서 어린아이들을 위해서 피리를 불고 어린아이들을 끌고 시청 앞으로 가서 비둘기 한 마리를 잡아 모자를 씌워놓고 수수께끼를 내겠다고 한다.

"이 모자는 누구의 것이냐? / 이 모자 속에는 무엇이 있느냐?" 그럼 비둘기는 뭐라고 대답할까. 비둘기의 모자라고 할까. 화자의 모자라고 할까. 아니면 상류계급의 모자라고 할까. 독자 역시 궁금해진다. 한참 생각해도 풀리지 않는다. 궁금증, 여기에 이 시의 묘미가 있다. 모자로 제시되는 상류계층을 비둘기를 통해 조롱하겠다는 화자의 심리가 있는 것 같다. 비둘기에게 물어보겠다는 것도 재미있다. 그러나 화자는 해프닝을 끝내고 집으로 간다. 결국 끼니만 놓쳐버리고 만 셈이다. 끼니 대신 김칫국을 마시고 힘없이 쓰러져 자며 밤새워 참회할 것이라고 한다. 결국 아무것도 아닌 이야기다. 미래시제이며 아직 한발짝도 행위에 나서지 않았고 화자가 직접 사건을 일으킨 체험을 형상화한 것도 아니다.

　박이도의 일상시와 현실지향적 시들은 대개 평이한 언어를 사용하여 시적 형상화에 성공하고 있다. 그의 시들은 통상어를 통한 소시민의 일상적 삶을 긍정(「낱말」)하거나 아파(「소시장에서」, 「따옥이 소녀」)하고, 자신과 사회를 개선(「일상」, 「아멘」, 「해방촌」) 하려고 하며 위로한다. 그리고 상류계급, 대통령, 김일성, 김정일, 변호사, 왕회장, 미테랑 등으로 표시되는 지배계급을 풍자하여 조롱하고 비난한다.

4. 민담 수용과 전통지향의 태도

　박이도의 시에서 가장 개성적인 시형은 민담을 수용한 후기의 민담시들이다. 그는 한 권의 『민담시집』을 내기도 하는 등 시에 민담을 접목하려는 특별한 노력을 기울였다. 그는 시에 민담의 형식뿐만 아니라 내용의 일부를 전격적으로 차용하기도 하여 현실을 비틀어 버린다. 말투를 모방하여 부정적 현실을 풍자하기도 한다. 민담은 작가가 알려지지 않은, 구전되어 온 짧은 산문설화이다. 민중의 희망과 즐거움을 목적으로 하기에 흥미 위주이며 비약과 비합리와 비논리적이고 사이비 과학적이다. 본질이 흥미에 있으므로 사실성과 진실성은 문제되지 않는다. 시공을 초월하고 증거가 없다. 신화나 전설과 다르게 일상의 인간이며 사교적 교환물이므로 꿈과 낭만과 교훈, 역경을 이겨내는 지혜를 지닌 문학형식이다.

그의 시 「참새야 벼이삭 따지 마라」, 「각하 시원하시겠습니다」, 「농부와 벤호사」, 「개짓는 소리로 개그한 레노」, 「이팝에 고깃국을…」, 「미테랑의 거짓말」, 「피양에선 돈 지고 오라네」, 「무엇이 무서워 못 오시나요」, 「샘물소리」, 「입 닥쳐」, 「누가 오나 누가 오나」가 전격적인 민담을 수용한 시들이다.

　　우리 모슬포(慕瑟浦)으 배가 뜨고 들어오고 하는 디를 돈지라고 합니다. 마치 제주목 안으 항구에 배가 뜨고 들어오고 하는 디를 산지라고 하듯이.
　　모슬포 앞바당에는 마라도 가파도라는 두 섬이 있수다. 그래서 돈지 가파도 마라도으 지명(地名)을 가지고 제주 사람은 우스개 말을 합니다.
　　"당신 어디가오?"
　　"나 돈지로 가오."
　　이 돈지로 가오하는 말은 '돈을 지로 가오'하는 말로 들립니다.
　　"돈은 어떤 돈?"
　　"가파도 돈. 마라도 돈?"
　　이 말은 갚아도 되는 돈, 안 갚아도 되는 돈이라는 말로 들립니다.

　　*『임석재 전집』에서, 구술자 이경선(李景仙, 18세, 女, 제주도 대정군 모슬포, 1942. 7.)

　　어느날 산신령이 나타나
　　왕(王)회장의 꿈을 해몽하니
　　금강산(金剛山)은 금광산(金鑛山)이로구나

왕회장 노다지 캐러 갔네
소떼 몰고 돈지러 갔네

피양에선
올래문 오라우
돈 지고 오라우
갚아도 되고 말아도 되는 돈이라면
돈 지고 오라우

가디요, 암 가디요
일가친척이 그립고
동포애가 넘쳐
돈 지고 갈랍니다

모슬포에선
돈지러 간다는데
피양에선
돈지고 오라네
부잣집이 망해도 3년은 간다는데
왕(王)회장, 3년도 못가고 쪽박만 찼다네

금강산(金剛山)은 금강시산(金僵屍山)이런가
햇볕으로도 녹일 수가 없구나
　　　　　　　—「피양에선 돈 지고 오라네」 전문

　이 시의 구성은 제주민담을 직접 차용한 부분과 현재 상황을 민담화한 부분으로 나뉠 수 있다. 첫 부분은 창작자가 밝히고 있듯이 『임석재 전집』에서 내용을 차용한 것이다. 이 민담은 말장난을 통한 '우

5. 박이도; 종교, 현실, 전통지향의 태도　121

스개 말'일 뿐이다. 그런데 창작자는 둘째 부분에서 민담을 가져다 현재의 정치상황을 비틀어 새로운 민담을 재창조한다. 이 비틀기가 바로 시가 되는 것이다. 왕회장은 누구나 다 아는 현대그룹의 고 정주영씨를 일컫는다. 그는 소를 끌고 휴전선을 통해 북한에 갔었다. 어려운 북한의 살림살이에 도움을 주는 것은 물론 통일을 앞당긴다는 명분이었다. 그러나 창작자는 왕회장의 행위를 다른 시각으로 본다. "금강산은 금광산이로구나"하며 유사음에 의한 말바꿈을 통해 왕회장의 속뜻이 다른 데 있음을 폭로한다. 노골적으로 왕회장은 "노다지를 캐러" 간 것이며, 소 떼를 몰고 간 것은 돈을 지러 갔다고 하는 것이다. 2연의 1행 "어느날 산신령이 나타나"라고 하여 민담에서 사용하는 이야기 형식을 사용하고 있다. 민담은 '호랑이가 담배 피던 시절에'로 시작하는 것처럼 특정한 시간이 없다. 그러니 이 내용은 맞으면 좋고 틀리면 말고다. 흥미가 있으면 그것으로 이야기의 역할은 끝난다.

  3연에서는 왕회장의 방문에 대한 평양의 입장을 창작자의 입장에서 밝히고 있다. "돈 지고 오라우 / 갚아도 되고 말아도 되는 돈이라면 / 돈 지고 오라우"하고 제주 민담 내용과 유사한 방법을 사용하여 밝히고 있다. 4연은 왕회장이 '돈 지고' 가겠다는 것이고, 5연에서는 모슬포에서는 돈을 지러 간다는데 평양에서는 돈을 지고 오라며 평양측의 입장을 비웃는다. 그리고 '부자는 망해도 삼 년 먹을 것이 있다'는 속담을 이용해 왕회장은 부자였는데도 삼 년도 못 돼 망했다고 신랄하게 비하한다. 6연에서는 '금강산'의 유사음을 이용하여 '금강시산(金僵屍山)이런가?' 하고 풍자한다. 창작자는 "강시는 뻣뻣하게 얼어죽은 송장을 뜻하나 금강산의 수많은 봉우리들이 그림에 떡이 되고 말았다는 의미로 조어화(造語化)했"다고 각주에서 밝히고 있다.

이 시는 왕회장의 통일논리가 사실은 왕회장 자신의 이익을 위장하고 있다는 것을 폭로하고 조롱하며 평양 역시 진정한 통일보다는 왕회장의 돈에 관심이 있음을 풍자하고 있다. 이와 유사한 남북문제를 민담형식으로 다룬 것으로는 『농부와 벤호사』, 『무엇이 무서워 못 오시나요』 등이 있다.

『농부와 벤호사』는 1937년에 채집된 평북 민담을 차용하여 앞의 시와 같은 방법으로 창작하였다. 한 무식한 농부의 콩밭을 변호사네 소가 뜯어먹었다. 농부는 소의 주인인 변호사를 찾아가서 자신이 콩 값을 물어야 하는지 물었다. 변호사는 무식한 농부를 쉽게 이해시키기 위하여 입장을 바꾸어 말했다. 만일 농부의 소가 변호사 자신의 콩을 뜯어먹는다면 농부가 콩 값을 변호사 자신에게 물어야한다고 했다. 그러자 농부는 말을 잘못했다며 변호사네 소가 농부 자신의 콩을 뜯어먹었는데 변호사가 콩 값을 물어야 하는지 안 물어야 하는지 물었다. 변호사는 물론 자신이 물어야 된다고 대답할 수밖에 없다. 이는 말장난 같지만 그 속에서 말과 논리로 먹고사는 변호사가 결국 자신에 말에 묶이는 결과를, 무식한 농부에게도 지혜가 있음을 시사한다. 창작자는 이런 민담을 끌어와 남북회담 장소를 두고 남북이 말싸움을 벌이다 결국은 북한의 주장에 남한이 끌려다니는 상황을 서술하고 있다. 그러면서 "울화통 터져 다 죽겠"다며 정부의 "빌어가며, 끌려가며, 퍼주어가며 고삐 잡힌 소처럼 북한에 이끌려다"니는 남한의 대북관계를 비판한다.

그의 민담시들은 전부 그런 것은 아니지만 주로 현실문제를 비튼다.

그는 옛 민담뿐만 아니라 신문기사, 외국 방송국의 사회자, 스포츠 선수, 성서, 김정일, 김대중, 미테랑, 촌극 등을 시의 소재로 등장시킨다. 또 민요를 수용하기도 하는데『누가 오나 누가 오나』따위의 시들이다.

>미나리는 사철이요
>장다리는 한철이네
>
>민심은 사철이요
>권세는 한철이네
>
>정비(正妃)는 영원하고
>후궁(後宮)은 유한하네
>
>문민정권 그냥 가더니
>국민의 정권도 이제 가누나
>오 년 세도 무상무상
>
>　　　　　　　　―『누가 오나 누가 오나』부분

창작자가 직접 각주를 통해 미나리요를 차용했음을 밝히는 이 시는 권력의 무상함을 이야기한다. 민요의 전통은 현대시사에 많은 영향을 주고 있으며 많은 창작자들이 이를 시에 수용하고 있다. 어느 나라를 막론하고 중요한 문학적 전통으로 민요를 중요시하며 시 창작에서 민요의 영향은 특히 형식과 내용 면에서 막중하게 취급되고 있다. 위 시의 경우도 내용 구조와 형식이 전통적 민요와 거의 다르지 않음을 확인할 수 있을 것이다.

그러나 박이도의 이러한 전통지향의 창작방법은 개성적이면서도 몇 가지 실패에 직면할 가능성을 내포하고 있다. 첫째가 창작자 자신이 직접적인 정치적 입장을 드러내 보이는 경우다. 물론 창작자의 정치적 입장은 일부분 필요하다. 그러나 시에서는 정치적 정황을 보여주어 독자가 판단하도록 해야지 창작자가 작품에서 직접 정치적 판단했을 때는 독자의 눈에 거슬리게 된다. 독자의 상상의 출구가 막히게 됨에 따라 재미없는 시가 되고 마는 것이다.

다음은 형식과 내용구조의 생경한 차용에 따른 긴장감 하락이다. 박이도의 민담시들은 지나치게 형식과 내용구조를 민담에 의존하고 있어 긴장을 떨어뜨리고 있다. 민담의 전적인 변용이 더 필요하다는 말이다.

또 그의 시에서 사투리로 된 이야기의 수용은 읽기도 어려울 뿐만 아니라 시의 구성에도 탄력을 주지 못하고 있다.

5. 닫는 글

지금까지 박이도의 시선집 『반추』를 통하여 그의 시 창작방법의 특징을 세 가지로 분류하여 살펴보았다. 그는 기독교에서 소재와 주제를 끌어오는 다수의 종교시를 썼으며, 일상과 현실 문제를 직접 시에 가져와 풍자하기도 하였다. 그리고 후반부에 가서는 민담을 적극적으로 수용하여 『민담시집』을 출간하였다.

그의 시 창작 유형은 기독교와 신을 다룬 종교지향성, 일상과 현실의 문제를 시로 형상화한 현실지향성, 민담과 민요라는 전통적 시가형식을 수용한 전통지향성으로 특징지을 수 있다. 그 특징을 부연하면 다음과 같다.

첫째가 종교지향성이다. 그의 시는 주로 기독교에서 소재나 주제를 많이 가져옴을 확인할 수 있다. 시에 영혼, 빛 등 관념어를 빈번히 사용하고 있는데 이는 시를 추상화하여 의미를 모호하게 하는 역할을 할 뿐이다. 관념어를 통한 추상화를 그리는 형식이다. 이는 현대 시 창작기법에서는 다소 꺼려하는 것으로, 그에게는 대상을 비유와 심상을 통해 형상화하는 노력이 필요하다고 본다.

둘째가 현실지향성이다. 박이도의 일상시와 현실지향적 시들은 대개 일상의 평이한 언어를 사용하여 시적 형상화에 성공하고 있다. 풍자를 통해 소시민의 일상을 위로하고 지배자를 조롱하거나 현실권력을 비난, 비판하고 있다. 시인은 시에서 소시민의 일상을 긍정하기도 하고 아파하기도 하며 시적 화자로 등장하는 시인 자신과 사회를 개선하려는 노력을 한다. 그리고 지배계급인 상류계급이나 정치인, 재벌들을 등장시켜 이들의 판단과 행위를 조롱하고 폭로한다. 어떤 면에서는 그가 가장 시적 성취를 이루는 부분이라고 생각된다.

셋째는 전통지향성이다. 전통지향의 창작방법은 그의 시를 가장 개성적이게 한다. 민담의 서술형식인 이야기를 수용하고 있으나 몇 가지 실패에 직면하고 있는 것도 사실이다. 창작자 자신이 직접적으로 정치적 입장을 드러내 보임으로써 정치적 입장이나 정치 수준이 다른 독자에게 흥미를 반감시킨다. 시에서는 정치적 판단이나 입장보다는 정황을 보여주어 독자가 상상을 통해 판단하도록 하는 것이 시 읽는 기쁨을 더하게 할 것이다. 그리고 민담이나 민요의 형식과 내용구조를 직접적으로 차용하기보다는 변용을 통해 시적 긴장감을 높이는 것이 중요하다고 본다.

6. 나태주; 자연 친화와 동화의 방법

1. 여는 글

나태주는 1971년 <서울신문> 신춘문예로 등단하였다.[1] 등단 당시 심사위원이었던 박목월과 박남수는 등단 작품인 「대숲 아래서」를 친숙한 "자연관조적 동양적인 서정세계"[2]라고 평하였다. 심사위원들은 작품이 참신하지는 않지만, 현대시의 혼탁한 번역조 시풍의 풍미와 생경한 관념적인 무잡성, 응결력이 약화된 장황한 장시의 유행 속에서 시류에 초연하여 잃어가고 있는 서정의 회복을 꾀하고 시의 본도를 지켜, 우리 시단의 반성적 계기가 되리라는 뜻에서 당선작으로 밀었다고 하였다.

---

1) 이 글은 '공광규, 「순환적 생명관의 서정적 구현」, ≪불교문예≫ 2006 봄호'를 보완한 것이다.
2) 박목월・박남수, <서울신문> 신춘문예 심사평, 1971.1.7

오랫동안 탈사회 탈정치 탈역사적 상상력의 시들을 무시해온, 다소 시 읽기에 편식을 해온 필자는 그동안 나태주의 시에 별 관심을 두지 않은 것이 사실이다.3) 그러나 그의 시집을 모두 일별하면서, 나태주가 일관된 동양적 세계관과 전통적 감수성에 대한 매진을 통해 수십 년간 한국 현대시사에 커다란 서정적 밑거름 역할을 해온 중요한 시인이라는 것을 새삼 깨달았다.4)

우선 나태주의 시 전체를 인상적으로 분별하여 보면 여러 가지 특징이 나타난다. 이를테면 평이한 진술을 통한 쉬운 시, 연작시 형태, 어휘와 통사구조의 반복, 자연과 인사의 병치 등 다양한 방법을 구사하고 있다. 또한 전원적이고 대지적인 상상뿐만 아니라 우주적이고 종교적인 상상, 관능과 연애적인 상상, 동화적인 상상 등 다양한 상상력을 발휘하고 있다.

2. 적층 구성과 어휘 반복

그러나 그의 시에서 가장 지배적인 방법은 자연에 화자의 감정 이

---

3) 나태주는 다음과 같이 말한 적이 있다. "행여 세상을 위해서, 세상의 잘못을 바로잡기 위해서 시를 쓴다고 말하지 맙시다. 그 따위 허접쓰레기 같은 생각들은 정치하는 사람들, 경제하는 사람들에게나 주어버립시다. 그저 우리는 우리 마음 하나 제대로 붙잡기 위해서, 마음의 평화를 얻고 나한테 내가 이기기 위해서, 나한테 내가 인정받기 위해서 시를 쓰는 게 아니겠습니까?"(정일근, 「정일근의 편협한 시 읽기 2」, 나태주시인 화갑기념문집 간행위원회, 앞의 책, p.244.) 그렇다고 그의 시에 사회정치적 상상력이 전혀 발휘되지 않는 것은 아니다.
4) 김재홍은 다음과 같이 말하였다. "소월에서 영랑, 목월, 박재삼, 박용래로 이어지는 한국적 서정의 가장 정통 위에 놓인 것이 우리 나태주 시인이 아닌가, 그렇게 생각해보면 되겠군요."(김재홍, 「대담/가을 정신으로서의 출발—시집 『슬픔에 손목 잡혀』」, 위의 책, p.456.)

입을 통한 자연 친화와 교감을 향토적 서정으로 보여주는 것이다. 이번에 발표하는 나태주의 시 5편 역시 이러한 방법에서 멀지 않다.

> 갈색 가랑잎 위에
> 기침소리를 얹는다
> 기침소리도 갈색
> 얹고 얹고 또 얹는다
> 쿨룩 쿨룩 쿨룩
> 기침 소리의 무게를 견디지 못해
> 가랑잎들이 몸을 뒤채기 시작한다
> 부시럭 부시럭
> 시계의 초침이 바르르 떤다
> 잠이 먼 밤, 그러나
> 아무도 나의 기침소리를
> 듣지 못한다.
> ―「기침의 무게」전문

단연 12행의 이 시는 외형의 적층 구성5)과 어휘의 반복, 의성어 사용을 주 방법으로 하고 있다. 적층 구성은 일정 의미나 이야기 단위를 규칙적으로 쌓아가는 것을 말한다. 1~2행, 3~4행, 5~7행, 8~9행, 10~12행이 각각 한 단위가 되어 벽돌처럼 시를 쌓아가는 것이다. 층을 쌓아 갈수록 사건이 반드시 진전되는 것은 아니다. 또 끝까지 층이 쌓아지는 것도 아니다. 그러나 대부분 유형은 의미나 이야기 단위의 층을 쌓아가다 인식에 도달한다. 이 시 역시 점진적으로 층을 쌓아가

---

5) 아직 비평용어에 없는 '적층구성'이라는 용어를 처음 사용해본다. 문장 구조에 따른 수사법이라기보다는 문단 구조에 따른 수사법이다. 의미나 이야기 단위로 문단을 쌓아가는 것이라고 보면 된다.

다 인식에 도달하는 방식의 구성을 하고 있다.

1층 벽돌이라 할 수 있는 1~2행은 갈색 가랑잎과 기침소리가 이 시의 주요 제재로 만나게 된다. "기침소리를 얹는다"는, 기침 소리를 중량화한 감각적 표현이 시 읽는 기쁨을 배가시킨다. 우리가 실재와 다른 이미지를 통해 즐거움을 얻는 것이 바로 감각화 때문이다. 시에서 감각화는 전통적으로 중요한 시 창작방법 가운데 하나이다.

2층 벽돌이라 할 수 있는 3~4행 중 3행에서는 기침소리와 가랑잎이 혼융하는 화학적 변화를 비약적으로 일으켜 기침소리가 갈색이라는 색채감각을 얻은 것이다. 기침소리가 1층에서는 중량감을 갖더니 2층에 와서 갈색이라는 구체적 색채 감각을 얻은 것이다. 창작자는 색채 감각을 얻은 갈색인 기침소리를 가랑잎 위에 "얹고 얹고 또 얹는다"는 어휘 반복을 통해 중량감각을 심화하고 있다. 어휘의 반복은 나태주 시에 자주 나타나는 주요 음성적 구성방식이다. 음악성을 얻기 위한 창작자의 전략인 것이다. '얹는다'는 어휘의 반복은 짧은 네 개 행에서 네 번이나 반복된다. 이러한 반복은 등단 시에서부터 빈번하게 시작된다.

> 바람은 구름을 몰고
> 구름은 생각을 몰고
> 다시 생각은 대숲을 몰고
> 대숲 아래 내 마음은 낙엽을 몬다.
> ―「대숲 아래서」부분

이 시는 "간결한 시어의 가락이 서정적 여운을 동반"[6]한다는 평을 얻었는데, 앞의 문장 목적어를 다음 문장에서 주어로 받는 연쇄법을 사용하고 있다. 연쇄법은 앞의 낱말이나 어구 또는 문장을 다시 받아 사용하는 수사법이다. 이를테면 아래 구조로 되어 있다.

바람(주어)→구름(목적어)
        ↓
    구름(주어) → 생각(목적어)
            ↓
        생각(주어) → 대숲(목적어)
                ↓
            대숲 아래 내 마음(주어) → 낙엽(목적어)

  문장의 연쇄가 진행되면서 4행의 짧은 문장 안에서 구름, 생각, 대숲은 각 2차례, '몬다'는 4 차례나 반복되면서 강조와 운율을 형성하는 것이다.

  3층에 해당하는 5~7행의 첫 행 "쿨룩 쿨룩 쿨룩" 역시 의성어의 반복이다. 사물의 소리를 모방하는 이러한 방법은 시에 생동감을 더해 준다. 이 단락에서는 가랑잎들이 몸을 뒤챈다는 표현을 통해 자연의 대상을 인격화하고 있는 것이다. 시적 대상의 인격화는 의인화라는 수사법으로 시에서 자주 사용된다. 나태주는 자연을 제재로 하고 있는 시에서 인격화를 자주 방법으로 사용한다.

  4층에 해당하는 8~9행에서 "부시럭 부시럭"은 의성어 반복인데, 가랑잎을 다시 명기하지 않고 가랑잎의 모습을 효과적으로 연상하게 한

---

6) 최동호, 『한국현대시사의 감각』, 고려대학교출판부, 2004, p.121.

다. "시계의 초침"은 그의 시에서 오랜만에 만나는 은유이다. 쉬운 시를 쓰는 그는 은유를 가능한 한 사용하지 않고 있다. 그러나 여기서 사용한 이러한 지나친 폭력적 은유는 난해성을 가져올 수도 있다. 낯섬과 공감이 동시에 작용해야 독자가 느끼는 감동이 클 것이다. 여기까지 와서 보면, 나태주는 "쿨룩 쿨룩 쿨룩"이나 "부시럭 부시럭" "부르르"에서 보듯 의성어를 많이 사용한다는 것을 알 수 있다. 이러한 의성어의 사용은 나태주가 초기 시에서부터 사용하던 주 방법이다.

> 찰랑찰랑
> 애기손바닥을 흔드는
> 미루나무 속잎 속에
> 초집 한 채가 갇혔다.
> ―「5월에」 부분

> 우우우우, 사랑의 來歷보 터져오는 솔바람 소리
> 제가 지껄인 소리 제가 들으려고
> 오오오오, 입을 벌리는 실개천 개울물 소리.
> ―「막동리 소묘·4」 전문

인용한 위 시 「5월에」는 첫 시집 『대숲 아래서』(1973), 아래 「막동리 소묘·4」는 세 번째 시집 『막동리 소묘』(1980)에 나오는 시이다. "찰랑찰랑"은 미루나무의 잎이 흔들리는 모습을, "우우우우"는 바람소리를, "오오오오"는 개울물이 흐르는 소리를 의성화하여 독자로 하여금 맑은 풍경의 서정을 공명하게 한다.

5층에 해당하는 10~12행은 자기 인식의 단락이다. 이야기 단위를 점진적으로 적층해온 극지에서 자기인식을 드러내는 것이다. 창작자는 이 단락에 와서야 시적 주체인 화자의 시간적 공간이 밤이라는 것을 제시한다. 그런데 "잠이 먼 밤"이라는 심리적 정황의 밤을 통하여, 화자가 통제하는 기침소리들이 어떤 '의미의 무게'를 가졌음을 암시하고 있다. 그 무게를 가진 의미가 있는 기침소리들은 아무도 들을 수 없는 화자 자신의 목소리인 것이다.

> 공원의 놀이터엔 물론
> 젊은 애인들이 놀러오지 않았다
> 그렇다고 아이들이 몰려와
> 노는 것도 아니었다
> 사람들을 무서워하지 않는 집비둘기들만
> 무언가 쪼아먹다가 날아가고
> 청소부 할아버지가 가끔
> 빗자루를 들고 기웃댈 뿐이었다
> 공원의 놀이터엔 그날
> 나 혼자서 벤치에 앉아있었다
> 아니다
> 마주 보이는 벤치에
> 휴가 나온 하느님도 멀거니
> 이쪽을 건너다보고 있었다.
>
> ―「가을 공원」 전문

위 시 「가을 공원」 역시 적층 구성을 하고 있다. 여러 개의 이야기 단위를 쌓아 시의 내용을 완공해 가는 것이다. 이 시는 한적한 가을 공원에서 대 자연이자 자기 반영인 하느님과 만나는 내용이다. 모두 14

행으로 여러 개의 이야기를 쌓아 구성한 이 시는 '공원 놀이터'라는 지리적 공간과 '그날'이라는 과거의 불특정한 시간적 공간의 경험을 시로 형상화한 것이다. 내용의 핵심은 한적한 공원 놀이터에서 혼자 앉아 있다가 맞은편에서 화자를 건너다보는 하느님을 만났다는 것이다.

    젊은 애인들이 놀러오지 않았다
        +
    아이들이 몰려와 노는 것도 아니었다
        +
    집비둘기만 와서 쪼아 먹다 날아갔다
        +
    가끔 청소부 할아버지가 빗자루를 들고 기웃거리다 갔다
        +
    나 혼자 벤치에 앉아 있다가, 마주보이는 벤치에서 이쪽을 건너
    다보는 하느님을 보았다

위처럼 적층구성을 통해 한적한 공원임을 강조 한 후 화자인 '나'를 등장시켜 하느님과 만나게 하고 있는 것이다. 이 시는 크게 두 개의 단락으로 구성되는데 1~8행이 전경의 역할, 9~14행이 후정의 역할을 확장하고 있다고 보면 된다. 1~8행은 공원의 놀이터가 한적한 공간임을 몇 개의 이야기를 통해 반복 설명한다. 놀이터에는 젊은 애인들도 놀러오지 않고, 아이들이 몰려오지도 않고, 집비둘기만 무언가 쪼아 먹다 날아가고, 청소부 할아버지가 빗자루를 들고 기웃대는 한적한 곳이다.

창작자는 화자의 시선으로 등장하지 않거나 등장하는 인물과 비둘기의 행위를 통해 공원 놀이터를 텅 비워 놓는다. 그런 다음에 화자인 '나'가 과거 어느 날 혼자서 벤치에 앉아있었다고 한다. 그러다가 혼자 앉아있었다는 것을 반전하여 마주보이는 벤치에 휴가 나온 하느님도 화자 쪽을 건너다보고 있었다고 한다. 아마 하느님은 자기 반영일 것이다.

창작자는 시의 문장에 과거서술형 종결어미인 '—었다'를 일관되게 사용하고 있다. 그렇다고 과거 '그날'의 경험으로 읽는 것만도 무리다. 시는 문법을 넘어서기 때문이다. 미래의 과거인 '그날'로 읽어도 무방하다. 문제는 하느님이 화자를 건너보았다는 게 이 시의 핵심이다. 시의 창작 의도는 번잡한 곳보다 한적한 곳에서 자신을 들여다볼 때 나를 건너다보는 대 자연인 하느님을 느낄 수 있다는 것이다. 이 시를 읽다보면 프로베르의 시 「절망이 벤치에 앉아 있다」가 떠오른다.

   광장의 벤치 위에
   어떤 사람이 앉아
   사람이 지나가면 부른다
   그는 외안경에 낡은 회색옷
   엽권련을 피우며 앉아 있다
   그를 보면 안 된다
   그의 말을 들어서는 안 된다
   그가 보이지 않는 양
   그냥 지나쳐야 한다
   그가 보이거든
   그의 말이 들리거든
   걸음을 채촉하여 지나쳐야 한다

혹 그가 신호라도 한다면
당신은 그의 곁에 가 앉을 수밖에
그러면 그는 당신을 보고 미소짓고
당신은 참혹한 고통을 받고
그 사람은 계속 웃기만 하고
당신도 똑같이 웃게 되고
웃을수록 당신의 고통은 더욱 참혹하고
고통이 더 할수록 어쩔 수 없이 웃게 되고
당신은 거기 벤치 위에
미소 지으며 꼼짝 못하고 앉는다
곁에는 아이들이 놀고
행인들 조용히 지나가고
새들은 이 나무에서 저 나무로
날아가고
당신은 벤치 위에
가만히 앉아있다
당신은 안다 당신은 안다
이제 다시는 이 아이들처럼
놀 수 없음을
이제 다시는 조용히
이 행인들처럼 지나갈 수 없음을
당신은 안다
이 새들처럼
이 나무에서 다른 나무로
나아갈 수 없음을
당신은 안다.
― 프로베르, 김화영 역 「절망이 벤치 위에 앉아있다」 전문

비슷한 상상력이지만 사유방식은 영 달라서 대조가 된다. 아마 시적

대상을 사유하는 동양과 서양의 세계관 차이라고 보면 된다. 표로 정리하면 다음과 같다.

구분	공간과 장소	분위기	시적 주인공	심리상태	태도
나태주의 시	공원의 벤치	조용	나	고독	동화
프로베르의 시	광장의 벤치	번잡	당신	고독	인식

동양의 나태주는 한적한 공원의 벤치에 앉아서 고독 속에서 하느님을 보지만, 서양의 프로베르는 번잡한 광장의 벤치에서 고독을 절감하며 대상과의 단절을 인식한다.

3. 자연과 식물의 인격화

지시대명사가 빈번하게 사용되는 다음의 시는 은행나무를 인격화하여 자연과 인간의 친화, 교감을 시적 발상으로 하고 있다. 창작자는 화자의 입을 통하여 은행나무는 단순한 식물로서의 나무가 아닌 가족의 일원인 아버지 어머니이며, 고향집이라고 한다.

한길 가 외따른 집
그 집 옆에 또한 외따른 키 큰 은행나무

왜 저 나무 저기 멋적게 혼자 섰느냐
　　묻지 말라
　　저 나무가 무슨 의미가 있느냐
　　함부로 따지지 말라

　　저 집에 사는 사람들에겐
　　저 은행나무
　　또 다른 가족의 한 사람일 수 있는 일

　　가령, 저 집에서 자란 한 아이
　　낯선 거리를 떠돌다 집으로 돌아온다 그럴 때
　　먼 발치서부터 은행나무 머리꼭지가 먼저
　　보이기 시작했다 그러자

　　은행나무가 얼마나 반가울 것이며
　　그럴 때 은행나무는 이미 은행나무가 아니다
　　아버지 어머니 대신일 수도 있고
　　나무 아래 엎드려 기다리고 있는
　　낡고 정다운 고향집일 수도 있는 일이다.
　　　　　　　　　　　　　　— 「저 은행나무」 전문

　모두 4연 18행으로 구성된 이 시의 핵심 시어는 은행나무이다. 주제재인 은행나무를 평이한 서술로 쉬운 시를 쓰는 나태주의 작법을 그대로 보여주고 있다. 이 시를 읽을 때, 독자는 키가 큰 은행나무가 있는 시골의 풍경을 쉽게 떠 올릴 수 있을 것이다.

　창작자는 화자를 통하여 시골마을의 풍경을 설명한다. 화자의 말에 의하면, 1연에서 큰 길이 있고 외딴 집이 있는데, 그 집 옆에는 키가 큰 은행나무가 한 그루 있다는 것이다. 낮은 시골집과 키가 큰 은행나무는 안 어울릴 수가 있다. 그래서 지나다니는 사람들이 보기에 은행나무는 멋쩍게 보일 수도 있다. 그리고 아무 의미가 없어 보일 수도 있다. 그러나 화자는 왜 멋쩍고 무슨 의미가 있는지 묻거나 따지지 말라는 것이다. 직설적 명령형 종결서술어미인 '말라'는 화자의 입을 통하여 창작자의 작의를 강력하게 노출시키는 잇점이 있다.

이를테면 연탄재를 시의 대상으로 한 안도현의 「너에게 묻는다」라는 시가 그것이다. 시적 화자가 직접 드러나지 않는 이 시는 청자만 '너'로 드러나고, "발로 차지 마라."라는 직설적인 명령어법을 사용한 화자의 어조로, 청자에게 직접 말을 건네는 어투로 독자들에게 강한 인상과 깨달음을 준다.

> 연탄재 함부로 발로 차지 마라.
> 너는
> 누구에게 한번이라도 뜨거운 사람이었느냐.
> ― 안도현 「너에게 묻는다」 전문

다시 나태주의 「저 은행나무」 2연에 와서 화자는 스스로 대답을 한다. 외딴 집에 사는 사람들에게 은행나무가 가족이라는 것이다. 은행나무 = 가족이라는 인격화를 통하여 인간의 자연 친화와 교감의 정신을 읽을 수 있다. 나무가 곧 사람이라는 창작자의 생태적 인식이며, 모든 생명체는 서로 순환한다는 생명 순환논리일 것이다. 그리고 이 논리를 시에 적용한 것이다.

이미 우리의 어른들은 시골에서 큰 나무를 자르기 전에 나무에게

숙연한 자세로 "도끼 들어가유" 하면서 나무의 인격을 인정하여 왔다. 더하여 최근 연구 결과에 의하면 식물도 사람처럼 행동을 하는 인간의 속성을 지니고 있다는 결론에 도달했다고 한다.[7] 호주국립대학의 벨셀린저 교수의 연구에 의하면 식물들이 서로 이야기를 하고 위기 상황이 되면 지원군을 불러들이는 등 인간과 크게 다르지 않다는 것이다. 이를테면 식물들이 다양한 화학적 신호를 사용하여 상호간에 연락을 하며, 쐐기벌레나 코알라 같은 동물이 식물의 잎을 씹어 먹기 시작하면 식물은 이러한 공격자를 물리치기 위해 화학물질을 내보내기 시작한다는 것이다. 특히 식물이 공격을 받으면 근처에 있는 다른 식물들도 공격 받을 것을 예상하여 동일한 화학물질을 방출하기 시작한다는 것이다.

위 시에서 나무를 인격화한 것처럼 자연 식물을 인격화, 의인화하는 사례는 다른 시들에서도 흔히 볼 수 있다.

> 네가 들에 난 풀포기 콩포기 돔부꽃 되어
> 나를 기다리다 못해 혼자 시들어간다면
> 어쩌리 그 외로움을 어쩌리 싶어서 나는
> 오늘도 들길에 나왔다, 들길을 간다.
> ―「들길」 전문

화자가 가리키는 '너'를 풀포기, 콩포기, 돔부꽃 등 식물로 의인화한 것이다. 여기서 식물인 너는 나와 소통해야 하므로 나 자신도 식물이어야 함이 마땅하다. 너와 나, 식물과 인간의 생명 속성에 대하여 차별

---

[7] Focus, 2006.1.23, 2면

을 두지 않는 시인의 생명관이다. 나태주는 평생의 시작 생활을 통하여 전원적 자연을 주요 제재로 사용하였는데, 이들은 거의가 자연과 인간의 친화 및 동화, 교감을 꾀하는 형식이다. 다음 시에서 확인할 수 있다.

> 우리 이담에 죽어
> 산에 나무되어 살아요, 네?
> 그대 나를 보며 하던 말,
> 땅 속으로 바위 틈서리로
> 마주잡은 손, 손,
> 우리의 악수는 견고했나니…,
>
> —「산」 부분

창작자의 사상을 대리하는 화자는 죽어서 나무가 되어서 살자고 제안을 한다. 그러나 '그대'인 산은 화자인 '나'를 보며 땅속이나 바위 틈서리로 나무와 견고하게 악수하고 있다고 한다. 산이 화자에게 하는 말이나 화자가 산에게 제안하는 말이나 서로 통하는 것이다. 김재홍은 생명감각과 결부된 자연의 정서적 율감화는 자연사와 인간사의 친화와 교감을 통해 탐미적 서정의 휴머니즘으로 상승된다고 나태주의 시를 평가하기도 하였다.[8]

3연은 가정이다. 외딴 집에서 자란 아이가 자라서 집을 나갔다가 다시 고향으로 돌아올 때를 가정하는 것이다. 4연에 와서 화자는 스스로 대답을 한다. 은행나무가 얼마나 반가울 것이냐고. 그때는 은행나무는

---

8) 나태주시인 화갑기념문집 간행위원회, 『나태주의 시세계』, 분지, 2004. p.39 참조.

단순한 자연식물로서 나무가 아니고 인격체인 아버지나 어머니이며 고향집이라고.

이 시는 위 1,2연에서 사물과 장소를 가리키는 지시대명사인 '저'가 빈번하게 나타난다. 나무를 가리키기도 하고 장소를 가리키기도 하고 집을 가리키기도 한다. 지시대명사는 화자와 대상 사이의 거리에서 화자가 대상을 가리킬 때 사용한다. 대명사는 가리키고자하는 대상을 간명하게 표현할 수 있는 잇점이 있기는 하나, 남용할 경우 간결성이 떨어지며 가독에 방해가 된다는 단점도 있다. 오히려 '저'라는 지시대명사의 사용보다는 대담한 생략과 사물의 어휘를 그대로 써서 반복과 강조의 효과를 노리는 것이 좋을 수도 있다.

4. 생태적 상상과 자연 동화

나태주의 「나에게 내가 묻고 싶다」는 생명 순환과 생태적 상상력을 발휘하여 자연물에 창작자의 자아를 교합시킨 작품이다. 이 시를 읽었을 때 '밥값도 못한다'는 속담이 금방 떠오른다.

> 쌀 한 톨 얻어내려면 농부님네 손길이
> 여든 여덟 번이나 스쳐 쌀 한 톨이라는데
> 그래서 한자로 쌀미자(米)가 쌀미자가 되었다는데
> 그리도 소중한 쌀 한 톨 모여 수 백톨, 아니 수 백 톨이 모여
> (어쩌면 천 톨이 될지도 몰라)
> 쌀밥 한 사발이고 쌀밥 한 숟갈인데

그것도 쌀들이 제 목숨 바쳐 사람에게 던져주어 쌀밥인데
　　　그런 쌀밥 끼니마다 한 그릇씩 뚝딱 먹어치우고
　　　나는 오늘 무슨 일을 했는가
　　　무슨 말을 했고 무슨 생각을 했는가
　　　더불어 채소반찬에다 고기반찬, 과일까지 얹어 먹었으니
　　　그것들 모두 제 생목숨 끊어 사람에게 산 제사 지내어
　　　모두가 반찬이고 음식이고 과일인데
　　　소의 살점, 돼지나 닭의 살점 빌려 먹는 건데
　　　나는 오늘 그토록 소중한 남의 목숨의 잔치 세 번이나 먹고 나서
　　　무슨 좋은 일을 했는가
　　　무슨 좋은 말을 했고 무슨 좋은 생각을 했는가

　　　나에게 내가 묻고 싶다.
　　　　　　　　　　　　　　—「나에게 내가 묻고 싶다」전문

　모두 2연 18행인 이 시의 내용은 자신이 밥값을 하며 살고 있는가, 농부가 어렵게 지은 쌀밥을 하루에 세 번이나 먹는 자신은 얼마나 가치 있는 삶을 살고 있는가라고 묻는 시이다. 17행으로 된 1연 전반부는 농부가 농사를 지어서 쌀을 얻기까지와 쌀의 중요성을 서술하고, 후반부는 내가 오늘 무슨 일과 말과 생각을 했는지 반성한다는 서술을 하고 있다. 2연은 다시 자신에게 가치 있는 일과 말과 생각을 하고 있는지 한 행으로 간명하게 진술하고 있다.
　화자는 쌀이 제 목숨을 바쳐 사람에게 던져주며, 채소와 고기와 과일들도 모두 제 목숨을 끊어서 사람에게 주는 것이라고 한다. 사람들이 소와 돼지와 닭의 살점을 빌려먹는 것으로 보고 있다. 이렇게 다른 생명을 죽여서 생명을 유지하는 인간이라는 존재는 마땅히 그 고마움

을 알아 만물에 보답하는 마음으로 좋을 일은 해야 한다.

　쌀과 채소와 과일과 짐승들이 자신의 생명을 인간에게 내놓는 것은 인간이 보다 더 큰 생명의 세계로 나가기를 위하여 보시하는 것일 수도 있다. 그것이 일체 생명의 고귀함을 망각하지 않는 삶일 것이다. 그러나 창작자는 시적 화자를 통하여 자신이 거기에 부합하는 삶을 살고 있는지 스스로 묻는 것이다.

　야운 조사가 지은 자경문에는 부드러운 옷과 맛있는 음식에는 많은 사람들의 피와 땀만 들어있는 것이 아니라, 알게 모르게 죽어간 벌레나 짐승들이 헤아릴 수 없이 많다고 한다. 그러니 추위와 굶주림을 싫어하는 마음을 내지 말고 고마운 마음으로 음덕을 쌓자는 것이다.

　이 시「나에게 내가 묻고 싶다」는 내용이 쉽다. 그러나 낯설지 않은 내용의 장황한 설명이 시를 사설조로 떨어뜨린다. 이를테면 "나는 오늘 그토록 소중한 남의 목숨의 잔치 세 번이나 먹고 나서" 등은 압축과 긴장이 떨어진다. 이러한 방법은 자연히 시의 품격을 반감시킨다. 그리고 남을 가르치고자 하는 윤리적인 속셈도 독자의 즐거움을 반감시킬 수 있다.

　다음 시는 창작자의 고향인 공주 금강과 구체적 장소인 새이학식당을 지리적 공간으로 하고 있다. 금강과 식당에 앉아있는 사람 사이에서 일어나는 미래사건을 통하여 주제를 드러내고 있다. 흰 구름이나 강아지 등을 만나면서 인생의 참된 의미를 인식하는 대 자연과의 동화가 이루어지는 것이다.

　　금강이 다른 강물과 많이 달라

굽이굽이 서러운 비단 필 풀어헤친 강물임을 알려면
적어도 공주 금강 변 옛 미나리깡 뚝방길
지금은 새이학식당 그쯤이면 매우 좋겠다
그 집 2층 방 넓은 유리창 자리라면
더욱 좋겠다

자갈밭이며 갈대밭을 손톱으로
할퀴면서 흐르는 강물이 아니라
부드러운 모래밭을 혓바닥으로 찰방찰방
핥으면서 흐르는 강물이다.
겉으로 결코 소리하지 않지만
안으로 더욱 뜨거워지고 깊어지는 강물이다

거기 바로 거기서 당신
하늘에 두둥실 흰 구름을 만난다거나
강물가에 백로 쫓고 있는 강아지라도
한 마리 만나게 된다면
당신의 인생도 그만큼 고즈넉해지고 향기로워졌음을
알게 되는 순간일 터이다.

―「거기 바로 거기서 당신」 전문

모두 3연 18행인 이 시에서 창작자는 화자를 통하여 금강을 배경으로 인생관을 피력한다. 1연에서는 금강이 다른 강물과 많이 다르다는 것이며, 그것은 서럽기 때문이라는 것이다. 그리고 금강이 서러운 비단 필 풀어헤친 강물임을 알려면 금강변에 있는 새이학식당이면 좋겠다는 것이다. 거기서 더 부연하여 그 식당의 2층 방 유리창 자리라면 좋겠다는 것이다. 금강 → 새이학식당 → 2층방으로 장소가 점진적으로 구체화된다.

2연에서는 금강이 다른 강물과 다르고 서러운 강물인데, 자갈밭과 갈대밭을 손톱으로 할퀴면서 흐르는 강물이 아니라 모래바닥을 혀로 핥으면서 흐르는 강물이며, 겉으로 소리 내지 않고 안으로 뜨거워지고 깊어지는 강물이라는 것이다. 금강의 속성을 말하고 있다.

3연에서 '거기'는 1연에서 제시된 금강변에 있는 새이학식당이라는 구체적 장소이다. 숨어 있는 화자는 청자인 '당신'이 흰 구름이나 강아지를 만난다면 '당신'의 인생이 고즈넉해지고 향기로워졌음을 알게 되는 순간이라고 한다. 여기서 청자인 당신은 시를 읽는 모든 독자가 될 것이다.

흰 구름은 나태주의 시에 빈번하게 나타나는 주요 자연물이다. 다음 인용한 시를 보자.

    그녀의 발은 꽃이다.
    그녀의 발은 물에서 건져낸 물고기다.
    그녀의 발은 풀밭에 이는 바람이다.
    그녀의 발은 흰구름이다.
                             — 「내가 꿈꾸는 여자」 부분

    훌쩍 하늘로 날아간 흰구름이 되어버린 너!

    우리는 모두 흰구름예요, 흰구름.
    육신을 벗고 나면 이렇게 가볍게 빛나는
    당신이나 저나 흰구름일 뿐이에요.
                                  — 「돌계단」 부분

위에 인용한 시 「내가 꿈꾸는 여자」는 그녀의 발을 흰 구름으로 은유한다. 여자의 발은 흰 구름으로 동화와 변신을 하는 것이다. 아래 시 「돌계단」 경우에는 우리가 모두 죽으면 흰 구름이 된다며, 언제 생길지도 모르고 언제 없어질지 모르는 구름의 속성에 인생을 비유하는 것이다. 이는 인생은 어디서 와서 어디로 가는지 알 수 없는 한 조각 흰 구름 같다는 말의 시적 실천이다. 이를테면 불가의 『관음시식』에 다음과 같은 시가 나온다.

    生從何處來 인생은 어디서 왔으며
    死向何處去 죽어서 어디로 가는가
    生也一片浮雲起 삶은 한 조각 뜬구름이 일어남이요
    死也一片浮雲滅 죽음은 한 조각 뜬구름이 사라짐이라

강아지는 천진함을 나타낸다. 천진함이야말로 불성에 가장 가깝다. 천진불이라는 말이 있다. 개는 사람들과 가장 가깝고 친근한 동물임에도, 사람들은 개를 전통적으로 하대한다. 개를 하대하는 비유와 속담, 욕설은 얼마든지 있다. 그러나 하대하는 동물인 개에도 불성이 있다는 전복적 상상이 불가의 내력이다. 강아지는 그의 최근 시집 『쪼금은 보랏빛으로 물들 때』에서도 발견된다.

  해 저물 녘
  길 잃은 강아지
  나 따라다닌다

  하느님 눈엔

나도 또한
길 잃은 강아지

저녁놀은
혼자서 볼 때만
저녁놀이다.

— 「저녁놀」 전문

　1연은 실재적 서경이다. 화자와 강아지와 관계에서 길을 잃은 강아지가 화자를 따라다닌다. 2연에서는 화자와 강아지가 하느님과 화자로 병치된다. 화자는 거대하고 절대적인 자연원리인 하느님 앞에 심정적으로 길을 잃은 강아지가 되는 것이다.

5. 닫는 글

　나태주의 시 5편을 그 이전의 시들과 비교해서 자세히 살펴보려고 하였다. 결과는 내용이나 형식, 기법 면에서 이전의 시들과 별로 다르지 않다는 것이다. 전편의 시에서 보여주는 평이한 서술의 쉬운 시, 「기침의 무게」 「가을 공원」에서 보여주는 적층구성과 어휘의 반복, 「저 은행나무」에서 보여주는 자연식물의 인격화를 통한 서정성 확보, 「나에게 묻고 싶다」에서 보여주는 생태적 상상과 순환적 생명관, 「가을 공원」 「거기 바로 거기서 당신」이 보여주는 하느님이나 흰 구름, 강아지 등과 인식이 만나는 대 자연과의 동화 등 이전의 방법을 지속하고 있다.

그러나 시적 긴장과 압축을 방해하는 지나친 평문 서술도 보인다. 이는 쉬운 시를 써오던 나태주에게 지적되어 오던 문제이다. 그렇다고 시를 어렵게 써야 한다는 것은 아니다. 느슨한 산문적 언어보다 청순한 언어 감각과 화법으로 구성된 서정적 긴장을 만나고 싶어하는 것이 독자의 입장이다. 그런데 시를 자세히 읽어보고 분석 내지 분류해보려는 필자의 뇌리에 떠나지 않는 나태주 시 한편이 최근 시집『쪼끔은 보랏빛으로 물들 때』(2005)에 있다.

> 너무 자세히 알려고 하지 마시게
> 굳이 이해하려하지 마시게
> 그것은 상징일 수도 있고
> 던져진 느낌일 수도 있고
> 느낌 그 자체, 분위기일 수도 있네
> 느낌 너머의 느낌의 그림자를 느끼면 되는 일일세
> 그림을 보듯 하고
> 음악을 듣듯 하시게
> 속속들이 알려고 하지 말고
> 그냥 건너다보시게 훔쳐가시게.
>
> ―「시」 전문

필자에게 시의 감상을 위해서 시 창작의 달인인 나태주가 내리는 아주 좋은 '말씀'이다. 며칠동안 나태주의 시를 읽고 분석하여 글로 써보려는 노력을 한 필자의 행위가 헛된 것이었다. 그의 시에 대하여 아무 것도 건드린 게 없다.

7. 김종철; 가족, 현실, 종교 제재의 형상화

1. 여는 글

김종철은 1947년 부산에서 태어나 1968년 <한국일보> 신춘문예와 1970년 <서울신문> 신춘문예에 시가 당선되어 등단하였다.[1] 그동안 『서울의 유서』(한림출판사, 1975), 『오이도』(문학세계사, 1984), 『오늘이 그날이다』(청하, 1990), 『못에 관한 명상』(문학수첩, 2001), 『등신불 시편』(문학수첩, 2001)과 친형인 김종해(1941~) 시인과 같이 공동시집 『어머니, 우리 어머니』(문학수첩, 2005)[2] 등 모두 6권의 시집을 출간하였다. 그동안 출간된 시집을 개관하면 다음과 같다.

첫 번째 시집 『서울의 유서』는 모두 40편으로 이루어져 있고, 현재

---

1) 이 글은 '공광규, 「김종철 시의 창작방법 특징」, ≪유심≫ 2006 여름호'에 발표한 것이다.
2) 시집 『어머니, 우리 어머니』는 이미 출간된 시집에서 어머니를 제재로한 시들을 뽑아 일부 제목을 수정하거나 재구성하여 실었다.

관행인 시집 뒤에 붙는 해설이나 발문이 없다. 창작자는 자서에서 "나는 이제부터 질문을 하게 되었다. 세상에 바람을 쐬러 나와서 이제 비로소 당신들에게 한 인간으로서 질문을 할 수 있게 되었다."며, "죽을 때까지 시를 위해서 일할 수 있는 「손」을 가지고 있음을 확신한다."고 선언한다.

두 번째 시집 『오이도』는 모두 3부 32편으로 이루어졌고, 이동하의 해설이 실려 있다. 창작자는 「독자를 위하여—덤으로 살아본 삶」이라는 제목의 자서를 통해 시집 제목을 오이도라고 붙인 것은 "외롭고 추운 마음을 안고 한 번씩 자신으로부터 외출을 하고 싶을 때 찾아가는 섬이다. 이제 이 섬은 내 속에 들어와 나와 함께 덤으로 살아가고 있다."고 한다. 그리고 "여태까지 써왔던 모든 작품들을 다 버리고 비워내는 마음에서 여기 시집을 엮었다."고 한다.

세 번째 시집 『오늘이 그날이다』는 모두 3부 64편으로 이루어져 있고, 윤성근의 해설이 실려 있다. 창작자는 자서에서 "우리는 공범적인 비극의 시대에 살아왔다. … 나는 이 시대의 공범자요, 가해자요, 피해자가 될 수밖에 없는 것이다."라며, "살아가는 모든 것이 내 시의 전부다. 이제는 세상을 바라보는 눈이 조금씩 자리잡힘이 보이고 시를 무겁지 않게 쓰는 법이 열렸다."고 한다.

네 번째 시집 『못에 관한 명상』은 모두 4부 65편으로 이루어졌고 김재홍의 해설이 실려 있다. 창작자는 자서에서 "삼 년간 구도적인 묵상을 통해서 / 내 자신을 찾아 울며 헤맸다."고 고백한다. 그는 "굽은 못 하나가, 가장 하찮은 녹슨 못 하나가 / 내 기도였다"고 하며, "이제부터 못을 소재로 평생 시를 쓸 것이다."라고 다짐한다. 그가 시의 제재인 못에 대하여 강한 집중력을 보여준 시집이다. 물론 못은 시적 대상에 대한 정서와 관념을 간접적으로 표현하는 객관적 상관물이다.

다섯 번째 시집 『등신불 시편』은 모두 4부로 엮었는데 1~3부에 29편의 시와 4부에 12편의 영역시, 그리고 김재홍의 해설을 싣고 있다. 창작자는 서문에서 "젊은 시절 나는 / 끝장을 봐야 직성이 풀렸다 그러나 그 끝은 / 언제나 고통과 좌절뿐이었다"고 한다. 그러나 "요즘 나는 한 말씀을 얻었다 / 그것은 결말을 구하지 않는 법이다 / 이제는 어디에도 끝이 없다"고 한다.

여섯 번째 시집 『어머니, 우리 어머니』는 창작자의 친형인 김종해(1941~) 시인과 같이 시인의 어머니가 세상을 "떠난 지 15주기 되는 어머니날을 맞아 펴"낸 공동 시집이다. 김종해의 시 20편과 그동안 발표한 창작자의 시 20편을 모아서 싣고 있다. 김재홍의 시 해설과, 장경렬의 작품 해설이 실려 있다. 김종철은 시집 서문에서 "이 시집은 어머니를 위한 진혼곡이자 예찬입니다. 이 작은 시집은 세상의 모든 어머니에게 바치는 기도입니다."라고 한다.

지금까지 발표된 김종철의 시들을 거칠게 유형화하면 등단시에서부터 보여준 가족주의, 베트남 전쟁의 참전·도시문명·사회 정치·소시민과 민중 현실의 삶을 형상화한 현실주의, 기독교·불교 등 종교제재 채용을 통해 보여준 종교주의로 분류될 수 있다. 거기다 성애와 해학이 상당수 나타나기도 한다. 여기서는 지면상 가족주의, 현실주의, 종교주의로 시를 유형화하여 살펴보고 성애와 해학의 문제는 다음 기회로 미룬다.

2. 가족 일화의 회고적 구성

　가족은 세상에서 가장 위대한 기관이다. 영국의 시인 엘리어트는 가정생활의 안전과 향상이 문명의 목적이라고 말했다. 가정에서 행복해지려는 것이 인간 모든 행위의 목적이라는 것이다. 가족의 일화가 회고적으로 등장하는 김종철의 시에는 그 가족주의적 경향이 더욱 뚜렷하다. 그의 시에는 어머니와 아내, 딸, 아버지, 누나, 형 등 가족이 지속적인 제재로 등장한다. 특히 어머니가 자주 등장한다. 이러한 가족주의적 경향은 등단작은 물론 초기 시집에서 많이 발견된다. 등단작「재봉」에서는 아내, 아이들, 어머니가 등장한다. 그의 첫 시집 『서울의 유서』에 어머니가 등장하는 시는 「죽음의 둔주곡」,「죽은 산에 관한 산문」,「소품」,「병」,「네 개의 착란」,「금요일 아침」,「탁발」등이다. 아내가 등장하는 것은 「아내와 함께」,「초청」,「겨울 변신기」,「시각의 나사 속에서」이며,「딸에게 주는 가을」에서는 딸이 등장한다. 환상적인 가족 풍경화를 그리고 있는 등단작을 살펴보자.

　　　사시사철 눈오는 겨울의 은은한 베틀 소리가 들리는
　　　아내의 나라에는
　　　집집마다 아직 태어나지 않은 마을의 하늘과 아이들이 쉬고 있다.
　　　마른가지의 난동(暖冬)의 빨간 열매가 수(繡)실로 뜨이는
　　　눈 나린 이 겨울날
　　　나무들은 신의 아내들이 짠 은빛의 털옷을 입고
　　　저마다 깊은 내부의 겨울바다로 한없이 잦아들고
　　　아내가 뜨는 바늘귀의 고요의 가봉(假縫),

털실을 잣는 아내의 손은
천사에게 주문 받은 아이들의 전생애의 옷을 짜고 있다.
설레이는 신의 겨울,
그 길고 먼 복도를 지나나와
사시사철 눈오는 겨울의 은은한 베틀 소리가 들리는
아내의 나라,
아내가 소요하는 회잉(懷孕)의 고요 안에
아직 풀지 않은 올의 하늘을 안고
눈부신 장미의 알몸의 아이들이 노래하고 있다.
아직 우리가 눈뜨지 않고 지내며
어머니의 나라에서 누워 듣던 우뢰(雨雷)가
지금 새로 우리를 설레게 하고 있다.
눈이 와서 나무들마저 의식의 옷을 입고
축복받는 날.
아이들이 지껄이는 미래의 낱말들이
살아서 부활하는 직조의 방에 누워
내 동상의 귀는 영원한 꿈의 재단,
이 겨울날 조요로운 아내의 재봉일을 엿듣고 있다.
—「재봉」3) 전문

    단연 26행의 이 시는 유려한 언어를 통한 환상적 서정을 구현하고 있다. 이 시의 주인공은 아내이다. 아내는 재봉을 하고 있다. 화자인 나는 방에 누워 "조요로운 아내의 재봉일을 엿듣고 있다." 그런데 아내는 회임중이다. 아내가 회임중이라는 혐의는 "집집마다 아직 태어나지 않은 마을의 하늘과 아이들이 쉬고 있다."라거나 "털실을 잣는 아

---

3) 김종철, 『서울의 유서』, 한림출판사, 1975, pp.78~80. 앞으로 시 원문에 나온 한자는 되도록이면 한글로 바꾸고 필요한 경우에만 괄호 속에 한자를 가둘 것이다.

내의 손은 / 천사에게 주문받은 아이들의 전생애의 옷을 짜고 있다."라거나, "아내가 소요하는 회잉의 고요 안에 / 아직 풀지 않은 올의 하늘을 안고 / 눈부신 장미의 알몸의 아이들이 노래하고 있다."라거나 "아이들이 지껄이는 미래의 낱말들"이라는 표현에서 찾을 수 있다. 아직 세상에 나오지 않은 "장미의 알몸의 아이들"은 "아내의 나라"에서 꿈을 꾸고 있다. 거기는 "사시사철 눈 오는 겨울의 은은한 베틀소리가 들리는" 환상의 세계이다. 이 환상의 세계에 "아직 태어나지 않은 아이들이" 있는 것이다.

이 시는 두 개의 공간을 갖고 있다. 겨울이라는 현실 공간과, 회잉하는 아내의 환상 공간이다. 현실 공간은 "마른 나무 가지의 난동의 빨간 열매가 수실로 뜨이는" 선명한 심상의 공간이다. 환상 공간은 "사시사철 눈오는 겨울의 은은한 베틀소리가 들리는" 아내의 공간이다. 현실 공간의 겨울 풍경은 "신의 아내들이 짠 은빛의 털옷을 입고 / 저마다 깊은 내부의 겨울바다로 한없이 잦아"드는 공간이며, 아내가 "천사에게 주문받은 아이들의 전생애의 옷를 짜고 있"는 공간이다. 아내가 재봉을 하고 있는 현실 공간에서 화자는 "어머니의 나라에서 누워 듣던 우뢰가 / 지금 새로 우리를 설레게 하고 있다."며 자신의 경험을 환기하며 아이들과 동일시한다. 이렇게 화자는 현실과 환상 사이에서 아내와 아이들, 그리고 어머니와 화자의 기억을 통하여 행복한 가정의 "꿈의 풍경화"[4]를 그리고 있는 것이다.

아울러 김종철의 초기 시는 등단 시에서 감지되는 것처럼 언어탐착

---

4) 박철석, 「꿈의 풍경화」, 정한모·김재홍 편, 『한국현대시평설』, 문학세계사, 1983, pp.611~616 참조.

경향이 강하다. 시가 결국은 언어의 문제라는 것을 분명히 인식하고 있다는 말이다. 그는 등단 시에서부터 언어에 공력을 들여, 언어의 유려한 가공과 사용을 보여준다. 언어 가공의 노력은 서사를 숨기고 서정을 드러내려는, 서정시의 본질에 가까이 접근하려는 시인의 의지와 관련된다. 그럼에도 서정 속에 서사가 발견된다. 시에서 서사의 발견이 쉽지 않을 경우 시는 관념화된다. 이를 관념적 서정이라고 명명할 수 있을 것이다. 그러나 김종철의 시는 관념적 서정으로 끝나지 않는다. 「재봉(裁縫)」에서 확인되는 것처럼 언어의 탐착을 통해 "생명 탄생의 신비와 모성의 위대한 사랑"5)을 환상적 서정으로 노래하고 있는 것이다.

김종철의 시에서 어머니는 상징으로 등장하는 경우가 거의 없다. 이를테면 "부산시 초장동 3가 75번지에서 우리가 자랄 때 삯바느질을 했었고, 충무동 시장에서 떡장수, 술장수, 국수장사"를 한, "슬하에 사남매"를 둔, "떠난 지 15주기 되는" 구체적인 어머니이다.6) 김종철이 가장 최근에 낸 시집이 그의 친형과 함께 출간한 공동시집 『어머니, 우리 어머니』인데, 그동안 발표했던 어머니를 제재로 한 시들을 모아놓은 것이다. 이 시집에서는 어머니의 전기적 사실과 함께 어머니와 화자와의 기억, 어머니에게 잘못했던 후회와 회한, 그리고 어머니에 대한 그리움을 형상화하고 있다. 어머니를 제재로 한 시 가운데 다음의 시가 재미있으면서도 형상력이 상당하다.7)

---

5) 위의 책, p.612.
6) 김종해·김종철, <시집 첫머리에>, 『어머니, 우리 어머니』, 문학수첩, 2005.
7) 필자는 최근 현재 문학의 위기를 극복할 작은 해법의 하나로 시에 재미를 적극 도입해 보자는 '재미의 시학'을 제안하였는데, 해학, 풍자, 희언을 사례로 제시

어린 시절, 어머니에게 물었습니다
내일은 언제 오나요
하룻밤만 자면 내일이지
다음 날 다시 어머니에게 물었습니다
오늘이 내일인가요?
아니란다 오늘은 오늘이고 내일은
또 하룻밤 더 자야 한단다

고향에서 급한 전갈이 왔습니다
어머니 임종의 이마에
둘러앉아 있는 어제의 것들이 물었습니다
애야 내일까지 갈 수 있을까?
그럼요 하룻밤만 지나면 내일인 걸요
어제의 것들은 물도 들고 간신히 기운도 차렸습니다
다음날 어머니의 베갯모에
수실로 뜨인 학 한 마리가 날아오르며 다시 물었습니다
오늘이 내일이지
아니에요 오늘은 오늘이고 내일은
하룻밤을 지내야 해요

이제 더 이상 고향에서 급한 전갈이 오지 않았습니다
우리집에는
어머니는 어제라는 집에
아내는 오늘이라는 집에
딸은 내일이라는 집에 살면서
나와 쉽게 만나는 법을 알고 있기 때문입니다

— 「만나는 법」[8] 전문

하였다. (공광규, <재미의 시학>, ≪시와정신≫, 2006 여름호 및 <재미의 원리를 활용한 시 창작방법>, ≪문학교육과 문학창작≫, 한국문예창작학회 제10회 정기학술세미나, 2006.4.22 참조)

모두 3연 24행의 시이다. 이 시는 대화체로 구성되어 있으며 묘한 말재미를 준다. 시적 상황에서 시간은 1연에서는 화자의 어린시절, 2연에서는 화자가 성인이 되어서 어머니가 돌아가실 무렵, 3연에서는 어머니가 없는 현재이다. 묘한 말 재미는 재미로만 끝나는 게 아니라, 말의 모순과 이를 통한 시간의 원리를 통찰하게 한다. 그리고 특수한 어머니와의 과거에 있었던 일화를 통하여 '편재하는 보편적 존재'로서 어머니인 아내나 딸을 이야기하고 있다.

1연은 어린시절에 화자와 어머니와의 대화를 기록한다. 화자는 어머니에게 내일이 언제 오느냐고 묻는데, 어머니는 하룻밤만 자면 온다고 대답한다. 당연하다. 다음날 어린 아이가 어머니에게 하룻밤을 잤으니 오늘이 내일이냐고 묻는다. 이건 어리석은 질문이다. 그러나 어린 아이가 충분히 할 수 있는 질문이다. 어머니는 오늘이 내일이 아니고, 오늘은 오늘이고 내일은 하룻밤 더 자야 한다고 대답한다. 여기서 창작자가 노리는 것은 어린아이의 우둔함도, 어머니의 자상함도 아니다. 말 놀음이며, 그 말 재미를 통하여 말의 모순을 보여주려는 전략이며, 재미의 전략으로 말 놀음이다.

2연은 성인이 된 화자의 형제들로 추정되는 인물들이 임종을 맞고 있는 어머니의 이마에 둘러앉아 나누는 대화이다. 대화의 방식은 1연과 똑같다. 화자의 형으로 추정되는 인물이 어머니의 생명이 내일까지 갈 수 있느냐고 묻는다. 그러자 화자는 하룻밤만 자면 내일이라고 대답한다. 다음날이 되자 어머니의 죽음으로 상징되는 "어머니의 베갯모

---

8) 김종철,『오늘이 그날이다』, 청하, 1990, pp.41~42 및 김종해·김종철, 위의 시집, pp.90~91.

7. 김종철; 가족, 현실, 종교 제재의 형상화 159

에 / 수실로 뜨인 학 한 마리가 날아오르며" 오늘이 내일이냐고 묻는다. 그러자 화자는 오늘은 오늘이고 내일은 하룻밤을 더 지내야 한다고 대답한다. 1연에서 어머니에게 훈육된 방법이다.

3연에서는 이미 어머니가 돌아가셨으므로 고향에서는 화자에게 어머니에 대한 전갈이 올 리가 없다. 어머니는 과거, 아내는 현재, 딸은 미래에 살면서 화자와 만난다. 화자는 이제 아내와 딸을 통해 어머니를 만나는 것이다. 장경렬은 시인에게 어머니와 아내와 딸은 시간적 차이를 벗어나면 하나일 수 있다고 하였다.9) 첫 연과 둘째 연에는 개별적 특수적인 어머니이지만 나중에는 아내와 딸을 통해 만나는 "보편적 존재로서의 어머니"로 전화한다.

위 시가 말의 유희를 통하여 재미와 의미를 준다면 「옥수수 밭 너머」는 어린시절 어머니와의 일화를 재미있게 구성하여 어머니의 헌신적인 보호와 의무를 간접화하여 드러내고 있다.

> 어릴 때 나는
> 밤에 변소가는 것이 제일 싫었습니다.
> 어쩌다 설사를 만나는 밤에는
> 큰일이었습니다
> 우리집 변소는 옥수수 밭 너머 있었습니다
> 어머니는 잠결에 마당 한구석에서
> 볼일을 보게 해주셨는데
> 그때마다 나는
> 헛기침을 크게 세 번 하는 것을 잊지 않았습니다
> 어쩌다 보채어 어머니가 따라와 준 날에는

---

9) 장경렬, 「세상의 모든 엄마를 생각하며」, 김종해·김종철, 위의 시집, p.145.

어머니가 헛기침을 세 번 해주고
아직 멀었느냐 자주 물었고
나는 부지런히 힘을 주었지만
옥수수 밭 사이로 우수수 바람이 빠져나와
불알이 시렸습니다
그날 밤에도
서 있는 어머니가 심심할까봐
이것저것 얘깃거리를 궁리하는 동안
어머니가 또 밑을 닦아주었습니다.
　　　　　　　　　　— 「옥수수 밭 너머」10) 전문

　시골이나 도시 변두리에 살았던 사람은 누구나 공감할 것이다. 창작자와 독자의 공유경험이 재미를 주고 있다. 변소, 설사, 불알, 밑 등은 일상에서 쓰이기는 하지만, 대화의 상대를 가려서 사용하는 말이다. 이러한 말은 집안 식구들 간이나 상대가 이물이 없는 사이에 사용한다. 그렇지 않은 경우에는 변소를 화장실이라고 하는 등 미화법을 사용하거나 아예 사용하지 않는다. 그러나 김종철은 이러한 상스러운 말을 시어로 과감히 차용하여 시 읽기에 재미를 주고 있다. 어머니는 밤에 변소 가기를 두려워하는 어린 아이의 지킴이이다. 그리고 급한 설사를 편하게 보게 하는 편안함의 존재이다. 어머니는 아이가 볼일을 보고 있는 동안 '헛기침'을 하거나 "아직 멀었느냐" 물으면서 어린아이를 안심시킨다. 그리고 마지막까지 밑을 닦아주기까지 한다. 창작자는 두려움을 없애주고 편안함을 주며 더러운 곳을 닦아주는 어머니와

---

10) 김종해·김종철, 위의 시집. 이 시는 시집 『오늘이 그날이다』에 「어머니」라는 제목으로 실려 있다.

의 일화를 통하여 어머니의 무한한 사랑을 상기시키고 있다. "볼일을 보게 해주셨는데", "불알이 시렸습니다", "밑을 닦아주었습니다" 등의 서술문이 창작자의 익살스러운 면모를 떠올리게 한다. 이와 비슷한 유형의 시가 「옥수수」인데, 누나와의 일화를 재미있게 서술하고 있다.

> 키보다 높은 옥수수밭 푸른 터널을 밟고 몰래몰래 걸어나갔다
> 갑작스런 설사를 참지못해 옷에 갈겨버린 부끄러움을
> 옥수수들은 뻐드렁이를 삐쭉삐쭉 드러내고 우우우 수런거렸다
> 그날 누나는 나를 개울가로 끌고가 볼기짝을 원수처럼 갈겨대었다.
> 나는 건너밭 옥수수의 작은 남근 같은 앞을 가리고 울었다.
> ―「옥수수」11) 부분

이 시에서도 설사를 참지못하여 옷에 "갈겨"버렸다는 표현이나, 옥수수들이 뻐드렁이를 드러내고 수런거린다거나, 누나한테 볼기짝을 맞는 모습, 그리고 덜 자라서 작은 옥수수 자루를 닮은 남근을 가리고 울었다는 표현이 재미를 준다. 그의 시에는 어머니와 아내, 딸을 비롯하여 누나, 형, 아버지 등 다양한 가족이 자주 등장한다. 이동하는 두번째 시집 『오이도』 해설에서 김종철의 시에 아내와 딸, 즉 그의 가족이 자주 등장하며, 가족 이외의 타자가 거의 나타나지 않는다고 하였다.12) 두 번째 시집에서 어머니를 제외한 가족이 제재로 나타나는 부분만 눈에 띄는 대로 발췌하면 다음과 같다.

---

11) 김종철, 『오이도』, 문학세계사, 1984, pp.50~51.
12) 이동하, 「소시민의 우수―김종철의 시세계」, 김종철, 『오이도』, 문학세계사, 1984, p.96.

아내는 외출하고
어린 두 딸과 잠시 빈 방을 채우며 뒹굴다가
				―「아내는 외출하고」부분

아내는 화초를 혼자서 가꾸기 좋아합니다.
화초의 하루와 몸은 모두 아내의 것입니다.
				―「화초일기」부분

집만 나서면 잊어버리는 여자가
아내다
				―「집만 나서면」부분

딸아, 이담에 크면
이 가을이 왜 바다색깔로 깊어가는가를 알리라.
				―「딸에게 주는 가을」부분

형님은 깨어진 도시의 심장을 때우는
가난한 용접공입니다.
				―「떠도는 섬」부분

형님과 함께 바둑을 둡니다
검은 돌은 언제나 내 차지입니다.
				―「오이도 7―바둑돌」부분

 이처럼 화자와 화자의 가족 일원과의 구체적인 일화를 재미있게 구성하여 보여주거나, 가족의 행위 동선을 구체적으로 서술하여 가족의 일상을 들여다보게 한다.

3. 전장, 도시, 민중현실 묘사

　김종철은 베트남 전장 경험을 형상화하거나 현대 도시문명과 정치와 사회현실 비판, 도시 소시민과 재개발지역 철거민 등의 삶을 묘사한다. 특히 베트남 전장의 경험을 시로 형상화한 김종철의 작품들은 1950년 한국전쟁 이래 한 민족이 생체험한 파병 경험의 기억이자 중요한 전장 문학의 기록으로서 큰 의미가 있다.

　경험은 시인의 좋은 시적 재료이다. 김종철의 첫 시집 『서울의 유서』에는 참전 경험을 시화한 작품들이 집중되어 나타난다. 좋은 전쟁이나 나쁜 평화도 없는(플랭클린), 패하면 전멸되고 이겨도 잃을 것뿐인(맥아더), 쓸데없는 짓(셔먼)인 전쟁은 죽음을 환기한다. 그래서 그의 작품에 전쟁이 제재로 등장하면 죽음이 따라다닌다. 전장에 던져진 화자는 인간에 대하여, 인간이 도대체 무엇인지, 왜 전쟁을 하는지, 죽음은 무엇인지 등 "인간으로서 질문"[13]을 계속한다. 결국 전장에서 화자의 실존 상황은 황폐와 비애, 죽음과 허무의식으로 나타난다.

　그의 첫 시집 첫 시는 「죽음의 둔주곡―나는 베트남에 가서 인간의 신음소리를 더 똑똑히 들었다」이다. 전장의 죽음 앞에 놓인 인간의 실존문제를 장편의 유장한 문체로 형상화하고 있다.

　　　그날
　　　젊은이들은 모두 떠났다
　　　조국으로부터 어머니로부터 운명으로부터

---

13) 김종철, <자서>, 『서울의 유서』.

>   모두 떠났다
>   젊은이들의 믿음과 낯선 죽음과
>   부산 삼부두를 실은 업셔호의 전함
>   수천의 빗방울이 바다를 가라앉히고
>   어머니는 나를 찾아 헤매었다
>   갑판에 몰린 전우들 속의 막내를 찾아 하나씩하나씩
>   다시 또다시 셈하며 울고 있었다
>   어머니가 늙어 뵈신 것은 이때가 처음이었다
>   ―「죽음의 둔주곡―나는 베트남에 가서 인간의 신음소리를
>   더 똑똑히 들었다」14) 부분

둔주곡은 대위법 양식의 음악형식이다. 이 시는 모두 200행으로 1곡 2연, 2곡 2연, 3곡 1연, 4곡 1연, 5곡 1연, 6곡 2연, 7곡 1연, 8곡 2연, 9곡 1연 등 음악곡 형식으로 구성되어 있다. 제시부와 간주부를 통한 대위구를 형성하면서 주제를 변주하여 나간다. 이 시의 1곡의 전반부에서는 싸움과 죽음의 상황을 관념적으로 제시하고 있다. 후반부에서는 전장의 황폐함과 절망적 싸움을 우화하고 있다. 2곡에서는 "중부 베트남의 / 붉은 사막의 발자국"으로 전장의 상황이 구체화된다. "밤마다 155마일의 비가 / 바다로부터 왔다"는 심상이 돋보인다. 그리고 "몇 통의 유서" "몇 개의 폐허" "세상의 제일 아름다운 병" "바다의 상처" 등 관념구가 죽음에 따른 폐허의식을 변주하고 있다.

위에 인용한 부분은 3곡 제시부이다. 시제는 "그날"이라는 파병을 위해 모인 과거로 돌아온다. 조국, 어머니, 운명은 인간의 존재를 위치 짓는 실존적 요소들이다. 전장으로 간다는 것은 구체적 실존 요소들과

---
14) 위의 시집, pp.13~14.

이별하는 것이다. 어머니는 울면서 갑판 위에 모인 전우들 틈에서 화자인 "막내"를 찾아다닌다. 화자는 이때 어머니가 처음으로 늙어보였다고 한다. 간주부는 다른 목소리, 즉 화자가 어렸을 때 어머니와 심청전을 읽으며 울던 기억을 떠올리며 슬픔을 배가시킨다. 그러다 다시 제시부로 돌아와 어머니를 남겨둔 채 "한줌의 흙"을 넣고 울면서 떠나는 심정을 슬픔으로 승화시키고 있다.

4곡은 베트남 전장의 현실에서 "총구로 보는 그대의 죽음 앞에 / 나는 나의 모든 것을 발가벗겨 놓았다"며 인간이 인간을 살육하는 전장의 몰인간성을 제시하고 있다. 결국 "쓰러진 자와 쓰러뜨린 자들의 / 쫓기는 꿈들이 같은 길로 떠났다"며 전장에 참여하는 인간의 파멸과 비탄의 동시성을 이야기하고 있다. 5곡은 파병전 근무지로 추정되는 강원도 지역을, 6곡은 다시 베트남 캄란베이, 정글의 무대로 간다. 전장에 내던져진 화자는 "나의 벗은 몸들은 / 서너병의 조니워커와 피투성이의 진실과 성병과 / 낯선 죽음의 발자국과 동하이의 흰 햇빛이었다"고 한다. 그곳에서 화자는 "하룻날은 단 한번 사랑한 랑의 눈물이 묶어 매었고 / 또 하룻날은 / 내 팔에 안겨 돌아오지 않는 몇몇 사내들의 죽은 꿈들이 / 배를 부둥켜안았다"며 사랑과 죽음이 혼재하는 전장의 실존 상황을 서술하고 있다. 7곡은 베트남 여성인 랑과 전장의 기억을, 8곡은 참혹한 전장에서 돌아온 화자가 어머니에게 잃어버린 사랑을 구원해달라는 요청을, 9곡은 성경에 나오는 인물인 아브라함의 인유를 통하여 인간의 죽음으로 인하여 버림받은 "벌거벗은 땅"의 허무를 노래하고 있다. 이렇게 기억과 현실을 유려한 문체로 변주하면서 전장에 내놓인 인간 실존 문제를 유장한 비애와 허무로 노래한다.

「베트남 칠행시」 역시 황폐한 전장 현실을 형상화한 것으로 비애와 죽음의식이 가득하다.

> 어두워지면 조국에 긴 편지를 쓴다
> 라스트 섬머를 나직이 부르며
> 비애의 무거운 배를 끌어올린다
> 병든 숲과 항생제의 여름
> 키스와 매음과 눈물의 잎사귀로 가린
> 수진 마을이
> 우리들 머릿속에서 심한 식물병을 앓는다
> ―「베트남 칠행시」[15) 부분

이 시는 기1, 기2, 기3으로 3단 구성이며, 각 기마다 7행으로 모두 21행의 시이다. 기1에서는 전장의 황폐를, 위에 인용한 기2에서는 전장의 비애를, 기3에서는 전장의 죽음과 운명, 그리고 "들개"로 은유되는 심리적 야성을 노래하고 있다. 전쟁은 조국이라는 단위가 서로 겨루는 커다란 도박이다. 병사는 조국에게 목숨을 준 것이고, 병사 한 사람은 하나의 조국이다. 병사는 구체적으로는 조국의 부모나 형제에게 편지를 쓰겠지만, 내일이 어떻게 될지 모르는 자신의 운명에게 쓰는 것이다. 살아있는 현재는 '라스트 섬머'라는 노래 제목이 암시하듯 마지막 여름이 될지도 모른다. 내일을 기약할 수 없는 전장은 "병든 숲과 항생제의 여름"이고 "키스와 매음"의 여름이다. 전쟁터가 되는 마을은 "눈물의 잎사귀로 가린" 슬픈 인간의 현실이 있는 곳이다. 전장에 있는 병사들은 "식물병"을 앓고 있다. 이와 같이 김종철의 전장시는 질병과 비애와 황

---

15) 위의 시집, p.28.

폐와 죽음의식으로 가득하다. 그리고 극복과 구원의 방식으로 어머니를 반복하여 주술처럼 주문한다. 다음은 죽음의 시행들이다.

    내 품에서 실려나간 사내들의 죽음이
    돌아오고 다시 돌아오고…
                               —「닥터 밀러에게」부분

    어머니 나는 큰 상을 마주하면 옛날 당신을 안고 쓰러진 죽은 산과 마주하고 싶어요. … 땅에서 울부짖은 死神의 꿈틀거리는 소리에 선잠을 이루었지요. … 괭이도 낫도 한번 닿지 않은 황량한 땅에서 사나이들은 두려운 기도와 몇 구의 죽음을 묻었다.
                            —「죽은 산에 관한 산문」부분

    어느날 밤 눈을 뜨니까 죽음의 마을에 와 있었다. 나는 비로소 몇 년간 어머니와 책과 집을 떠나와 있음을 알았다.
                                   —「병」부분

    오, 서울은 그대를 낳고 다시 고쳐
    낳고 또 열 번이나 죽였다.
                               —「서울의 불임」부분

    헛된 꿈들의
    죽은 질병이 굴러다니고
                              —「서울의 둔주곡」부분

    여름아 낳아놓은 그대로 흙은 흙의 죽음을 불은 불의 죽음을 공기는 공기의 죽음을 물은 물의 죽음을 벗는다.
                                 —「여름데상」부분

김종철의 시에서 현실주의 시작 방법의 하나는 현대 도시문명에 대한 비판이다. 죽음과 질병 의식은 베트남 전장에서 서울의 도시문명에까지 계속 이어진다. 병든 서울은 비판 받아야 할 문명의 대표이며, 공격의 표적이다.

> 서울은 폐를 앓고 있다
> 도착중의 언어들은
> 곳곳에서 서울의 구강을 물들이고
> 완성되지 못한 소시민의
> 벌판들이 시름시름 앓아 누웠다
> 눈물과 비탄의 금속성들은
> 더욱 두꺼워 가고
> 병든 시간의 잎들 위에
> 가난한 집들이 서고 허물어지고
> 오오 집집의 믿음의 우물물은
> 바짝바짝 메마르고
> 우리는 단순한 갈증과
> 몇 개의 죽음의 열쇠를 지니고 다녔다
> 날마다 죽어서 다시 살아나는
> 양심의 밑둥을 찍어 넘기고
> 헐벗은 꿈의 알맹이와
> 약간의 물을 구하기 위하여
> 우리는 밤마다 죽음의 깊은 지하수를
> 매일 매일 조금씩 길어올렸다
> 절망의 삽과 곡괭이에 묻힌
> 우리들의 시대정신에서 흐르는 피
> 몇장의 지폐에 시달린 소시민의 운명들은
> 탄식의 밤을 너무나 많이 싣고 갔다

>   오오 벌거숭이 거리에서
>   병들은 개들은 어슬렁거리고
>
>   ―「서울의 유서」16) 부분

　화자는 대도시인 서울이 질병에 걸렸다고 진단한다. 진단 결과는 폐병이다. 또 서울에는 "도착증의 언어들"이 편재해 있다. 도착증의 언어가 무엇인지 구체화되어 있지 않아서 알 수 없다. 다만 분위기로만 알 수 있을 뿐이다. 단어 '언어'는 김종철의 초기 시에 빈번하게 노출된다. 표현이 불가능한 시적 상황을 '언어'라는 단어로 관념화하여 표현한다. 언어 문제에 대하여 김종철이 부심하였다는 것을 알 수 있다. 이를 테면 "술집에서 되찾는 언어의 이삭"(「우리의 한강」), "우리 집의 오랜 가풍의 언어세포마다"(「야성」), "간밤에도 벗겨지는 언어의 껍질"(「아내와 함께」) 같은 부분이다. 질병에 걸린 서울에서 화자는 "소시민"을 본다. 소시민 역시 "시름시름 앓아 누워"있다. 병든 서울의 정경은 "가난한 집들이 서고 허물어지"며 "믿음의 우물"이 말라가는 곳이며, "양심의 밑둥을 찍어 넘"겨야 하는 곳이며, "몇 장의 지폐에 시달린 소시민의 운명"이 있는 곳이며, 화자가 "몇 개의 죽음의 열쇠를 지니고 다"닌 곳이며, "병들은 개들이 어슬렁거리"며 거리를 방황하는 곳이다. 결국 화자의 서울은 죽음과 질병으로 가득찬 소시민의 "벌판"이자 도시이다.

>   죽음의 열쇠들은 쩔렁거리고
>   세균으로 폐를 앓는 서울은

---

16) 위의 시집, pp.44~47.

> 매일 불편한 언어의 관절염으로 절뚝이며
> 우리들 소시민의 가슴에 들어와 몸을 떨었다.
> ―「서울의 유서」 부분

　이러한 서울은 결국 황폐한 '불임의 도시'이며 질병에 걸린 도시이다. 화자의 질병 의식은 계속된다.

> 온 장안의 복부를 들썩이는
> 끈질긴 소화불량이 굴러다닌다
> 천식을 앓는 북풍이
> 집집의 부어오른 편도선을 타고
> 말라빠진 잠의 일해리까지 파고든다
> ―「서울 둔주곡」 부분

　위 시에서 화자의 서울은 소화불량, 천식, 편도선을 앓고 있다. 동상을 앓고, 정신적인 암을 앓는다. 여기에 화자는 "소시민의 가냘픈 생활의 뼈"를 묻고 있다. 이러한 서울의 거리에서 화자는 "철들고 처음으로 울"(「금요일 아침」)기도 한다.
　그의 도시문명에 대한 비판은 "안이한 자연 예찬으로 달려가 버리는 것"[17]이 아니라 현실에서 부정하며 감당한다. 그런 면이 김종철의 도시문명 비판시가 다른 시인들과 변별되는 지점이다.

> 명동은
> 위궤양의 골짜기다

---

17) 위의 시집, p.102.

> 흔들림, 부서짐,
> 무너짐이 관 속에 들어앉은 영혼과 함께
> 마주앉은 골짜기
> 명동의 한쪽 주머니에는
> 언제나
> 고장난 나침반과 내일을 낳지 못하는 자궁이
> 웅크리고 앉아 있다.
> 겨울도, 허깨비도, 낮달도 비켜가는
> 바람이 모여사는 마을,
> 이 마을에는
> 한 마리 짖는 개도 볼 수 없음을
> 왜냐고 왜냐고
> 비정한 그대들은 묻지 않는다.
> 명동의 썩어 있는 사랑니는
> 멀리서 뵌다.
>
> ─「명동을 지나며」[18] 전문

돈과 패션과 술집과 다방과 함께 예술가들이 모여드는 명동은 한참 동안 우리나라 도시문명의 상징이었다. 그러나 시적 현실에서 그곳은 "비정"한 곳이다. 그러므로 그곳은 병든 "위궤양의 골짜기"일 뿐이다. 흔들리고 부서지고 무너지는 파괴와 부정의 심상으로서 죽어있는 "관 속"일 뿐이다. 내일의 방향이 없는, 방향을 잡을 수 없는, 방향을 가리키지도 못하는 "고장난 나침반"이 있을 뿐이다. 그리고 미래가 없는, "내일을 낳지 못하는 자궁이 / 웅크리고 앉아 있"는 불임의, 무생산적인 장소일 뿐이다. 거기는 "바람"으로 은유되는 삭막한 곳이며, 개조차

---

18) 김종철, 『오이도』. p.71.

짖지 않는 인간이 없는 곳이다. "비정"한 인간들이 사는 곳은 인간이 없는 곳이기 때문이다.

김종철의 세 번째 시집 『오늘이 그날이다』에서는 개발독재기의 현실문제에 대한 사회정치적 입장을 직접 드러낸 시들을 만날 수 있다.

<사람 살고 있음>
표어가 집 밖에 크게 써붙어 있었지만
공룡을 닮은 포크레인이
지붕을 사정없이 걷어내 버렸습니다
밥상에 둘러앉은 어린애들은
어머니 품 속에 팔짝 뛰어들며
자지러진 듯 울어댑니다
철거반원은 욕설을 하며
아버지를 질질 끌고 나갑니다
<사람 살고 있음> 표어는
우리나라 글씨가 아닌지 모릅니다

집을 가진 사람들은
몸을 숨기고 구경을 합니다
저런 죽일 놈 하고 말을 하다가
씩씩거리는 철거반원과 눈 마주치면
먼지가 많이 나는군 하고
딴전을 부립니다
집집의 내장에서 쏟아지는
김치냄새 된장 냄새 밑반찬 냄새가
부끄럽고 창피스러워집니다
낯모르는 이웃인 것이 여간 다행스럽지 않습니다

오늘 이 마을 박신부님은 단식을 했습니다
물만 한두번 마셨습니다
저들을 용서하소서
하고 기도했습니다
우리 박신부님을 보고 있으면
헐벗고 집 없어 걱정하는 것이
훨씬 나은 것 같습니다
성당의 첨탑 위에 꽂혀 있는
<여기 사람 살고 있음>이라는
구원의 십자가를 보고 있으면
우리 신부님이 더욱 불쌍해 보입니다

― 「밥에 대하여・1」[19] 전문

    모두 3연 32행의 위 시는 김종철의 시 가운데 가장 사실주의 기법에 가깝다. 재개발 지역 철거현장의 비인간적 상황을 간명한 문장을 통해 사실적으로 묘사하고 있다. 1연은 집에 사람이 살고 있음에도 개발을 위해 포크레인과 철거반원을 동원해 강제철거를 감행하는 상황이다. 강제철거를 하자 집안에 있던 놀란 아이들이 울며 엄마의 품으로 파고들고, 철거에 반항하는 아버지를 끌고 가는 비극적 상황이 벌어진다. "<사람이 살고 있음>"이라는 표어가 개발현장에는 사람이 살고 있지 않은 곳임을 역설적으로 말해준다. 또 "우리나라 글씨가 아닌지 모릅니다"라는 능청을 통해 비인간적 재개발 현장을 고발하고 있다.
    2연에서는 강제철거 현장을 지켜보는 비겁한 "가진 사람"들의 입장을 이야기하고 있다. 집을 가지고 있는 그들은 비극적 상황을 보면서

---

19) 김종철, 『오늘이 그날이다』, pp.29~30.

도 비겁하게 "몸을 숨기고 구경"을 한다. 가진 사람들의 비겁성을 "씩씩거리는 철거반원과 눈 마주치면 / 먼지가 많이 나는군" 하며 딴전을 부리는 것으로 묘사한다. 김치 냄새, 된장 냄새 등이 "집집의 내장에서 쏟아"진다는 후각의 시각적 비유, 그리고 그 냄새가 "부끄럽고 창피"하다는 표현, "낯모르는 이웃인 것"이 다행스럽다는 관찰자를 통한 "가진 사람들"의 입장 피력을 통해 개발현장의 사실성을 획득한다. 3연에서는 박신부가 등장한다. 그는 비인간적 재개발에 대항하여 단식을 하고 있다. 화자는 박신부의 단식 상황이 집 없고 헐벗은 사람보다 더하며, 불쌍해 보인다고 한다.

「편한 잠을 위하여」에서 역시 "재개발이 발뿌리에 채여 넘어"지는 철거민의 문제를 이야기한다. 결국 "철공소 박씨는 / 서울특별시 철거반과 심한 몸싸움을 하고 / 청산가리를 마"시는 것으로 비극적 결말을 맺는다. 「밥에 대하여·2」에서는 한 젊은 노동자의 전기적 사실을 통하여 "밥 이야기가 / 아직도 끝나지 않았"음을 강조하고 있다. 화자는 이 노동자의 "밥그릇은 늘 작았"으며, "등이 휘도록 막일을 해도 / 그의 밥그릇에는 국물보다도 / 땀이 더 많이 고였"다고 노동의 소외 현상을 고발한다. 그러다가 청년은 "자신이 밥이 되길 스스로 택"하였다고 한다. 「소인국의 꿈—못에 관한 명상·4」에서도 재개발지역 사람들의 일상화된 걱정거리를 못을 통하여 상징화하고 있다. 시 「매형 요셉—못에 관한 명상·29」 역시 재개발 지역에 사는 가난한 목수의 '가난세습'을 구체적 이야기를 통해 보여주고 있다.

김재홍은 『못에 관한 명상』에 나오는 시편들이 "못을 통해 인간의 내면적 본성과 사회적 실상을 투시하면서 실존의 어려움과 함께 사회적 아픔, 그리고 역사적 삶의 존재론을 탐구하는 진지함을 보여"20)준 시집이며, 못이라는 상징을 통하여 "사회적 진실을 깨닫고, 사회적 아픔을 읽어내며, 역사의 고뇌를 섬세하고 깊이 있게 투사해"21)낸 것으로 평가하고 있다.

김종철은 사실주의 방법으로 관리의 부패와 현실정치를 풍자하기도 한다. 「개는 짖는다!―못에 관한 명상·51」에서는 화자가 관리에게 돈을 보낸 후 "더러운 세상을 탓하며 / 소주"를 마시면서 울분을 토한다는 이야기 구조를 통해 대한민국의 부패상을 고발하고 있다. 「빈 새장」에서는 "잠들기 전에 시국사범으로 독방에 들어가 있는 / 조카에게 편지를 썼다"는 사실을 통해서, 이전의 시 「어린왕자를 기다리며·5」22)에서는 "최루탄과 화염병 몇 개가 머리 위를 날아다녔습니다"라는 직접적 표현을 통해서 억압된 정치현실을 비판하고 있다.

4. 기독교 신앙과 불교정신 수용

김종철의 시에서 종교성을 발견하기는 매우 쉽다. 그는 초기 시에서 "몇줄의 성경과 … 아라비아와 구약과 눈물의 굳은 껍질과 … 아브라함의 땅도 이미 떠났다"(「죽음의 둔주곡―나는 베트남에 가서 인간의

---

20) 김종철, 『등신불 시편』, p.110.
21) 위의 시집.
22) 김종철, 『오늘이 그날이다』, p.19.

신음소리를 들었다」) 등의 기독교 용어를 간간이 보이다가, 네 번째 시집 『못에 관한 명상』 전반부에 기독교 용어가 집중적으로 나타난다. 이 시집 한 권에 나오는 기독교 용어를 거칠게 살펴보면 유다, 다윗, 요한, 자캐오, 빌라도, 요셉, 바라바, 프란치스코 형제, 마리아, 시온의 딸 등의 인명을 비롯하여 마태복음, 하느님, 베들레헴, 예루살렘, 고해소, 고백성사, 교회, 묵상, 사제, 성당, 순교, 겨자씨, 십자가, 천주학쟁이, 기도, 십자가, 향유, 작은 구유, 불임의 교회, 어린 양, 소돔, 고모라, 목자, 감사기도, 십계명, 성호경, 성전, 호산나, 찬송가, 복음 등이 자주 출현한다.

　시를 통해 추적해 볼 때 김종철은 기독교와 인연이 먼저 있었던 것으로 보인다. 그는 기독교를 미국 하류문화와 동시에 만난다. 우리는 김종철의 시를 통해서 한국의 기독교 전래가 제국주의 확산과 무관하지 않다는 것을 알 수 있다. 이것이 바로 시인의 선견성이다. 다음 시는 화자가 미국의 구호품과 하위문화, 그리고 기독교를 처음으로 동시에 만나는 중요한 시이다.

　　　한문 시간이다
　　　미국이라는 글자도 배웠다
　　　아름다운 나라, 미국(美國)
　　　우리나라를 도와주는 고마운 나라라고 한다
　　　밀가루 포대에 그려져 있는
　　　굳게 악수하는 나라
　　　별이 유난히 많은 나라
　　　초콜릿과 껌의 나라
　　　그들의 똥도 먹을 수 있다고

키 작은 주팔이가 말했다
　　U.S.A.의 U자가
　　완월동에서 보았던 주둥이가 넓은 풍선을 닮았다
　　우리는 꼬부랑 말을 흉내내다가
　　복도에서 걸상을 들고 또 벌을 섰다

　　저녁에는 아버지가
　　이장집에서 구제품을 받아왔다
　　나는 알사탕이 제일 좋았다
　　그리고 몇 장의 그림엽서가 있었는데
　　처음보는 총천연색이었다
　　십자가에 못질된 한 남자의 슬픈 눈빛과
　　처음으로 마주쳤다
　　가시관 사이로 피가 진짜처럼 흘러내렸다
　　아버지는 그 알몸의 남자가 서양귀신이라고
　　벽장 깊숙이 감추었는데
　　이상하게도 그 서양귀신이 애처로워
　　못을 빼주고 싶었다
　　나중에 안 일이지만
　　어떤 집에는 서양귀신 때문에
　　콩가루 집안이 되었다고 동네가 수군거렸다
　　　　　　　　—「서양귀신—못에 관한 명상·23」[23] 전문

　모두 2연 29행의 시이다. 1연은 어려서 학교 교육을 통해 배운 미국에 대한 기억을 이야기하고 있다. 미국은 아름다운 나라이고, 당시 전쟁으로 어려운 우리를 도와주는 나라이고, 국기에 별이 많은 나라이고, 초콜릿과 껌의 나라이고, 그들의 똥도 먹을 수 있는 절대 선의 나라이

---

[23] 김종철, 『못에 관한 명상』, pp.54~55.

다. 그러나 창작자는 미국에 대한 좋은 기억을 다시 말해버림으로써 시적 현재는 그렇지 않다는 것을 반어적으로 암시한다. 더구나 1연 후반부에 "U.S.A.의 U자가 / 완월동에서 보았던 주둥이가 넓은 풍선을 닮았다"고 하여 콘돔의 은유를 통하여 미국을 비하하고 있다. 또 "꼬부랑 말을 흉내내다가" 벌을 섰다며, 영어와의 나쁜 기억을 서술하여 영어에 대한 원천적 혐오감을 나타낸다. 물론 영어는 미국의 대유가 된다. 화자가 미국을 비하하다 못해 적의를 갖는 "미군놈"이나 "미국놈"이라는 발언도 곳곳에서 발견된다.[24]

2연은 화자가 미국이 준 구호물자에 딸려온 알사탕과 색이 있는 그림엽서에 그려진 예수를 처음 만난 사건을 기록하고 있다. 화자가 처음 만난 예수는 "십자가에 못질된 한 남자의 슬픈 눈빛"으로 은유된다. 아버지는 그 엽서에 그려진 예수를 "서양귀신"이라며 벽장속에 감추었는데, 화자는 "이상하게도 그 서양귀신이 애처로워 못을 빼주고 싶었다"고 한다. 다소 배타적인 왜곡된 전래 기독교 문화는 한국 문화에 섞이면서 가정 내에서 갈등을 일으켜 "콩가루 집안"을 만들기도 하였다.

종교시는 대체로 성공하기가 어렵다. 그 이유는 시성보다 종교성이 앞서기 때문이다. 김재홍은 『못에 관한 명상』에 나오는 시 가운데 종교시가 "종교성이 시성을 압도하여 시적 감동이나 재미를 감쇄하는 경우가 적지 않다"[25]며 김종철의 종교 제재의 시에 대하여 비판적 평

---

[24] "어쩌다 재수 없이 똥 마려운 날 / 미군놈 변기통이 얼마나 깊고 컴컴한지"(「천막학교—못에 관한 명상·20」), "아이들과 시비가 붙었다 / 미국놈 좆이 팔뚝만 하다고"(「몽당연필—못에 관한 명상·21」), "그때마다 검은 미군놈은 자꾸 갓뎀! 갓뎀! / 눈을 부라렸다"(「완월동 누나—못에 관한 명상·22」)

가를 하였다. 그러나 꼭 그렇지만은 않다. 김종철의 시에서 대부분 종교 어휘는 체화되어 나타난다.

이를테면 「고백성사—못에 관한 명상·1」에서는 "오늘도 성당에서 / 아내와 함께 고백성사를 하였습니다"라고 한다. 이 시에서 고백성사는 못을 빼는 행위이다. 그러니 못은 일상을 살면서 저지른 잘못의 상징일 것이다. 「해미마을—못에 관한 명상·5」에서는 "이조시대 천주학쟁이들은 / 아직까지 요를 깔고 눕지 못했습니다."라며 꼿꼿한 순교정신을 못에 비유하고 있다. 이밖에 기독교의 어휘를 포함하고 있는 시들은 다음과 같다.

> "이제 비로소 못이 된 유다가 보였다"(「눈물 골짜기—못에 관한 명상·7」)

> "마태복음 십이 장 악령 하나가 하루는 어떤 사람 안에 있다가 그에게서 나와 물 없는 광야 쉴 곳을 찾아 헤매다…"(「일곱 악령—못에 관한 명상·8」)

> "금식기도에서 간혹 버렸던 몸 하나가 / 쉽게 지워지지 않는 못 자국을 절뚝이며 따른다"(「애기똥풀꽃—못에 관한 명상·9」)

> "고해소에서 음란한 고백을 엿들으며 수음을 하고 … 빌라도도 살지 않는 서울에서"(「너는 누구냐?—못에 관한 명상·12」)

> "그러니 어찌 네가 십자가를 내려올 수 있겠는가? … 오, 시온의 딸들아, … 프란치스코 형제는 가난으로 하느님을 보았고 / 나는

---

25) 김종철, 『못에 관한 명상』, p.162.

못으로 하느님을 보았다"(「못―못에 관한 명상·13」)

"계집은 놀라 고모라에 숨고 사내는 놀라 소돔에 숨은 살 속에 내 살을 박으니"(「두드려라 열릴 것이다―못에 관한 명상·17」)

"아, 이 이야기가 아직까지 유대인들 사이에 널리 퍼져있다니? // 밤새껏 네온으로 만든 붉은 십자가가"(「큰 돌―못에 관한 명상」)

"너희를 양이라 부르고 그 털 깎는 목자를 경계하여라 / 너희에게 죄로 사망이 온다는 자도 경계하여라"(「나를 지나서 너희는 간다―못에 관한 명상·19」)

"베들레헴, 그곳에도 계엄령이 내려져 있다고 했다"(「계엄령―못에 관한 명상·26」)

"예루살렘을 떠나고 난 다음 / 마을의 아기들은"(「죄를 묻다―못에 관한 명상·27」)

"마리아는 하느님의 대리모라고, … 그러나 나는 그날 바람난 마리아를 / 용서할 수 없었다"(「대리모―못에 관한 명상·28)

"너희들은 뜬 눈으로 구원의 / 찬송가를 부를 필요가 없었다"(「무신론―못에 관한 명상·61」)

"총총히 돌아가는 소년의 뒷모습에 성당지기는 성호경을 그었습니다"(「마음 밖에서도 보이는 마음 하나―못에 관한 명상·62」)

"저 성전의 언덕으로 자랑스럽게 올랐던 내가 / 이처럼 저주스러울 줄이야"(「나귀의 시1―못에 관한 명상·63」)

"교회에서는 자기들 죄 땜에 대신 돌아가셨다고 / 참회하고 또 구원을 청하고"(「나귀의 시2—못에 관한 명상·64」)

김종철은 종교적 재제를 사회적 상상력과 결합시켜 다음과 같은 절창을 이루어내기도 한다. 사실주의적 기법이다.

> 매형은 목수일을 삼십 년 가까이 해왔다
> 매형이 요셉을 닮은 것은
> 구렛나루 수염이 아니고
> 나무 다루는 기술이 아니고
> 다만 그가 지은 집에서
> 한 번도 살아보지 못했기 때문이다
> 집이 완성되면 또 다른 집을 지어야 하기 때문에
> 요셉이 그날을 가장 슬퍼하듯이
> 매형은 그날 깡소주를 가장 많이 마신다
>
> 매형은 자식을 위해서
> 집 한 채 짓는 것이 소원이었다
> 비가오나 눈이오나 바람이 부나
> 튼튼히 땅 붙들고 있는 지상의 집 한 채를
>
> 오늘도 요셉은
> 재개발지역 혹은 달동네 어느 곳에서
> 그때 그 어린 예수가 지은 작은 집을 그리며
> 대팻날을 퍼렇게 세우고 있다
> 목수의 아들인 그 청년은
> 이 겨울날 일자리 없어 소주잔을 비우는데도
> ― 「매형 요셉―못에 관한 명상·29」[26] 전문

노동자가 스스로 집을 지어도 자신이 지은 집에 한 번도 살아 볼 수 없는 이야기를 통해 노동의 소외현상을 구체적으로 제시하고 있다. 화자는 목수일을 하는 매형과 목수 일을 했던 요셉을 교합하여 하나의 '매형 요셉'이라는 인물로 만들고 있다. 여기서 핵심 줄은 "다만 그가 지은 집에서는 / 한 번도 살아 보지 못했기 때문이다"이다. 자기가 지은 집에서는 한 번도 살아보지 못한 화자는 매형이 "자식을 위해서 / 집 한 채 짓는 것이 소원"이라고 한다. 위 시는 매형이 목수일을 삼십 년 가까이 해왔으나 남의 집만 지어줄 뿐, 자기가 지은 집에서 한 번도 살아보지 못한 노동의 소외문제를 암시하고 있다. 어느 "재개발지역 혹은 달동네"에서 살고 있는 매형의 아들 역시 "이 겨울날 일자리 없어 소주잔을 비우는" 가난의 세습이 계속되고 있음을 암시한다.

김종철의 시에서 불교 어휘는 기독교 어휘보다 적게 나타난다. 초기 시에서 불교 어휘는 종종 나타나는데, 이를테면 첫 시집에 "아오스딩도 칼릴 지브란도 반야바라밀다 심경의 일절도 알몸으로 죽어갈 때"(「죽음의 둔주곡—나는 베트남에 가서 인간의 신음소리를 들었다」) 등이다. 시집 『못에 관한 명상』에서는 세 편의 불교 재제의 시가 나타난다. 화자의 어머니나 가족의 일부가 불교를 종교로 삼은 게 틀림없다.

    오늘은 어머니 사십구재다
    염불로 어머니의 영혼을 불러내고
    목욕을 시켜드렸다
    저녁 무렵 어머니는 종이배 타고

---

26) 위의 시집, p.29.

>   반야바라밀다 강을 건너갔다
>   이를 본 적은 없었지만
>   아무도 이를 부인하지 않는 것끼리
>   나란히 서 있었다
>   우리 사남매는 이제야
>   어머니 한 분씩을 각자 모실 수 있었다
>   　　　　　─ 「어머니─못에 관한 명상·38」[27] 전문

　사십구재는 사람이 죽은 지 사십구일 만에 지내는 불교 의례이다. 사람이 죽은 뒤에 다음 생을 받을 때까지 사십구일이 걸리는데, 이 동안에 다음 생을 받을 연이 정하여진다고 한다. 칠일마다 경을 읽고 부처님께 예배하는 것은, 이로 하여금 좋은 곳에 태어나기를 위하는 것이다. 화자의 남매들이 돌아가신 어머니의 사십구재를 지내고 나서 "이제야 / 어머니 한 분씩을 각자 모실 수 있었다"고 한다. 하나는 곧 여럿이요 여럿은 곧 하나라는 상상, 어머니가 완전히 떠나서야 각자 마음에 모실 수 있다는 상상이야말로 불교적 상상력이다.
　「목어에 대하여·1─못에 관한 명상·52」은 인사동의 술집에서 만난 목어를 제재로한 판화를 보고 창작 동기를 삼은 것이며, 「목어에 대하여·2─못에 관한 명상·53」은 목어는 "두들겨 줘야 배가 부"르다는 목어의 속성을 통해 공부에 마음이 멀어진 스님을 풍자하고 있다.
　김종철의 불교 제재 시는 시집 『등신불 시편』에 집중적으로 나타난다. 13편의 '등신불 시편·1~13' 부제의 연작과 '산중문답·1~22' 연

---
27) 위의 시집, p.82. 김종해·김종철, 앞의 시집에서는 「종이배 타고」라는 제목으로 게재된다.

작의 일부에 나타난다. 전자의 연작시들은 중국 구화산 등신불 관람 여행에서, 후자의 연작시들은 네팔과 히말라야 여행을 통해 동기를 얻어 창작한 것으로 보인다.

> 등신불을 보았다
> 살아서도 산 적 없고
> 죽어서도 죽은 적 없는 그를 만났다
> 그가 없는 빈 몸에
> 오늘은 떠돌이가 들어와
> 평생을 살다 간다
> ─「등신불─등신불 시편·1」[28] 전문

등신불은 몸의 크기와 같은 불상이다. 이 시는 신라의 왕족인 김교각이 당나라에 불교 유학을 가서 독안에 들어가 깨달음을 얻으려다가 그대로 부처가 되었다는 설화를 창작 동기로 하고 있다. 창작자는 등신불을 보면서 "살아서도 산 적이 없고 / 죽어서도 죽은 적 없는" 부처를 만났다고 한다. 삶과 죽음이 하나라는 불교적 인식이다. 화자는 결국 자신으로 돌아와 깨달음이 "없는 빈 몸에 / … 떠돌이가 들어와 / 평생을 살다 간다"고 한다. 이 "빈 몸" 의식과 "떠돌이 의식"은 생사와 고정된 물상에 매이지 않는 정신의 자유스러움이다. 자유스러움은 성 속의 경계를 넘어 등신불에게 "자신의 독 하나 깨뜨리지 못하면서 / 성불을 바라보다 / 독이 되어버린 / 바보 등신 같은 놈!"(「바보 등신─등신불 시편·5」)이라며 일갈한다. 화자의 이러한 입장은 시의 대상인

---

28) 김종철, 『등신불 시편』, p.13.

등신불에 대한 장난걸기를 통해 재미로 나타나기도 한다.

> 등신불은 심심하다
> 온종일 앉아 있어 더욱 심심하다
> 이런 날에는 하릴없이
> 아랫도리의 연장을 만지작거리다가
> 인기척에 깜짝 놀라 눈만 감는다
> 그러나 때는 늦었다
> 숨겨둔 대가리 하나가 불쑥 불거져 나와
> 왼쪽으로 구부러져 있는 길 하나를 가리킨다
> 오, 세상의 똥구멍을!
> ―「심심하다―등신불 시편·4」[29] 전문

예배의 대상인 등신불의 외적현상을 직관하여 묘사하고 있다. 등신불이 심심하다는 것, 등신불이 하릴없이 아랫도리의 연장을 만지작거린다는 것, 등신불이 인기척에 깜짝 놀라 눈만 감는다는 것은 시적 대상을 폄하하는 주관적 역설이다. 동시에 대상의 본질로 들어가보려는 직관적 역설이다. 화자는 이러한 의외의 발언을 통해 재미를 주며, 불성과 세속성, 그리고 비속성이 다르지 않다는 것을 강조한다.

> 먼 발치에서 너를 보았다
> 앙상한 흰 산맥의 갈비뼈가
> 길가 화장터의 장작더미 위에
> 누워 타고 있었다

---

29) 위의 시집, p.17.

네팔과 내 팔 사이에!
— 「네팔에서—산중문답 시편·1」[30] 전문

위 시는 선명한 심상을 보여준다. 사람의 유골을 "흰 산맥의 갈비뼈"로 심상화하여 사람이 자연의 일부임을 비유한다. "네팔과 내 팔"은 언어유희이다. '네팔'과 '내 팔'의 유사발음을 통하여 재미를 주는 동시에, 존재의 통찰을 하게 한다.

태어나면 죽고
죽으면 태어나고
그건 내가 할 일이다
태어나지 않고 죽지도 않는
그것은 네 일이다
오늘은 너와 나
마음이 두 곳에 있으니
부처와 돼지로 구분할 수밖에!
— 「너와 나—등신불 시편·10」[31] 전문

화자는 태어나서 죽는 외적이고 단순한 행위가 자신의 일이라면, 태어나지도 않고 죽지도 않는 경계가 부처의 일이라고 한다. 화자와 부처, 나의 일과 너의 일, 돼지와 부처라는 이분법적 표현은 불교의 본질적인 면이 아니다. 그러나 극단의 이분에 질주를 통하여 극단을 무화하려는 정신이야말로 불교적이라고 할 수 있다. 김종철은 아래 시와 같이 선적 구성을 하기도 한다.

---

30) 위의 시집, p.55.
31) 위의 시집. p.24.

구화산 하산한지 꼭 사흘

　　눈을 떠라, 내가 볼 것이다
　　귀를 기울여라, 내가 들을 것이다

　　그래 그래 네가 보고 들은 것은 뭐냐,

　　"사람 살려!"
　　　　　　　　　— 「구화산 후기—등신불 시편·13」32) 전문

　결국은 사람이 만든 모든 물상과 정신은 사람을 살리기 위해서 만들어진 것이다. 선도 사람을 살리는 문제이다. "눈을 떠라, 내가 볼 것이다"라거나 "귀를 기울여라, 내가 들을 것이다"라는 문장은 모순된다. 선적 어법은 모순 어법이다. 타자에게 눈을 뜨라고 하고 내가 보겠다고 한다. 타자에게 귀를 기울이라고 하고 내가 들을 것이라고 한다. 그리고 화자 자신에게 "네가 보고 들은 것은 뭐냐"고 묻는다. 자신이 자기 자신에게 대답을 해야 한다. 결국은 "사람 살려!"라는 간명한 대답이다. 이러한 선적 문답과 인식은 '산중문답' 연작에서 많이 발견된다.

　　　산봉우리 하나하나 올려다보기 싫어
　　　아예 경비행기로 흰 산맥을 한바퀴 돌았다
　　　군데군데 남루가 기워진 세상의
　　　지붕을 내려다보니
　　　세상살이가 별것 아니었다

---

32) 위의 시집, p.27.

그날 낮은 곳으로 임한 나는
하마터면 돌더러 빵이 되라고 외칠 뻔했다
— 「낮은 곳으로—산중문답 시편·4」[33] 전문

선적 정신은 하나로 여러 가지를 꿰는 것이다. 한순간에 전체를 들여다보는 것이다. 산봉우리를 하나 하나 올려다보는 것이 아니라, 경비행기로 한꺼번에 돌면서 산맥 전체를 내려다보는 것이다. 사물과 인생을 한꺼번에 꿰뚫는 것이다. 하늘에서 내려다보면 사람들이 사는 도시나 마을이 별게 아니다. 집과 공장은 성냥갑 크기 정도이고 사람은 아예 보이지도 않는다. 보이는 집조차도 누덕누덕 기운 남루일 뿐이다. 자신의 생이 아무것도 아니라고 생각한 화자는 결국 돌과 빵이 같아지는 비약의 경지에 이른다. 이러한 인식의 비약은 선적 상상력의 특징이다.

김종철은 초기 시에서부터 기독교와 불교의 어휘를 등장시킨다. 그는 신앙으로서 기독교를 교양으로서 불교 정신 수용을 통해 삶의 원리를 체득한다. 결국 "오십 줄에, 줄에 걸려 넘어지면서" "세상과 더불어 사는 것"(「오도송—산중문답 시편·22」)을 깨달았다고 하는 깊이에 이른다. 그에게서 인식, 깨달음이 없는 삶은 한갓 "허옇게 죽어 나자빠져 있는"(「죽은산—산중문답 시편·7」) 산만 보는, 진정한 인생을 조망하지 못하는 삶일 뿐이다.

---

33) 위의 시집, p.60.

5. 닫는 글

그동안 김종철의 시집 6권 230여편의 시를 살펴보았다. 그의 시를 편의상 제재 중심으로 유형화하면 가족주의, 현실주의, 종교주의, 성애주의, 유희주의 등으로 분류가 가능하다. 그러나 지면상 성애주의와 유희주의는 생략하였다. 지금까지 살펴본 그의 시의 창작방법 특징을 정리하면 다음과 같다.

첫째는 가족을 시의 제재로 가져오는 방법이다. 그는 어머니, 누나, 형, 아내, 딸 등 가족의 구체적 일화를 통하여 가족주의 시를 많이 생산하였다. 그의 가족주의 시들은 초기 시에 많이 나타나며, 첫시집『서울의 유서』에 집중된다. 그리고 이미 시집에 실렸던 시들을 다시 모아 공동시집『어머니, 우리 어머니』를 내기도 한다. 창작자의 어머니에 대한 애정이 각별함을 알 수 있다. 그래서인지 그의 시에 나타나는 가족은 어머니가 지배적으로 많다. 이는 위험이나 역경에 처한 인간 실존의 문제를, 현실의 어려움을 어머니에게서 찾아보려는, 다시 말해 현실 문제를 모성성으로 극복해보려는 창작자의 심리적 의지일 것이다. 김종철은 어머니와 아내, 딸, 형제 자매들과의 일화를 시 안으로 끌어와 가족애를 통하여 잃어버린 '절대 행복'의 세계를 복원하고 있다.

두 번째는 현실 제재를 시에 채용하는 방법이다. 그는 베트남 전장의 경험과 도시문명의 대명사인 서울, 그리고 서울에 사는 소시민과 민중들의 삶을 형상화하고 있다. 창작자는 베트남 전장을 직접 경험하여, 죽음 앞에 놓여진 인간의 실존 문제뿐만 아니라 서울, 명동 등으로 대표되는 도시문명의 해부를 통하여 도시문명의 황폐함을 형상화하고 있다. 전장의 현실과 같이 도시문명의 현실은 죽음과 질병, 허무의식으로 내면화된다. 또 도시 소시민의 삶과 공권력에 의하여 밀려나는 재개발지역의 어려운 민중의 삶을 사실주의 기법으로 형상화하고 있다. 부패한 관리와 억압적 정치현실을 구체적 이야기를 통하여 비판하거나 풍자하기도 한다. 사실 그의 시는 사실주의 기법을 사용한 현실주의 시들에서 가장 시적 성공을 거두고 있다.

세 번째는 종교적 제재를 시에 채용하는 방법이다. 그의 시에는 기독교, 불교 등 종교 어휘가 많이 나온다. 그리고 기독교 어휘가 지배적이며, 화자는 기독교 중 천주교를 종교로 가지고 있는 것으로 추측된다. 성당이라든가 고해소 등의 용어가 그렇다. 화자가 기독교를 처음 만난 것은 어려서 하류 미군문화와 함께였다. 초기 시에서부터 기독교 용어들이 나타나다가 시집 『못에 관한 명상』에 와서 집중적으로 나타난다. 창작자가 기독교를 신앙으로 하고 있다면, 불교는 삶을 인식하는 교양의 도구로 활용하고 있다. 불교적 제재나 인식을 바탕으로 쓰여진 시들은 『등신불 시편』에 집중적으로 나타난다. 그는 삶의 원리에 대한 이해와 인식을 위해 여러 가지 기법을 사용한다. 시적 대상을 비하하는 직설적 어법으로 꾸짖거나 모순어법을 사용하여 선적 인식으로 사물의 본질에 직접 가 닿으려고 한다.

그의 초기 시에 나타나는 언어에 대한 탐착 문제나 후기에 나타나는 성애주의, 곳곳에 드러나 시에 재미를 주는 유희주의적 관점도 살펴볼만하나 지면상 다음 기회로 미루기로 한다.

8. 최동호; 불교제재의 영상구성과 선적 어법 활용

1. 여는 글

지난 1996년 제1회 현대불교문학상을 수상한 최동호 시인은 1976년에 첫 시집 『황사바람』(설화당)으로 등단한 시력 30년의 시인이다.[1] 그는 1980년부터 현장 비평 활동을 시작하여 비평과 연구서, 고전 편역서를 낸 문예학자로도 알려져 있다. 그동안 그의 편역서와 연구 및 평론 작업을 거칠게 표현한다면 유교와 불교를 두로 통섭하는 동양시학의 정신을 지향한다고 할 수 있다.

최동호는 오랜 기간 동안 연구와 창작, 문학교수 생활을 해옴에 따라 현대시에 대한 깊은 이해를 가지고 있다. 그의 시는 시 정신과 언어 사용 방식이 순수하고 바르며 정확하기 때문에 잘 읽힌다. 그리고 그

---

[1] 이 글은 '공광규, <불교제재의 단편 영상구성과 선적 감각>, ≪불교문예≫ 2005년 겨울호'를 보완하였다.

의 시들은 수사보다는 내용의 진정성과 표현의 정확성을 지향하고 있어서 해독이 대체로 쉽다.

2. 불교 제재의 단편영상 구성

그가 최근 문단에 제출한 5편의 시 가운데 「노인과 수평선」, 「풍경소리를 잡아먹던 자벌레」, 「함박눈이 허공을 부르다」 등 3편은 불교적 제재를 취하고 있다. 제재는 창작자의 관심사이므로 독자는 제재를 통해 창작자의 사상과 세계관을 어느 정도 유추할 수 있다. 최동호는 「노인과 수평선」에서 불교의 윤회사상을 정확하고 쉬운 표현, 시간과 공간의 흐름, 도입 부분과 결말 부분을 반복하는 수미상관 구성을 하고 있다. 이러한 방법을 통해 한편의 시를 선명한 단편 영상물로 만들고 있다. 이러한 구성기법을 단편 영상구성 기법[2]이라고 가정을 해도 좋을 것이다.

    저물녘 수평선을 무릎 아래 두고
    개를 끌고 가는 노인의
    구부정한 실루엣은
    전생의 주인을 모시고 가는
    충직한 종과 같이 공손하다

    다음 생에서 개는 주인이 되고

---

[2] 아직 비평용어에 없는 '영상구성 기법'이라는 용어를 사용해 본다.

> 노인은 개가 되어
> 서로의 실루엣을 끌고
> 미래의 한 생애를 살아가고 있을 것이다
> 먼 바다에서 달려온 파도가 마지막
> 어둠의 엉덩이를
> 해안선에서 후려쳐 되돌려보낸 다음
>
> 새벽 갈매기가 먹이를 찾아 끼룩거리는
> 모래사장에서 개와 함께
> 뛰어노는 아이들도 한 생애를 돌아
> 언젠가 다시 저물 녘
> 수평선을 그의 무릎 아래 두고
> 구부정한 실루엣처럼
> 개를 끌고 가는 노인이 될 것이다
>
> ―「노인과 수평선」 전문

　모두 3연 19행인 위 시는 내용이 쉽게 들어온다. 윤회라는 불교의 사상 및 세계관을 바닷가를 배경으로 하는 노인과 개의 주체 변환을 통해 형상화하고 있다. 윤회는 사람이나 초목, 동물을 막론하고 몸이 죽어 없어지더라도 업은 영원히 살아 다른 생물에 옮겨다닌다는 불교사상이다. 수레바퀴가 돌듯이 멎지 않고 여러 가지 환경과 생애에 새로 태어나 살고 죽음을 끝없이 되풀이 한다는 것이다. 최동호는 시에서 이러한 불교 사상을 충실히 구현하고 있다.
　인용한 시 1연에서는 저물 녘이라는 시간적 공간, 수평선이라는 지리적 공간을 배경으로 하고 있다. 이러한 공간을 배경으로 개를 끌고 가는 허리가 굽은 구부정한 노인이 있다. 저녁이라서 등이 굽은 노인의 모습은 상세하게 보이지 않고 윤곽(실루엣)만 보인다. 이쯤에서 독자는 하나의 영상장면을 떠올릴 수 있다. 해변에서 노인이 개를 끌고 가지만 노인이 끌고 가는 것인지 끌려가는 것인지 둘의 관계가 너무 자연스럽고 익숙한 풍경이다. 노인과 개의 관계가 개줄을 통한 서로의 긴장과 통제의 관계가 아니라 자연스러운 무긴장 무통제 무경계의 관계가 되는 것이다.

특히 노인이 구부정한 모습으로 개를 끌고 가는 모습을 "전생의 주인을 모시고 가는 / 충직한 종과 같이 공손하다"라고 표현한 발견이 흥미롭다. 늙어서 구부정한 모습은 공손한 모습을 연상하게 한다. 그러한 모습이 개를 끌고 가는 것은 주인을 모시고 가는 것을 연상하게 한다. 그래서 창작자는 불교적 상상을 통해 노인과 개의 관계를 전생의 주인과 종의 관계로 환기시킨다. 그렇다고 노인은 전생에서 개였고, 개는 전생에서 사람이었다는 것이 아니다. 서로 잘 어울리는 노인과 개의 관계를 직유를 통하여 비유적으로 사용했을 뿐이다.

2연에서는 개와 노인 간에 서로 주체가 바뀐다. 이를 통해 창작자는 윤회의 법칙을 확고하게 진술한다. 다음 생에서 개는 주인이 되고 노인은 개가 되어 서로의 실루엣을 끌고 살아갈 것이라고 추정한다. 이러한 주체의 변환을 통한 내용의 반전은 시 읽기를 흥미롭게 한다. 1연의 "주인을 모시고 가는" 행위나 2연에서 "서로의 실루엣을 끌고" 가는 것에서 사람과 개, 개와 사람의 등가치적 상상력을 엿볼 수 있다. 창작자의 세계관 반영인 이러한 등가치적 상상력은 1연과 2연에서 입장을 바꾸어 서술함으로써 시 읽기에 극적인 흥미를 준다.

2연 1~4행과 5~7행은 문맥상 서로 다른 내용이 붙어 있다. 시의 흐름에 방해가 되지 않지만 평범한 창작자였다면 연을 다르게 했을 것이다. 창작자의 노련미가 드러나는 지점이다. 시에서 행이 작은 리듬의 단위거나 의미의 단위거나 심상의 단위인 것처럼 연 나누기도 어떤 규칙성이 있어야 세련미를 느낄 수 있다. 그러나 기계적이고 규칙적 세련미는 독자에게 강렬한 충격을 느끼지 못하게 할 수도 있다. 고전 시가에서 보여주는 규칙성이 한계를 보여주는 것도 이것 때문이다. 최동호는 이러한 한계를 잘 알고 있는 것이다.

2연의 후반부는 저물녘을 지난 이후의 밤이 지나서 새벽까지의 시간적 흐름을 간략하게 감각화하고 있다. 시 읽는 재미 가운데 하나는 이런 감각화된 어휘를 만났을 때다. "먼 바다"라는 거리감각, "바다가 달린다"는 운동감각, "어둠의 엉덩이"라는 신체감각이 돋보인다. 어둠이 물러가는 형상을 어둠의 엉덩이를 파도가 해안선에서 "후려쳐 되돌려보낸"다고 처리를 하여 시에 재미를 준다.

1연에서 저물 녘, 2연에서 밤을 지나 3연에 오면 시간의 흐름상 새벽이다. 이 새벽이라는 시간적 공간에는 모래사장에서 개와 함께 즐겁게 뛰어노는 아이들이 있다. 창작자는 이 아이들도 커서 "한 생애를 돌아" 언젠가는 노인이 되어 같은 배경에서 개를 끌고 갈 것이라고 한다. 인간 삶의 순환과 생물의 순환을 통해 윤회법칙을 시 속에 투철히 관철하고 있는 것이다.

3연 4~7행은 1연의 1~4행을 반복하여 생명의 순환을 강조하고 있다. 이 시는 내용구조와 형식구조가 동시에 순환하는 잘 짜여진 시다. 시간적 공간은 저물녘(1연 1행)에서 어둠(2연 6행)을 거쳐, 새벽(3연 1행)을 거쳐, 저물녘(3연 4행)으로 순환한다. 이러한 시간의 순환은 독자의 인지적 상상의 공간 폭을 넓혀주어 시 읽기의 감동을 부가시킨다. 도입부의 저물 무렵은 결말부에 다시 저물 녘으로 순환한다. 천체의 원리인 자연의 저물 무렵과 인생의 비유로서 저물 무렵에 구체적으로 나타나는 구부정한 노인과의 유사 심상 중첩은 시적 분위기를 고조시키고 감동을 배가시킨다.

이 시는 또 시제의 흐름을 갖는다. 지금의 생에서 다음의 생으로, 현재의 생에서 미래의 생으로 흐름을 이룬다. 1연은 노인이 개를 끌고 가는 현재이다. 2연은 현재 끌려가는 개가 주인이 되어 개가 된 노인을 끌고 가는 다음의 생이다. 3연의 전반부는 모래사장에서 아이들이 개와 함께 뛰어노는 현재이고, 3연의 후반부는 현재의 아이들이 노인이 되어 끌고 가는 미래이다. 지금의 생에서 다음의 생으로, 현재에서 미래로 공간의 이동은 임시적 공간의 폭을 넓혀주어 감동의 폭을 더해준다.

이 시는 도입부와 결말부가 저물 녘 수평선을 무릎 아래 두고 구부정한 노인이 개를 끌고 가는, 눈에 보이는 듯한 영상적 배경을 하고 있다. 물론 도입부는 현재이고 결말부는 미래다. 이런 시간적 흐름의 순차적인 수미상관의 외형 구성은 윤회라는 주제와 잘 어울린다. 창작자의 구성적 기교가 노련하게 발휘되어 미학적 안정감을 주는 절창의 시이다.

화자 자신이 전생에 자벌레였다고 명백히 말하는 시 「풍경소리를 잡아먹던 자벌레」 역시 자벌레의 전생을 통한 윤회적 세계관에 기초하고 있다.

　　　　제 울타리를 넘지 못하고 맴도는
　　　　풍경소리를 듣는다
　　　　마당가의
　　　　생철 물고기 또한 숲 속에서
　　　　한 때 자벌레를 잡아먹고 살았고

　　　　극락보전 뱃머리에서
　　　　자유롭게 날아가고 싶은 나 또한
　　　　어디선가
　　　　몇 겹의 허물을 나무처럼 벗기 전에는
　　　　자벌레 새끼였다

　　　　풍경소리 들으려고
　　　　목어 뱃속에서
　　　　기어나와
　　　　단풍잎 바람에 날리는 나무 바라보고
　　　　우주의 바다로 되돌아가려

　　　　작은 몸을 구부렸다 펴며
　　　　더 깊은
　　　　산 속의 나무이파리 찾아 기어가다
　　　　둥지 없는 나그네새 먹이나 되는
　　　　푸른 자벌레 새끼였다
　　　　　　　　―「풍경소리를 잡아먹던 자벌레」 전문

　　모두 4연 20행의 잘 짜여진 이 시는 1연에서 화자가 마당가에서 풍경소리를 듣는 것으로부터 시작한다. 풍경은 절의 처마 끝에 다는 경쇠를 말한다. 풍경은 쇠로 작은 종처럼 만들고 그 속에 쇳조각으로 붕어모양을 만들어 달아서 바람이 부는 대로 흔들려 쓸쓸하고도 맑은 소리가 나는 불교 건축의 소품이다. 창작자는 풍경에 달린 붕어모양의 무생물 쇳조각을 살아있는 생철 물고기로 활유한다. 무생물이 활유된 생철 물고기는 한때 자벌레를 잡아먹고 살았다는 것이다.

2연에 오면 화자는 풍경의 물고기가 된다. "극락보전 뱃머리에서 / 자유롭게 날아가고 싶은 나"는 다름 아닌 추녀에 달린 풍경의 물고기인 것이다. 이 화자로 표상되는 풍경의 물고기가 "몇 겹의 허물을 벗기 전에는 / 자벌레 새끼였다"는 것이다. 1연에서는 물고기가 자벌레를 잡아먹고 살았고, 2연에서는 물고기 이전에 자벌레였다는 진술을 통해 윤회의 법칙을 구현하고 있다.

3연의 주체인 화자이자 나는 자벌레인데, 몇 겹 전의 사건을 진술하고 있다. 그 사건이란 목어의 뱃속에 살던 화자는 풍경소리를 들으려고 목어의 뱃속에서 기어나와 "우주의 바다"로 되돌아가려는 행위를 했다는 것이다. 여기서 "우주의 바다"란 무한한 진리나 법칙을 비유한 것이다.

4연에서는 자벌레의 행위를 "몸을 구부렸다 펴며"로 의인화하여 진술하는데, 이는 진리에 도달하기 위한 구체적 수행과정을 말하는 것이다. "더 깊은 / 산속"을 찾아 기어가는 행위도 높은 진리에 다다르기 위한 수행과정을 비유한 것이다. 그러나 이 전생의 나였던 자벌레는 "둥지 없는 나그네새"의 먹이가 되는 것이다. "둥지 없는 나그네새"는 "둥지 없는 새"로 하거나 "나그네새'"의 먹이로 표현해도 무리가 없겠지만 무소유의 자유로움을 강조하기 위해서 비유를 중첩하고 있다.

이 시의 내용을 들여다보면, 풍경에 매달린 물고기는 전생에 자벌레를 잡아먹고 살았고, 현재 풍경에 매달린 물고기인 나는 전생에 새의 먹이가 되는 자벌레였다고 한다. 서로 먹히고 먹는 윤회를 거듭하고 있는 것이다. 시의 도입부인 1연에서 생철 물고기가 자벌레를 잡아먹고, 마지막 연에서 둥지 없는 새가 자벌레 새끼를 잡아먹었다고 하여 통사구조 반복을 통한 미적 실현을 성취하고 있다. 구성의 세련미를 통해 미학적 안정을 취하고 있다.

3. 선적 어법과 중층은유 활용

선적 감각이 보이는 「함박눈이 허공을 부르다」 역시 불교적 제재를 취하고 있다. 검은 이끼가 생긴 오래된 부도를 좌선하고 앉아 있는 오래 전의 조사로 의인화하고 있다. 검은 돌이끼를 늙은 사람의 피부에 나는 검버섯으로, 부도를 사람이 앉아있는 모습으로 비유하고 있는 것이다.

    검버섯 투성이 부도 위로 내려 쌓이는
    함박눈을 보고 허공이
    함박눈! 하고 허공을 향해 불러본다.

    쌓이다 말고 가려던 길 멈춘 눈이
    허공에서 파선하듯 힘없이 굴러 떨어진다
    부도 속의 조사가

    부르다가 몸 부딪치는 소리 들었나보다

몇 백 년 전
낡은 옷 벗고 간 조사가

검버섯 핀 얼굴로 허공에서
함박눈 부르는 소리 들려오면 어떻게 하나 골똘히
좌선하고 있었나보다

함박눈! 하고 허공이 허공을 부르는 소리가
하늘에서 세상을 향해 쏟아져
넝마같던 세상살이 백색으로 가려주어야 하니

검버섯 부도가
좌탈해도 벗지 못한 알몸마저 돌 위에
함박눈 내려앉은 소리에 조금 부끄러운가 보다
　　　　　　—「함박눈이 허공을 부르다」전문

　모두 6연 18행으로 균형 있는 구성을 하고 있다. 이 시는 1연과 5연에서 허공이 허공을 부른다는 어법을 절묘하게 사용한다. 비어 있는 허공이 비어 있는 허공을 향해 부른다는 표현은 언어당착적인 모순어법이다. 어떻게 아무것도 없는 비어 있는 허공이 허공인 자신을 부른단 말인가? 또 아무것도 없는 비어 있는 허공이 말을 할 수는 있단 말인가. 이러한 언어당착적 모순어법은 선시에서 많이 쓰이는 방법 가운데 하나이다.
　1연에서 허공이 허공에게 "함박눈!"이라고 말을 하는데, 이것을 2연에서 내리던 눈이 듣고 파선하듯이 굴러 떨어진다는 것이다. 창작자는 이를 부도 속에 조사가 있어서 소리를 들었을 것으로 상상한다. 3연 1

행의 "몸 부딪치는 소리"가 무엇인지는 명확하지는 않다. 아마 욕망의 은유일 것으로 추측된다. 다시 1연으로 가서 생각해보면, "함박눈!" 하는 말소리는 선정에 든 조사를 파선하게 하는 욕망의 육성일 수 있다는 가정이 가능하다.

3연 2행부터 4연까지 조사가 부도 속에 있었음을 다시 한번 반복한다. 부도 속에 있는 조사는 "몇백 년 전 / 낡은 옷을 벗고 간 조사"이다. "낡은 옷을 벗고" 갔다는 것은 죽었다는 은유이다. 부도의 모양을 좌선하고 있는 조사로 비유하고 있는데, "허공에서 / 함박눈을 부르는 소리"인 욕망이 배인 목소리가 들려오면 어떻게 하나 생각하고 있는 조사인 것이다. 즉 세속의 욕망을 경계하고 있던 조사인 것이다.

5연은 무심으로 내리는 눈이 세속을 순결하게 가려준다는 의미를 함축하고 있다. 함박눈이 하늘에서 지상으로 쏟아지는 것을 허공이 허공을 부르는 소리로 비유하고 있다. 이러한 흰 눈은 세속의 비유인 "넝마 같던 세상살이"를 백색으로 가려준다고 한다. '백색'이라는 단어가 눈을 비유하면서 깨끗함이나 맑음, 또는 순결을 상징하는 것이다.

6연에서는 오래된 부도가 "좌탈해도 벗지 못한 알몸"이라는 역설을 통해 도를 구하기 위한 어려움과, 미완의 좌탈을 부끄러움으로 표현하고 있다. 창작자는 각 연을 3행으로 균일하게 구성하여 안정된 외형을 의식적으로 처리하고 있다.

「할머니의 못」은 미적 완결성이 높은 시이다. 짧은 시 속에 인생의 원리를 재치 있게 함축하고 있다. 시성의 미적 성취로 인하여 시의 맛을 물씬 풍긴다. 창작자는 화자의 목소리와 할머니의 목소리를 시 속에 접합시켜 한 편의 시로 구성하고 있다.

굽은 허리를 이제는 펴지 못해

내 생애는
돌이킬 수 없다

할머니는 말했다

네 생애는 구부리지 말고
제대로 살아가 보렴

—「할머니의 못」전문

　모두 3연 6행의 이 시는 쉽고 간결한 표현 형식으로 구성되어 있다. 1연에서 화자는 굽은 허리를 펴지 못할 정도의 생물학적 나이로 읽힌다. 그러나 1연의 생물학적 허리가 2연에서 "돌이킬 수 없"는 내 생애라는 문맥을 만나면서 신념이라는 정신적 은유로 전환된다. 화자는 평생 동안 자신의 신념으로 단단한 세상을 뚫어보려고 했지만 세상의 벽에 부딪쳐 휘어진 채 늙어버렸다는 것이다. 노련미에서 오는 절묘한 의미전환 처리이다.
　3연에서는 할머니가 화자에게 말을 했다고 전제한다. 그리고 4연에서 할머니의 말을 직접 인용하여 "네 생애는 구부리지 말고 / 제대로 살아가 보"라고 한다. 그러나 할머니의 말은 이미 "말했다"는 과거의 말이고 현재의 나는 돌이킬 수 없이 늙어버린 상태에 와 있는 것이다. 이 시는 늙어서 허리가 굽는 육체적 현상을 휘어진 못에 비유하고 있을 뿐만 아니라 세상에 굽혀버린 신념 체계를 비유하는 것으로 은유를 중층으로 사용한다. 중층적 은유는 두 사물간의 교환 방식을 넘어 사물의 사이를 중층적으로 교환시키는 방법이다. 독자가 이 한 편의 짧은은 시 안에서 많은 내용을 선물 받는 것도 창작자가 은유를 중층적으로 사용하기 때문이다.

그리고 이 시를 시간상 현재 상태인 전반부 1~2연을 먼저 말하고, 과거인 후반부 3~4연을 나중에 말함으로써 전체 구성상 도치가 되어 있는데, 이는 시간의 순서를 뒤집어 독자에게 정서의 반응을 더 강렬하게 하려는 창작자의 의도이다. 작품 읽기를 끝내고 나서 다시 한번 제목으로 돌아가 보면 '할머니의 못'이라는 제목이 4연 "네 생애는 구부리지 말고 / 제대로 살아가라는" '말씀의 못'으로 은유된다. 제목과 내용의 은유적 거리가 감동의 파장을 일으킨다.

겨울 아침에 거품면도를 하고 출근하면서 만나는 바람과 감나무를 형상화한 「면도날」은 다양한 심상의 퍼레이드를 보여준다.

> 아침 거품 면도 후 서두르던
> 출근길 얼굴에 굶주린 사냥개처럼 달려들어
> 얇게 면도날같이 살을 저미고 가는 겨울바람
> 핏줄이 얼어붙어 턱의 감각이 하얗게 푸르다
> 부러지기 쉬운 나무 가지엔 낙과할
> 자리를 찾지 못해
> 투명한 하늘에 깊이
> 박혀 눈 시리게 붉은 단감
> 몇 알
>
> ─ 「면도날」 전문

단연 9행으로 이루어진 이 시는 면도날이라는 날카로운 시각, 겨울바람이라는 차가운 촉각, 하얗게 푸르다는 역설적 색채 시각, 투명한 하늘과 붉은 단감이라는 대비적 색채 감각을 드러내려는 창작자의 의

도가 돋보인다. 이 시에서 창작자는 추운 겨울바람을 굶주린 사냥개로, 바람이 추운 정도를 면도날 같이 살을 저민다고 비유한다. 또 마지막까지 나무 가지에 남아있는 붉은 감들이 떨어질 자리를 찾지 못해서 하늘에 박혔다고 비과학적 진술을 한다. 발상의 참신함은 비과학적 진술에서 오는 경우가 많다. 전반 4행은 주체와 같이 동거하는 거리, 후반 5행은 주체가 시선을 주는 비동거의 거리이다. 이 동거와 비동거 거리의 폭이 독자의 감동 폭을 확장시킨다.

4. 닫는 글

이상과 같이 최동호의 최근 신작시 5편을 일별하여 보았다. 「노인과 수평선」, 「풍경소리를 잡아먹던 자벌레」, 「함박눈이 허공을 부른다」 등은 불교 재제의 시이다. 「노인과 수평선」, 「풍경소리를 잡아먹던 자벌레」에서는 윤회적 세계관의 형상화, 「함박눈이 허공을 부른다」는 선적인 감각을 구체적으로 발현하고 있다. 그리고 「노인과 수평선」은 순차적 수미상관 구성, 「함박눈이 허공을 부르다」, 「풍경소리를 잡아먹다」에서는 유사 통사구조의 반복, 「함박눈이 허공을 부르다」, 「풍경소리를 잡아먹던 자벌레」 등은 각 연의 규칙적 행처리, 「할머니의 못」에서는 시제의 도치를 방법으로 사용한다. 창작자의 노련한 창작기교가 시의 미학적 성취와 완결성, 안정감을 줌과 동시에 가독성을 높여주는 사례라고 할 수 있다.

9. 임효림; 사회변혁과 구도일상의 형상화

1. 여는 글

임효림은 시를 쓰는 승려인 시승이다. 그리고 개혁승이고 정치승이고 권력승이면서, "배고픈 자에게 밥을 주라고 하는 것이 나의 사상"(2005 전태일문학상 특별상 수상식 발언)이라고 서슴없이 말하는 민중의 벗이다. 그는 약한 자와 소외받는 민중들에게 관심을 기울이는 자비승이고, 민주화운동에 투신한 이래 불평등한 사회를 바꾸기 위하여 굽힘 없는 지조를 지닌 운동권 스님이다. "자유는 만유의 생명이다"는 만해의 신조를 화두로 가지고 사는 자유사상 실천 승려이다.

그는 1968년 18세에 출가하여 전국 선원에서 운수납자로 수행을 하다가 1987년 6월 민중항쟁을 깃점으로 재야 시민운동을 시작하였다. 그러다 백담사 조오현 스님을 만나 시를 공부하여, 2002년 복간된 계간 ≪유심≫ 1회 신인상으로 등단을 하였다. ≪유심≫은 만해 한용운

스님이 편집과 발행인이 되어 1918년 9월에 창간하여 12월 3호까지 발행하다 중단한 월간 교양 잡지였다. 백담사 시승인 조오현 스님이 한용운의 정신을 이으려고 만해실천사상선양회를 설립하고 ≪유심≫을 복간한 것이다.

임효림은 여러 측면에서 만해의 정신을 잇는 민주 투사이자 시인이다. 그는 여러모로 한용운 이후 한용운을 가장 많이 닮은 승려이다. 불교 종단 개혁의 중심에 있었으며, 국가 권력 실세는 물론 진보 세력과도 강력한 유대를 형성하고 있다. 또 실천불교승가회 공동대표이자 만해실천사상선양회 사무총장이고, 민주화운동기념사업회 이사이며, 국가정보원과거사진상규명위원회 위원이다. 평소에 파주 보광사 회주로 수구암에 머물면서 문인과 정객을 맞아 시와 서예를 즐기다가 안거철이 되면 모든 걸 접고 거침없이 백담사로 가서 칩거하는 수행승이다.

2. 민중 현실의 구체적 진술

항상 민중의 삶에 관심을 갖는 임효림은 불교운동가에서 승려 시인으로 전향했다. 그는 자신이 시를 쓰게 된 동기가 시승인 조오현 스님과 이청화 스님의 권유와 추천이었다고 밝힌 적이 있다. 현재 시에 대한 의욕은 대단하지만, 그가 시를 쓰기 전에는 시인에 대한 좋지 않은 인식을 가지고 있었다고 고백하기도 했다. 시가 수행에 장애가 된다는 생각이었다. 실제로 그동안 승려 출신의 시인들이 시단을 일찍 떠나거나 평가를 받지 못한 것이 사실이다.

승려인 그의 사유방식과 상상력의 원천은 불교일 수밖에 없다. 그는 보살의 마음인, 위로는 깨달음을 구하는 동시에 아래로는 중생을 교화하는 상구보리 하화중생(上求菩提 下化衆生)이라는 구도와 중생 구제의 동시성 원칙을 견지한다. 자기만 깨달으려는 저열한 불도의 수행자와 다른 것이다. 중생이야말로 번잡한 존재들이다. 온갖 악업과 훈습으로 꼬인 번뇌 덩어리일 뿐이다. 그는 이러한 번잡한 존재들의 아픔과 세속의 일상을 관심있게 들여다보면서 민중현실을 탐구한다. 좀 비약하자면 그의 경전은 종이에 인쇄된 책이 아니라 민중생활과 정치사회 현실인 것이다.

민중생활의 가장 중요한 문제는 먹고사는 문제, 즉 생계문제이다. 자본주의 생산체제에서 대부분의 노동자들은 자아실현보다는 생계를 위해서 고역스런 노동을 한다. 이러한 노동현장은 인간이 위주가 아니라 잉여에 골몰하는 자본, 생산수단을 장악한 자본의 경쟁체제 때문에 극심한 차별이 존재한다. 현재 전국 노동자의 반이 넘는 숫자가 비정규직이라는 사실이 이를 반증한다. 자본은 인건비용 절감을 위해 비정규직을 양산하여 극심한 착취를 해대고 있는 것이다. 임효림은 이러한 비정규노동자를 위한 재정마련 전시회에서 다음과 같은 시를 서예작품으로 출품한 적이 있다.

> 뼈빠지게 일하지만
> 세끼 밥을 걱정한다.

간단하고 명료한 2행의 시이다. 한국 전체 노동자의 비극적 노동현실을 은유하고 있다. 정말 뼈빠지게 일하면서도 밥을 걱정해야 하는 노동자들의 현실을 사실적으로 진술하고 있다. 생산수단을 가지지 못한 대부분의 노동자는 이미 노동으로부터 소외되어 있어서 노동에서 보람을 찾지 못한다. 노동의 즐거움이 아니라 먹고살기 위해서 힘들게 일을 해야 하는 "뼈빠지"는 노동인 것이다. 국가 복지가 취약하여 국민 기초생활이 보장되어있지 않거나 국가가 노동을 통제하지 못하는 상태에서 대부분 노동자는 이렇게 뼈빠지게 일해도 겨우겨우 생계를 때우거나 걱정할 뿐이다. 이러한 노동의 힘겨움은 죽어서도 따라 다닌다.

> 멍에를 지고 죽도록 일을 하지만
> 돌아오는 것은 채찍
> 등짝에 수시로 아픈 고통이 남았다
>
> 이제 죽어 다시
> 소리 내는 북이 되었다
>
> 두들겨 맞으며 내는 슬픈 소리
>
> 가을 청명한 날에
> 소리 더욱 맑아
> 고수는 흥을 돋우며 북을 울린다
> ―「북 ―쇠가죽으로 만든 모든 북을 위하여」 전문

인용한 시는 살아서 죽도록 일을 하다가 죽어서도 살가죽은 북이 되어 소리를 내는 소의 헌신적 일생을 형상화하고 있다. 소의 전생은 고역스런 노동에 시달리던 노동자였을지도 모른다. 전생에서 죽도록 일만하던 노동자는 현생에서 소로 태어나서도 죽도록 일을 한다. 그러나 일을 해도 돌아오는 것은 채찍일 뿐이다. 그런데 죽어서도 소리내는 북이 되어 두들겨 맞는다는 것이다. 살아서나 죽어서나 두들겨 맞으면서 노동을 쉬지 못하는 소의 슬픈 운명을 형상화하였다. 자본이 노동시장을 통제하는 사회에서는 인간이 노동으로부터 소외는 물론 해고도 밥 먹듯이 일어난다.

  우리는 모두 가여운 존재들이다

  늦은 가을 도심의 가로수 아래
  바지 주머니에 손을 집어넣고
  고개를 숙인 채
  힘없이 낙엽을 밟으며 걸어 본 사람은 안다

  가슴을 치고 지나가는 저 바람의 의미를

  오늘도 어느 곳에서는
  한 사내의 목숨 줄이 끊어졌다

  저 거대한 도시는
  누구에게도 삶의 안전을 보장해주지 못한다.
  ―「해고 통지서」 전문

위 시는 거대한 도시에 사는 노동자를 죽음으로 내몬 해고 통지서를 제목으로 하고 있다. 화자는 해고 통지서를 받은 노동자가 목숨을 끊었다는 간명한 언술을 통해 "삶의 안전을 보장해주지 못"하는 거대한 도시의 모순과 허위를 비판하고 있다. 거대한 도시의 화려함은 노동자들의 피땀으로 이루어진 것인데, 그러한 도시가 노동자들에게 해고 통지서를 보내는 모순이 존재하는 것이다. 4연에서는 노동자인 한 사내가 해고 통지서를 받고 스스로 죽었다는 사실을, 5연에서는 노동자의 죽음을 낳은 거대한 도시를 통해 상황적 아이러니 수법을 보인다. 이러한 아이러니 수법은 모순과 대조를 통해 죽음의 비극성과 현실에 대한 비판성을 강화시킨다. 도시 민중의 실직과 가정 파괴로 인한 가난의 서사는 결국 가정의 참사로 이어진다.

어머니!
오늘로 새끼들을 다섯 끼나 굶겼습니다.
간신히 이웃에게 돈 삼천 원을 빌렸습니다.
슈퍼에서 라면을 사다가 아이들에게 끓여 먹였습니다.
나는 국물을 몇 모금 마시고
애들 옷을 챙겨 깨끗이 빨았습니다.

어머니! 이제
안녕히 계셔요.
이년은 먼저 갑니다.
마음만 착하면
저승에서는 배불리 먹을 수가 있다 하기에
착한 내 새끼들도 데리고 갑니다.
사람들이 욕하더라도 그것은 이승에서의 일

나를 독한 년이라고 하겠지요.
자식들이야 무슨 죄가 있느냐고 하겠지요.
요즘 세상에 부지런하면 왜 못사느냐고도 하겠지요.

모진 인심이지만
이제 다 지난 이야기입니다.
설마 이승의 욕이 저승까지야 따라오겠어요.

어머니!
세상에 오직 한 사람
어머니는 제 마음을 다 아시지요.
자식 데리고 죽는 년이 무슨 생각인들 안 했겠어요.
하지만 아무리 생각하고 또 생각을 해도
우리 네 식구 솟아날 구멍은 없었습니다.

어머니!
결혼하고 효도 한 번 못한
못난 딸년을 용서하세요.
어머니 가슴에 대못을 박고 이년은 떠나갑니다.

— 「투신 자살」 전문

    창작자는 생활고에 못이겨 아이들과 같이 투신을 한 편모 가족의 이야기를 시로 형상화하고 있다. 어떻게 해서 화자가 편모 가장이 되었는지는 정보가 없지만 주변에 많이 일어나는 사건이라서 공감이 쉽게 간다. 우리 사회에서 이혼이나 질병, 실직, 사고로 인한 편모나 편부 가정이 되는 사례는 얼마든지 있다. 이러한 사회임에도 그들을 위한 복지는 전무한 상태다. 아이들 셋과 같이 사는 편모 가정은 식구들이 다섯 끼나 굶을 정도로 극빈하다. 화자는 이웃에게 3천원을 빌려서 세 아이에게 라면을 먹이고 자신은 국물을 마셨다는 진술을 통해 가난의 사실성과 비극성을 강조한다. 시의 주인공을 직접 화자로 설정하고 가난의 구체적 사실을 진술하는 편지투 형식은 내용의 진정성과 함께 독자에게 호소력을 강화시킨다.

> 안 된다 안 된다 이래서는 안 된다
> 우리가 살아가는 세상이 더 이상 이래서는 안 된다
> 부자는 더 부자가 되고 가난한 자는 더 가난해져서
> 둘 사이는 점점 더 멀어져서
> 더 이상 같은 나라 백성이라고 할 수도 없게 되어서는 안 된다
>
> 멀쩡한 사람들이 일자리가 없어 길거리로 내몰리고
> 가난 때문에 자식을 굶겨 죽이는
> 그런 일을 더 이상 보고만 있어서는 안 된다
> 그 사람들 다 어디 갔나
> 계급 없는 세상을 꿈꾸던 사람들
>
> 해일처럼 일어나 세상을 엎어버리자 하면서
> 온 나라 백성들이 이웃으로 살아가는
> 그런 세상을 꿈꾸던 사람들 다 어디 갔나.
>
> ―「이웃」 전문

창작자의 민중사랑의 세계관이 여기서 확연히 드러난다. 창작자는 화자를 통해 현재 한국 사회를 양극화로 치닫게 하는 빈부차이가 계속되면 "안 된다"며 반복한다. 반복은 시에서 음악성의 실현과 함께 내용을 강조한다. 실업으로 인한 노숙과 빈곤으로 인한 죽음이 계속되는 민중 삶의 현장을 보고, "계급 없는 세상을 꿈꾸던 사람들"이 어디에 갔느냐고 한다. 역설적으로 창작자는 현재를 계급이 존재하는 사회로 인식하고 있다. 그래서 "이웃으로 살아가는" 사회를 위해 꿈을 꾸던 과거의 '운동권'이 필요하다고 한다. 그러나 이제는 이러한 운동권조

차 많이 훼절하거나 자본에 포섭되어 찾아보기 어렵다는 것을 행간에서 말하고 있다. 우리사회에 존재하는 사실을 드러내고 캐어묻고 시정을 종용하는 것만으로도 문학은 그 가치와 역할이 충분하다. 힘겨운 민중서사는 역사의 상흔과 같이 한다.

> 장 서방 입에서는
> 항상 구린내가 난다
>
> 사람들은 홍어탕과 막걸리를
> 너무 많이 먹은 탓이라고 한다
>
> 하지만 내가 알기로는
> 오랫동안 내장이 썩은 탓이다
>
> 인공 난리 때 그의 아버지는
> 생매장을 당했다.
>
> ─「장 서방」 전문

인용한 8행의 간명한 시는 단순한 입냄새를 통하여 역사적 사실을 추출해내고 있다. 화자가 청자의 기대 심리를 조정하면서 내용을 점점 강화시켜가는 기법을 사용하고 있다. 화자는 1연에서 "항상 구린내가 난다"고 하여 청자에게 의문을 갖게 한다. 청자는 여러 가지 추측을 하며 2연을 읽게 된다. 화자는 2연에서는 "홍어탕과 막걸리를" 많이 먹어서 난다고 기대 배반을 한다. 화자가 말한 냄새나는 원인이 당연하기 때문에 청자의 기대는 해소가 된다. 그러나 다시 화자는 3연에서 청자의 예상과 다르다는 것을 이야기한다. 화자가 알기로는 "내장이 썩"어서 그렇다는 것이다. 청자는 그럴 수도 있다는 심리적 기폭을 그리다가 포기한다. 그러나 화자는 다시 4연에서 장 서방의 내장이 썩은 이유를 부연한다. 한국전쟁 때 시적 주인공인 장 서방의 아버지가 생매장 당했기 때문이라는 것이다.

임효림은 고된 노역과 죽음, 역사의 상흔이라는 어려운 환경에도 불구하고 나름대로의 향기를 내뿜으며 생명력을 유지하는 민중서사를 꽃에 비유하기도 한다.

> 길에서 피는 꽃
> 가냘픈 꽃
>
> 짓밟히고 뭉개져도
> 잘도 핀다
>
> 슬픈 일이 있어도
> 향기가 난다
>
> ―「거리의 꽃」전문

인용한 시는 실제 거리에 피는 보잘 것 없는 꽃이거나 거리의 여자인 매춘녀를 유추하게 한다. 길에서 피는 가냘픈 꽃을 인격화하여, 그 꽃이 "짓밟히거나 뭉개져도" 꽃을 잘 피운다는 언술을 통해 보잘 것 없는 식물의 생명력을 통해 사회에서 가장 천대받는 매춘녀의 생명력을 환기한다. 여기서 꽃은 민중을 대신하는 비유이기도 하다. 민중은 짓밟히거나 뭉개지는 슬픈 일이 있어도 포기하지 않는 생명의지를 통해 생명의 "향기"를 피운다는 것이다.

시 「어떤 마을에서는」에서 어린 소녀에게 성폭력을 가하는 유지와 이장, 아버지와 아들의 파렴치한 행각을 통해 도덕 불감증에 걸린 사회를 비판한다. 「미국의 이라크 침략을 보며」는 반전시로 미국의 대통령인 부시가 역지사지로 생각하여 "저 굶주린 아이들 / 팔과 다리를 더 이상은 / 잘라내는 전쟁은 말아달라고만 / 간절히 / 간절히 / 아주 간절히 부탁한다"고 절규한다. 「유세프의 죽음에 조문함」 역시 반전시로, 폭탄으로 옷을 해 입고 이스라엘 군인들에게 돌진하다 총을 맞고 죽은 팔레스타인 소년 유세프의 죽음을 일화로 시를 구성하고 있다.

임효림은 승려이자 민중의 벗으로, 그리고 시인으로 민중 현실을 탐구한다. 그에게는 민중 현실이 경전이며 사원이고 자비정신 구현의 장인 것이다. 그는 자본주의 일상에서 끝나지 않는 고된 노동과 소외, 해고와 가난, 비참한 죽음에 이르는 현실은 물론 역사의 상흔을 그대로 안고 사는 민중의 삶에 무한한 애정을 보내고 있다. 불교는 현실의 인간들이 살면서 맞아야 하는 살고 죽는 문제에 관심을 두고, 이러한 생사 문제들을 극복하게 하여 안식과 평화를 주는 것이다. 이는 이미 석가가 인도 사회에서 실천한 것이며, 현재 이 땅에서도 유용하기 때문에 사찰과 승려를 민중들이 따르고 인정하는 것이다.

3. 사회변혁 의지의 사실적 표현

오랫동안 현대사회가 추구하는 이상은 자유와 평등이며, 이러한 사상은 아직도 유효하다. 지난 사회는 폭압적 군사정권 때문에 오랫동안 자유롭거나 평등하지 않았다. 그 동안에 민중의 투쟁으로 상대적 자유의 문제는 어느 정도 해소되었으나, 사회의 양극화로 인한 불평등 문제가 새롭게 부상하고 있다.

불교는 절대 자유와 절대 평등을 주장한다. 그런 측면에서 불교의 이상은 현대 사회의 이상적 욕구에 이반되지 않는다. 무애로 대표되는 걸림없는 자유사상과 모든 중생에게 불성이 있다는 평등사상은 인간에 의한 인간의 지배와 억압을 용납하지 않는다. 불교의 시조인 석가라는 역사적 인물이 인류의 스승이 된 이유는 무엇이겠는가. 당시 인간을 억압하던 불평등한 인도사회의 엄격한 계급제도 타파를 통해 차별 없는 자비와 평등 사회 실현을 위해 노력하고 실천했기 때문일 것이다. 예수 역시 로마의 식민지하에서 억압과 차별을 받던 민중의 해방을 위해 스스로 목숨을 던진 살신성인의 정신이 민중의 가슴에서 부활하여 오늘에 이르는 것이다.

감히 만해의 승통을 잇는다고 볼 수 있는 효림은 정치와 사회변화에 관심이 많다. 민중운동의 관점을 견지하면서 부자유와 불평등한 사회개혁을 위해 현재도 개혁운동의 장을 떠나지 않고 있는 것이다. 그는 불교의 민주화를 위해 정진하여 현재는 실천불교전국승가회 공동의장을 맡고 있으며, 민주개혁국민연합 공동대표와 민주화운동기념사업회 이사 등등 이런저런 정치사회개혁 운동단체에 가담하고 있다.

또한 이념 때문에 민감한 통일문제에도 관심을 기울이고 있다. 그가 머무는 파주 보광사 경내에 남파공작원이나 빨치산 출신의 비전향 장기수들의 묘역을 허용하여 이념을 넘어선 자비정신을 실천하고 있는 것이다. 이 묘역 문제는 수구우파들로부터 대한민국 정체를 부인하는 행위라고 정치적 공격을 당하기도 했다. 그러나 그는 "스승인 석가모니의 가르침을 따랐을 뿐"이라며 일축해 버린다. 자신은 빨치산과 사상도 종교도 철학도 다르지만 스승을 모시고 있는 석가모니 부처님은 그들을 잘 돌봐주라고 가르쳤다는 것이다. 살아서는 감옥에 있고 죽어서는 갈 곳이 없는 사람들의 재를 그곳에 뿌려놓은 것뿐이라고 한다. 그러한 불교의 자비행이 자신의 사명이라는 것이다. 그의 자비행 정신은 다음과 같은 시로 과격하게 외면화 된다.

저기 저 질풍노도처럼
달려오는 사내의 눈빛을 보아라
분노조차 열기에 삭아져 내리고
無心을 터득한 성자 같다

오직 일념
저기 저놈 원수의 심장에 총알을 박고
장렬하게 戰死하고야 마는
저 눈빛
無心을 터득한 성자 같다
　　　—「전사—자신의 조국을 위하여 죽음으로 항거하는
　　　　　　　테러리스트를 위하여」 전문

위 시는 테러리스트를 비호하는 것이 아니라, 테러리스트의 행위를 일심과 일념과 무심을 터득한 성자로 비유하는데 핵심이 있다. 화자는 일심(一心) 일념(一念)은 곧 무심(無心)이며 무심의 지경에 다다랐을 때 성자의 경지에 드는 것이라고 한다. 과연 테러 같은 폭력적 정당방위가 불교정신에 맞는가 안 맞는가? 이러한 시비조차 떠나는 것이 선적 상상력이지만 원래의 불교정신은 작은 미물도 죽이지 않는 것이다.『중아함 우담바라경』에는 "사문은 생물을 죽이지 않고, 생물을 죽이게 하지 않으며, 생물을 죽이는 일에 함께하지 않는다."고 하였다. 승려인 창작자가 테러리스트를 위한다며, 생명을 죽이는 일을 비호한다는 것은 계에 어긋나는 일이고 악에 손을 드는 것이다. 그럼에도 창작자는 현실 세계정치의 균형을 위해서 무심으로 노력하는 테러리스트를 대상으로 선악의 관념을 떠난 무심의 신념을 형상화하고 있는 것이다.

> 여기!
> 피를 먹고 자라는 나무가 있다
> 애련한 어느 영혼을 닮아
> 쉽게 상처 입는 나무
>
> 그 아름다운 꽃을 그리워하여
> 용감한 전사가 상처 입은 몸으로 찾아와
> 피를 뿌려주면
> 나무는 비로소 꽃을 피우면서도
> 전사의 몸이 제 몸인 것을 모른다
>
> 그 아름다운 꽃이 그리워
> 오늘도 전사들은 상처 입은 몸으로 찾아와
> 나무 아래서 피를 뿌린다.
> ―「피를 먹고 자라는 나무」전문

인용한 시는 창작자의 사상과 기법이 함축된 아름다운 상징시다. "피를 먹고 자라는 나무"는 민주주의나 평화를 상징한다. 화자는 1연에서 피를 먹고 자라는 나무가 있다고 단언한다. 그 나무의 성격은 "애련"하여 쉽게 상처를 입는 취약한 나무다. 그런데 2연에서 그 나무에 피는 아름다운 꽃을 그리워하는 전사가 있다. '아름다운 꽃'은 최상의 평화와 민주와 평등이 실현된 세상, 극락의 세계이며 불국토이다. 전사들은 그 나무 아래로 와서 피를 뿌려 꽃을 피운다. 그러니 그 꽃은 전사들의 피로 피운 것이며, 나무는 곧 전사의 몸인 것이다. 그러나 나무는 전사들의 노고를 잊는다. 3연에서는 '꽃을 딴', '투쟁의 열매'를 따먹은 나무의 배반에도 불구하고 아름다운 꽃을 그리워하는 전사들은 여전히 나무 아래서 피를 뿌린다. 꽃으로 상징되는 최상의 민주적이고 평화롭고 평등한 세계는 즐거움이 넘치는 장엄한 화엄장 세계이다. 이러한 세계를 열기 위하여 민주투사로 은유되는 '전사'들은 수없이 자기 몸을 죽여서 보시를 하는 것이다.

불국토를 이루기 위한 투쟁과정에 변절자와 허무주의자도 속출하게 된다. 변절은 일신의 영달만을 위해서 수단에 자신을 파는 것이고, 허무는 미래를 전망할 수 없기 때문에 생기는 정신적 공황 상태일 것이다. 화자는 전망 상실의 역사 허무주의자에게 다음과 같이 짧게 말한다.

> 얼마나 허무에 빠졌으면
> 저렇게까지 허망해졌나
> 희망이 없는 그의 얼굴은
> 전쟁 끝난 뒤의 폐허 같다.
>
> ―「어느 허무주의자」 전문

단 네 행의 시는 역사적 허무주의자를 "전장의 폐허"라고 은유한다. 미래를 전망하지 못했을 때 남는 것은 허무일 뿐이다. "전장의 폐허" 처럼 아무것도 남아있지 않은 것이다. 창작자는 옛날에는 투쟁의 동지였으나 변절한 "친구요 동지"에 대한 회한을 다음과 같이 표현하고 있다.

> 복잡한 서울 거리를 지나다가 그를 보았지
> 우리는 오래전 뜻이 잘 맞는 친구요 동지로
> 수많은 밤을 지새우며 우국지사로 울분을 토하고
> 부당한 권력과 맞서 투쟁도 했었지
> 그때는 서로 목숨조차 나누어 가졌는데
> 그는 영달에 뜻을 두고부터 변하기 시작했지
> 권력을 얻기 위해 친구를 배반하고
> 의리와 지조를 헐값에 팔았지
> 어느 땐가는 동지의 등에다가 칼을 꽂았고
> 어느 때는 나도 그에게 사정없이 짓밟혔지
> 그래도 나는 그를 연민으로 바라보고
> 미워하거나 원망하지 않았어,
> 그러나 그와 나의 사이에 강이 생기고
> 산이 생기고 얼음벽이 생기는 것은 막지 못했지
> 그리고 무심한 세월이 흐르고
> 오늘 거리를 지나다가 그를 보았네
> 서로 인사도 없이 스쳐 지나갔지만
> 세월은 그도 나도 그리고 우리의 열정조차도 늙게 했네
> 아직도 내 가슴엔 그에 대한 연민이 남아
> 집으로 돌아와 밤에 홀로 눈물 흘렸네.
> ―「길을 가다가 그를 보았네」 전문

인용한 단연 20행의 시는 단순 서술로 시를 구성하고 있다. 이 시는 변절한 옛 동지를 길에서 만난 것을 창작동기로 하고 있다. 부당한 권력과 맞서서 같이 밤을 새우며 울분을 토하고 목숨을 나눌 것처럼 친했던 옛 동지는 자신의 영달을 위하여 "친구를 배반하고 / 의리와 지조를 헐값에 팔았"다. 그 변절한 옛 동지는 다른 "동지의 등에다 칼을 꽂"기도 하고, 화자 자신도 그에게 "사정없이 짓밟"혔던 경험이 있다. 그럼에도 화자는 "그를 연민으로 바라보고 / 미워하거나 원망하지 않았"다는 것이다. 세월이 흐르면서 화자와 시적 대상인 그 친구 사이에는 "강이 생기고 / 산이 생기고 얼음벽이 생기"게 되었다. 그러다가 "오늘 거리를 지나다가 그를 보았"지만 "서로 인사도 없이" 지나친 것이다. 화자는 이러한 사건을 서술하면서 세월이 "그도 나도 그리고 우리의 열정조차 늙게 했"으며, 화자의 "가슴에 그에 대한 연민이 남아 / 집으로 돌아와 …… 눈물을 흘렸"다는 것이다.

　이와 비슷한 주제의 시로 「까치집」이 있다. 변혁의 현장에 "나 혼자" 남아 있는 화자는 "몰려오는 외로움을 견딜 수가 없"다며, "옛날 목숨까지 나누자던 동지들 다 어디로 갔나"라고 한다. 「도반을 떠나보내고」는 변혁의 중심에서 "평생 열망으로만 살던" 동지가 죽은 것을 내용으로 하고 있다. 변혁 운동의 전선에서 함께했던 동지들이 변절하거나 떠났지만 화자는 고독 속에서 다시 미래를 준비하게 된다.

　　　아직은 고독을 그만 둘 때가 아니다
　　　지금은 더욱 고독해야 할 때

　　　철저히 짓밟혀본 놈만이 안다

버림받은 자의 슬픔을

가까운 친구들조차 하나둘 떠나고
찾아오는 놈 하나 없어 빈집같이 적막하다
거리에 나가도 찾아갈 곳조차 없고
아는 이를 만나도 외면 아니면 건성의 인사만 오고 간다

빛나던 사상
아름답다던 정신
그 많은 박수갈채는 다 어디로 갔나

지금은 더욱 고독해야 할 때
고독이 사무치면 되레 빛이 되는 법
아직은 고독을 그만둘 때가 아니다.
—「지금은 고독할 때」전문

화자는 "지금은 더욱 고독해야 할 때"라고 단언한다. 고독의 원인은 버림받음에 있다. "버림받은 자"는 "철저히 짓밟혀 본 놈"이다. 아마 화자는 짓밟히고 버림받은 자이다. 화자는 세상의 중심, 진실의 중심에서 소외되어 있다. "가까운 친구"도 떠나고, "찾아오는 놈"도 없고, "찾아갈 곳"도 없고, 아는 사람은 "외면 아니면 건성의 인사"만 오고 갈 뿐이다. "빛나던 사상"과 "아름답다던 정신"과 "많은 박수갈채"도 떠났다. 그러나 화자는 이러한 소외의 현실을 부정적으로 보지 않는다. "고독이 사무치면 되레 빛이 되는 법"이라고 뒤집어버린다.

고독은 고통 그 자체다. 그래서 사람들은 고독을 싫어한다. 오죽하면 고독보다 다툼이 낫다고 하겠는가. 대부분의 사람은 고독을 두려워

해서 불행을 만난다. 「근본설일체유부 비나야잡사 내자섭송」에서 부처는 말했다. 네 가지 고독함이 있으니 낳고 죽을 때 혼자서 왔고 혼자서 가며, 괴로움도 혼자서 받고, 윤회의 길도 혼자서 가는 것이라고. 그래서 행복해지려면 고독을 들여다보고 내려다보면서, 고독과 같이 놀거나 사는 것이 중요하다. 융은 "고독이 나의 생을 살 가치가 있게 하는 치유의 원천이다"라고 하였고, 소로우는 "나는 고독처럼 가까이 할 수 있는 친구를 아직 찾지 못했다"고 하였다. 임효림의 고독관은 이런 심리학자나 자연주의자의 고독과 다르지 않다. 효림은 오랜 고독을 부추긴다. 변혁을 위한 시간의 충전을 위해서 이무기로 살자고.

> 몇천 년을 두고
> 빛도 없는 바위 밑에
> 웅크리고 앉아 있는 이무기가 있다.
>
> 그는 오직
> 시절 인연이 돌아오기만을 기다리지만
> 아무도 그의 속내를 알지 못한다.
>
> 물 흘러가듯
> 세월이 하염없이 흘러
> 이제 세상은 모두 그의 존재를 잊었다.
>
> 그러나 더욱 숨을 죽이고
> 깊이 더 깊이 가라앉아
> 오직 시절 인연이 돌아오기만 기다리는 이무기
>
> 세상은 모를 것이다

고독을 이기고 기다리는 자가 용이 된다는 것을……
― 「이무기」 전문

이무기는 전설상의 동물이다. 용이 되려다 못되고 깊은 물 속에 산다는 여러 해 묵은 큰 구렁이다. 오랫동안 민중의 변혁 욕망과 패배 심리가 이무기라는 동물로 형상되어 상징화된 것이다. 이무기는 세상에 드러낼 승천의 날을 기다리며 "빛도 없는 바위 밑에" 살고 있는 객관화된 시적 자아이다. 화자의 심리가 투영된 이무기는 "시절 인연이 오기만 기다리는" 창작자 자신이다. 이무기는 언제 승천을 위한 변혁을 시도할지 "속내"를 드러내지 않고 있다. 세상도 이무기의 "존재"를 잊고 있다. 그래도 이무기는 "더 숨죽이고" "더 깊이 가라 앉아" "시절 인연이 돌아오기만 기다"린다. 그러나 화자는 "세상은 모를 것이다 / 고독을 이기고 기다리는 자가 용이 된다"며 고독에 대한 잠언적 결론을 내린다. 화자는 지금의 '고독한 시간'이 이무기의 시간이며, 이무기처럼 고독을 견디며 "시절 인연"을 기다리자는 것이다. 여기서 시절 인연은 이무기가 승천하는 시절인데, 화자가 열망하는 이상적 현실의 은유이다. 이상적 현실은 혁명으로 완성된다.

한 송이 꽃이 피어나듯이
혁명도 그렇게 일어났으면 좋겠어

아침에 찬란한 햇빛을 받고
눈이 부시게 피어나는 꽃이여

그동안 나는 많이 수고했으므로

그리하여 조금 피곤해졌으므로

꽃향기에 취하여
혼곤히 잠들고 싶다.

— 「꽃향기에 취하여」 전문

위 시는 화자를 통해 창작자의 혁명과 기원, 피로와 휴식에 대한 사상을 형상화한 수작이다. 화자는 혁명이 "한 송이 꽃이 피어나듯이" 일어나기를 발원한다. 혁명의 일순간을 꽃이 피는 것으로 비유하는 것이다. 피를 연상시키는 혁명을 붉은 심상인 꽃과 병치시키고, 혁명을 통한 새로운 세상을 아침과 병치시킨다. 창작자의 혁명관이 아름다운 꽃으로 형상화되어 나타난다.

그러나 화자는 3연에서 혁명의 피로감을 이야기한다. 화자 자신이 그동안 혁명을 위해 "많이 수고"하여 "조금 피곤해졌"다는 것이다. 그동안 종단개혁과 국가권력의 개혁을 위해 혼신으로 실천해온 창작자 자신과 혁명 또는 개혁 이후 종단과 국가정치 권력에 나타난 혁명과 개혁의 피로감이 진술하게 투영되어 있다.

그래서 화자는 혁명의 "꽃향기에 취하여" 잠들고 싶다는 것이다. 혁명을 꽃으로, 혁명 이후의 즐거운 세계를 향기로, 혁명 이후의 즐거운 휴식을 '혼곤한 잠'으로 형상화하여 혁명의 무생물성을 유생물성으로, 혁명의 금속성을 식물성으로, 혁명의 이성성을 쾌락성으로 전화하여 시적 성취를 이루어내고 있다.

『금광명경』에 국가가 안락하기를 원한다면 모든 백성들에게 쾌락을 성취하게 하고 이를 만족시켜주어야 하며, 정법으로 백성들을 다스리기 원한다면 백성들의 공포를 없애주어야 한다고 했다. 『대살차니건자소설경』에는 전륜왕의 통치가 나오는데, 이 전륜왕의 통치는 칼과 몽둥이도 없고 원망도 없어, 법에 의지하여 덕을 펴고 백성을 편안하게 하는 정치였다. 경전의 사례와 다르게, 우리의 과거 정치환경은 폭력과 공포와 원망이 많은 정치였다.

출세간적인 분위기가 강한 불교는 승려와 신도들이 살고 있는 국가와 사회에 대하여 소홀히 하는 듯한 인상을 갖기 쉽지만 그렇지 않다. 승려라는 한 개인이 불교의 원리인 인연을 소중히 한다면 자비의 대상인 일체 중생이 살고 있는 국가와 사회에 대한 개입이 필요하다는 것이 창작자인 효림의 세계관이다. 특히 일체 중생이 정치권력과 제도에 고난받거나 재물의 독점으로 곤궁해진다면 승려로서 민중에 대한 자비정신을 발휘하여야 하는 것은 당연하다. 중생 구제라는 것이 정치경제적 질곡에 있는 민중을 구제하는 것 이상이 있겠는가.

자비의 정치, 일체 중생인 민중을 위한 정치가 바로서지 않을 때 창작자인 효림은 직접 혁명을 실천하는데, 그 혁명은 우울하거나 과격한 심상이 아니라 "아침에 찬란한 햇빛을 받고 / 눈이 부시게 피어나는 꽃"처럼 밝고 긍정적인 심상이다. 혁명의 심상이 한송이 꽃과 아침의 찬란한 햇빛, 눈부시게 피어나는 꽃과 향기로 비유되고, 혁명 이후 화자의 휴식 행위가 꽃향기를 맡으며 혼곤히 잠자는 '나비'로 연상 비유된다.

이밖에도 사회변혁 의지를 형상화한 시들이 많이 보인다. 격정적 감정으로 쓰여진 시 「팔월 한가위」에서는 "너와 나의 몸속을 돌아 흐르는 피 중에" 오염된 피가 있으므로, 이 피를 "순정한 피를 만들어" "조상님 전에 받들어 올리"겠다고 한다.

4. 자연과 수행 일상의 비유적 표현

임효림은 18세에 출가하여 전국 선방을 다니며 수행을 해온 스님이다. 그가 출가를 한 것은 병듦과 늙음과 죽음이 없고 근심, 걱정, 번뇌가 없는 가장 안온한 삶을 얻기 위해서였을 것이다. 그리고 종단에 들어와서는 일을 함께 하고 서로 위로하고 다툼이 없기가 우유와 물이 화합하듯이 하는 자비로운 교단을 원했을 것이다. 그런데 그는 교단개혁을 위해 행동하였다. 그가 소위 운동권 스님이 된 것은 스승인 정영 선사(1925~1995)의 경책 때문이었다. 그의 스승은 "토굴에 갇혀 혼자 살다보니 중인 것을 잊어버렸다."며 제자인 효림에게 사회에 자신을 열어놓고 수행할 것을 경책하였다. 또 스승은 고정된 진리는 없으며, 아집에서 해탈하고, 승복에 갇힌 승려가 되지 말고, 화두에 갇힌 선승이 되지 말라고 하였다. 그러나 손가락질을 받더라도 수행정신은 잃지 말라고 했다.

『화엄경』에 구도자들은 세간의 사정에 수순하지만 불도에 집착하지 않는다고 하였다. 또 예능이나 학문에 통달했다 하더라도 그에 집착하지 않고 완전히 자유롭다고 하였다. 그래서인지 그는 타인에게 부드럽고 분방하면서도 사회정치 문제에는 격정이 넘치며, 자신의 수행생활에서는 냉철하다. 이러한 품성은 그의 시에도 그대로 반영되어, 그의 시는 격정과 냉철의 시학이라고 할 수 있다. 그는 시가 잠수함 속의 토끼처럼 사회의 아픈 곳을 먼저 알리는 역할을 강조해야한다는 확실한 시의 지표를 가지고 있으며, 안거철이 되면 모든 걸 끊고 절로 들어가는 것이다.

시를 비교적 늦게 만난 효림은 「잡돌이 되어—자화상」에서 자신을 "볼품없는 한갓 돌멩이"인데, "시심(詩心) 하나 품에 안고 / 잡돌이 되었다."고 한다. 천진한 시심을 품은 승려인 그는 아름다운 자연의 정경을 다음과 같이 간결하게 형상화하기도 한다.

> 하늘에도 피가 도는가 보다
> 해질녘마다
> 하루일이 부끄러워 얼굴 붉힌다.
>
> —「노을」전문

창작자는 해질 무렵 붉은 서쪽 하늘을 "피가 도는" 것으로 감각화하고 있다. 그러한 모습을 "하루일이 부끄러워"서 얼굴을 붉힌다고 창작자의 감정을 이입하고 있는 것이다. 시적 대상인 자연에 창작자의 심정을 투입시키는 방법은 여기에 그치지 않는다.

> 홀로 가는 산길에서
> 우연히 본 도라지꽃
>
> 여름날 소낙비에
> 놀라 핀 듯 청초하다
>
> 정을 끊고 두고 온 분도
> 저 꽃같이 고왔었다.
>
> —「도라지꽃」전문

화자가 혼자 산길을 가다가 우연히 만난 도라지꽃에서 출가 전 속세에 "정을 끊고 두고 온 분"을 떠올리는 것이다. 서정시의 주요 기능 가운데 하나가 정서의 환기이다. 출가전 속세에 두고 온 이성을 도라지꽃에 비유하여 환기하는 것이다.

> 사전에 무슨 언약이 있었던 것도 아닌데
> 그 많은 여자 가운데 그대가
> 많은 남자 가운데 내가
> 나만의 꽃이 되고
> 그대만의 나비가 되었다
>
> 바라볼 때마다 그리운 그대와 나
> ―「꽃과 나비」전문

꽃과 나비를 남녀에, 그리고 꽃을 화자의 그대로, 나비를 화자 자신에 비유하고 있다. 새롭지 않은 죽은 비유이지만 창작자가 승려라는 정보를 알고 있는 한 내용의 의아함을 준다. 이런 의외성도 효림의 시가 풍기는 맛이다. 「도라지꽃」이나 「꽃과 나비」가 좀 의아한 대상으로서 이성이라면 다음은 유년의 청순한 기억을 회고하게 하는 시이다.

> 순이야!
> 머리 꽁지를 팔랑이며
> 저만치 자꾸 달아나기만 하던
> 순이야!
> 이제 너도 귀밑머리 희어졌구나

> 복사꽃 뺨에
> 그 고운 눈빛을
> 속 깊이 감춰 두고
> 우리의 화려한 고향 시절은
> 추억의 꽃향기로 다 날아갔구나.
>
> — 「순이야」 전문

　유년에 동무였던 순이를 오랜만에 만났는데 귀밑머리가 희다. 청순하고 발랄했던 늙은 유년의 친구를 통해 고향 상실을 이야기하고 있다. 흰 머리가 난 대상을 본 순간 "화려한 고향의 시절"이 없어졌다는 것이다. 이렇게 유년의 순박한 기억을 가지고 있는 창작자는 승려가 되어 구도 행각을 하는 것이다. 승려인 창작자는 구도의 노력을 다음과 같이 간결하게 진술하고 있다.

> 스스로 마음을 비운다 비운다 하면서도
> 돌아보면 남아있는 자존심
> 얼마나 비벼빨고 헹구어야 하나
> 문득 고개 들어 쳐다본 초겨울 하늘
> 구름 한점 없이 깨끗하다
>
> — 「빨래」 전문

　화자는 "남아있는 자존심"이라고 하여 자신이 아직 성불하지 않았음을 자백하고 있다. 비벼 빨고 헹군다는 것은 수행의 은유이다. "얼마나 비벼빨고 헹구어야 하나"라고 했으니, 아직 목표에 도달하지 못하여 수행이 더 필요하다는 말이다. 구름 한 점 없이 깨끗한 하늘은 자신의 마음을 비워낸 깨끗한 심리의 반영이다. 안거 기간에 절에서 나오지 않는 그의 수행은 때로 '처절'하다. 그것은 정신의 '부활'을 은유한다.

> 새로워지기 위해서는
> 얼마나 더 처절해야 하느냐
>
> 아직도 추락할 것이 있다면
> 절망도 끝난 것은 아니다
>
> 더 깊이 낮아져 보아라
> 발아래 깔려봐야
> 새로운 희망을 말할 수 있다.
>
> ―「부활」전문

불가의 선시에 애용되는 극단적 반어법을 사용하고 있다. 새로움과 처절함, "추락할 것이 있다"와 "절망도 끝나"지 않았다는 말, "발아래 깔려봐야 / 새로운 희망을 말 할 수 있다."는 진술들이 서로 대비된다. 극단의 대비적 반동을 통해서 긴장을 극대화하는 방법이다. 이렇게 얻은 화자의 구도적 정황은 "한 치도 양보 할 수 없는 / 초 절정에 서면 / 비로소 나는 법열을 느낀다"(「산음」부분)에 이르게 된다. 이러한 수행을 덕장에 걸린 황태에 비유하기도 한다.

> 저럴 수도 있는 것이구나
> 저만큼이나
> 철저하게 스스로를 버리는구나

> 뼛속으로 추위가 사무치고
> 몇 번이나 개울물에 비린 냄새를 탈색하고
> 다시 북풍한설에 스스로를 풍화시켜내는
> 설악산 황태여.
> ─「덕장─설악산 백담사 앞 용대리에서」전문

창작자 자신이 머무는 백담사 앞 용대리에 있는 덕장에 걸린 황태를 수행에 비유하고 있다. 수행은 "철저하게 스스로를 버리는"것이다. 한겨울 눈과 바람, 얼고 녹으면서 세습에 젖은 "냄새를 탈색"해내는 것이다. 백척간두의 처지에 자신을 내몰아 "스스로를 풍화시켜 내는" 것이다.

임효림의 상상력은 광대한 우주의 영역에 이른다. 그는 「별을 바라보며」에서 "한 일억 광년 정도 멀리 서서" "날마다 지지고 볶으며 살고 있는 이 지구를 / 반짝이는 작은 별로 바라보고 싶다"고 한다. 또 자연 앞에서 자신의 존재를 "지상에서 한 점 오물"(「산음」)로 인식한다. 그렇지만 "해발 수천 미터 산정에 서면 / 나는 자꾸 사나운 영웅이 된다"(「사자후」)고 한다. 그 높은 산정은 풀과 나무도 없고, 날짐승과 산짐승이 둥지를 틀 수 없는 곳이다. 당연히 인정도 없는 곳이다. 사자처럼 '사나운 정신'만이 높고 차고 매서우며 엄정할 뿐이다.

> 내가 수천 미터 상공을 외롭게 나는 것은
> 어찌 한 마리 먹이를 사냥하기 위해서겠느냐?
>
> 나는 고독한 자
> 만년설 산정에 둥지를 틀고

칼바람 부는 바위에 앉아 쉬지만

영하 수십 도
그 청쾌한 하늘에서
나는 한번도 따뜻한 온기를 그리워하지 않는다.

— 「비상」 전문

효림은 불교 정신과 시가 만나는 절정의 순간을 이렇게 비유하여 형상화하고 있다. 화자는 '작은 먹이'를 염두에 두고 산속에 들어 앉아 있는 것이 아니다. 효림이 필자 같은 속물들과 어울려 가끔 술자리를 하는 것도 '작은 먹이'를 염두에 두고 하는 것이 아니다. 그가 수행의 고독을 견디고 만년설의 차가운 산정에서 칼바람을 맞으며 자신을 냉혹하게 닦는 것은 높은 비상을 위해서다. 그가 매섭고 깨끗한 하늘에서 고독을 견디며, 세속의 인정을 그리워하지 않는 것은 높은 광대한 우주에서 지구를 한 순간에 포획하기 위한 것이다. 높이 비상한 사나운 독수리의 눈에 작은 쥐나 참새떼들이 먹이감으로 들어올 리 없다. 효림이 포획 대상으로 노리는 것은 광대한 우주인 것이다.

5. 닫는 글

지금까지 승려 시인 임효림의 시를 민중현실의 구체적 진술, 사회변혁 의지의 사실적 표현, 자연과 수행 일상의 비유적 형상화로 나누어 그 내용과 방법의 특징을 기술하여 보았다.

그는 승려이면서도 세속의 노동과 가난, 실직, 생활고에 시달리는 민중의 삶에 관심을 갖고 이의 개선을 위해 행동하며, 이들이 처한 어려움을 시로 형상화하고 있다. 더하여 도덕 불감증에 걸린 위선적 소지배계급이나 반전 의식을 신랄하게 비판 진술하고 있다. 그리고 사회변혁의 당위성과 변혁과정에서 변절한 동지, 한때는 뜻을 같이 했으나 역사적 전망 상실로 허무주의자가 된 동지, 변혁과정에서 자신의 지친 심정과 동지들이 떠나가고 난 뒤의 외로움을 구체적으로 진술하고 있다. 또 자연현상을 순도 높은 심상으로 감각화하거나 승려 생활을 하면서 만난 시적 대상을 통해 세속에서의 추억을 회고하기도 한다. 거기다 창작자의 본분인 승려 수행생활의 어려움과 단호함, 세계관을 격조 높게 형상화하고 있다.

그는 불교 종단과 국가의 비민주적 권력을 비판하고 불교 정신의 정치적 사회적 실천을 주창하며, 친 민중의 편에 서서 세상을 구하고 무한한 애정을 쏟아 붓는 승려 시인이다. 문단 제도권에서 그의 시력은 짧지만, 그의 시는 항상 세속에 사는 민중을 향한 자비의 시선을 놓치지 않는 독특한 시정신을 보유하고 있다. 또 그는 차별 없는 불국토 구현의 실천으로서 사회정치적 변혁의 상상력을 항상 시에 발휘하며, 승려의 일상을 격렬하고도 냉철하며 호방하고 섬세하게 형상화해 내고 있다.

10. 박몽구; 인식의 대립구성과 인유의 활용

1. 여는 글

박몽구는 1977년 ≪대화≫지로 등단하여 30여년간 시 창작을 전념해 왔다. 그는 시 창작에서 사실주의적 방법을 한 번도 벗어나지 않았다. 30여년간 한 가지 방법을 견지한다는 것은 쉬운 일이 아니다. 그만큼 시인 역시 세상을 쉽게 살아오지 않았다는 것을 반증한다.

그는 최근 시에서 이쪽과 저쪽이라는 분명한 이분법적 세계관을 통해 상품중심의 문명과 단절되어가는 자신의 심정을 보여준다. 그리고 지난 시집인 『개리카를 들으며』나 『자끄린느 뒤프레와 함께』에서 보여준 음악을 제재로 가져오거나, 사찰이나 구체적 인물의 인유를 통해 자신의 심정을 명징하게 드러내고 있다. 또 하나, 그의 시는 그 전에 비하여 산문시형이 많이 보인다.

산문시는 우리 현대시의 오랜 전통이다. 행의 구분이 없는 산문시는 단락이 구성 단위가 될 뿐, 운문시와 다른 점이 없다. 비유와 상징, 함축을 통한 긴장 등 시적 요소를 다 갖추어야 한다는 것이다. 그러나 운문시를 쓰던 사람이 산문시를 택하는 경우는 대개 좀더 편안한, 느슨한 긴장의 상태를 노리는 경우가 많다. 시에 구체적 서사를 나열하면서 대체로 긴 시를 써온 박몽구의 경우는 그만큼 산문시로 전환하기에 유리한 점이 있을 것이다.

2. 인식의 대립 구성

　박몽구는 인식의 대립 구성을 통하여 시를 직조한다. 유리의 이쪽과 저쪽의 세계를 극명하게 보여주면서 시를 구성해가는 것이다. 유리는 문명의 은유이다. 유리는 상업자본주의 상품 세계와 그것을 갖지 못하는, 거기서 소외된 화자의 세계를 구분해 주는 장치이다. 다시 말하면 유리의 저쪽은 상품의 세계이지만 이쪽은 상품을 구매할 수 없는 재화로부터 소외된 인간의 세계이다. 이러한 시인의 의식이 화자를 통해 극명히 드러난다.

　　희뿌연 배기가스를 받아 술 취한 사내의 얼굴처럼 붉은 놀을 지고 집으로 돌아오는 길. 휘황한 상가의 진열장들과 눈을 맞추며 길을 걷는다. 훤한 가슴 아래로 살이 매끄러운 마네킹, 울긋불긋 색깔들을 입고 있는 유리창 너머의 빵들을 보면 먹지 않아도 배가 부르다. 가구점 앞을 지날 때에는 푹신한 가죽소파가 뺨이 홀쭉한 나를 측은하게 바라본다. 술 익은 듯 벌건 황혼을 가로질러 집으로

> 돌아오는 길, 순진한 나는 진열장 안을 들여다본다고 생각하고 있었더니, 유리창 너머의 물건들이 나를 관찰하고 있다. 벌거벗은 마네킹은 내 주머니를 살피고 있고, 몸이라도 팔아 내가 저를 가져주기를 원하고 있었고, 살찐 소파는 아파트를 팔아서라도 저에게 엉덩이를 붙여주기를 원하고 있었다. 이 거대한 도시 어디에도 발을 붙일 데 없는 나를 벌레 보듯 들여다보고 있었다.
>
> ― 「유리창 4」 전문

화자가 행위하는 곳은 "희뿌연 배기가스"가 가득한 도시이다. 저녁이 되어 집으로 돌아가는 길, 화자는 상품이 진열된 "휘황한 상가"를 지난다. 옷가게의 맨살을 드러낸 마네킹과 다양한 모양의 빵집, 가죽소파가 있는 상가이다. 이러한 상품들은 유리창 너머에 있다. 유리창은 화자가 대상을 바라보는 창이다. 동시에 화자와 상품과의 소외 관계를 맺어주는 매개물이다.

유리를 통해서 화자는 대상을 인식하기도 하지만, 거꾸로 대상이 화자를 인식하게 한다. 유리창 저쪽에 있는 "푹신한 가죽소파가 뺨이 홀쭉한 나를 측은하게 바라본다."는 인식이 그것이다. 그것만이 아니다. 화자가 "진열장을 들여다본다고 생각하고 있었더니, 유리창 너머의 물건들이 나를 관찰하고 있다."고 서술한다. 주체의 전도이다. 대상과 주체의 전도는 보편적 시 창작의 기법이기도 하다. 그러나 시인이 주체의 전도 대상을 상품으로 한다는 것은 다른 의도가 있어서이다.

상업자본주의에서 삶의 주체는 인간이 아니라 상품이다. 상품이 인간에 우선한다. 인간은 상품 생산을 위해 종사할 뿐이다. 상업자본주의 하의 상품 생산은 사용과 교환을 위한 것이 아니라 판매를 위한 것이다. 판매 수익을 극대화하기 위해 상업자본은 인간을 여러 가지 방식으로 통제 훈육한다. 결국 인간이 노동의 주체가 아닌 객체가 되어 노동에 매이므로 노동으로부터의 소외가 일어나는 것이다. 이 시에서도 주체 전도로 인한 소외는 곳곳에서 일어난다.

마네킹이 화자의 주머니를 살핀다. 또 마네킹은 화자의 몸이라도 팔아 자신을 가져주기를 원하고, 살찐 소파는 아파트를 팔아서라도 엉덩이를 붙여주기를 원하고 있다. 그러나 재화에서 소외된 화자는 이러한 상품의 요구를 들어 줄 수 없는 입장이다. 결국 상품은 화자를 "벌레 보듯" 유리창의 저쪽에서 들여다본다. 결국 상품을 돈으로 살 수 없는 화자는 "이 거대한 도시 어디에도 발을 붙일 데"가 없는 것이다. 그야말로 상업자본주의 아래에서 구매력이 없이 사는 화자의 전형적 소외 현상이다.

위에 인용한 시와 같은 구조와 구도의 시는 유리를 제재로한 연작시 곳곳에 나타난다. 「유리벽 2」에서 화자는 통유리가 있는 찻집에서 커피를 "홀짝거"리며 통유리 밖을 내다보고 있다. 통유리 밖의 풍경은 번역극 포스터가 어지럽게 나붙은 곳이고, 연인들이 포옹하듯 밀착하고 걸어가는 곳이고, 유럽여행 추천권에 참여할 수 있는 마일리지 해설서를 떠들어대는 곳이다. 변화하고 번잡한 통유리 이쪽의 화자는 "코크 한 조각을 뜯으며" 약간의 성적 욕망을 내비치기도 하고, "조류독감으로 빈털터리가 된 농부의 깊은 주름"을 떠올리기도 하고, "빚더미에 올라앉은 아내의 가계부"를 생각하기도 한다. 통유리의 이쪽과 저쪽의 세계가 대립하는 세계이다. 이 대립을 통해서 화자는 자신의 처지를 인식하는 것이다.

「유리벽 3」에서도 마찬가지 방법으로 시를 구성하고 있다. 화자가 압구정 로데오거리를 걸으며 상품 진열장 안의 "구찌 핸드백이랑 / 이태리산 구두"를 바라보며 구매력이 없는 "한심한 나"를 인식한다. 그러나 곧바로, 진열장 안의 상품들이 주체가 되어 화자를 들여다본다. 화자는 "하찮은 글을 만지며 시간을 낭비"하거나 "쥐꼬리만한 월급에 목을 매"는 자본주의의 상층부에 진입하지 못한 소외자이다. 다른 시에서도 '유리'의 시어는 이쪽과 저쪽의 대립 매개로 등장한다. '유리'가 시어로 나오는 시들은 다음과 같다.

  "한 겹 투명한 유리벽 너머 불꽃빛 종이꽃 … 너에게는 거울이지만 나에게는 유리를 통해"(「유리벽 1」)

  "유리창 너머 훤히 비치는 / … / 유리창 너머 마릴린 먼로의 포즈로"(「유리벽 5」)

  "어릴적 해토 무렵 유리창으로 / … / 유리창 너 크고 맑아졌어도 / … / 유리창 저편에서는"(「유리벽 6」)

  "… 시원한 통유리벽을 모니터삼아 … 통유리 안에 안개처럼 흐릿하게 …"(「유리벽에 기대어」)

  "그 자리에 통유리가 훤히 비치는 디지털 사진현상소가 … 낡은 유리문 삐걱이는 소리가 파블로 카잘스의"(「숨어있는 책」)

최근 박몽구의 시는 그동안 시에서 볼 수 없었던 성적 욕망의 기표들이 곳곳에 나타난다. 물질적 욕망은 육체적 욕망으로 전화된다. 성

역시 자본주의 문화에서는 고귀한 무엇이 아니고 상품일 뿐이다. 돈이나 권력이 있어 상품의 구매력이 강한 자는 안전하고 고급한 성을 쉽게 살 수 있다. 모 외국 자동차 회사의 조사에 나타난 것처럼 부자일수록, 좋은 자동차를 가지고 있는 사람일수록 성교 대상과 횟수가 많은 것은 이 때문이다. 반대로 구매력이 없는 자는 열등하고 위험한 성을 취할 뿐이다. 성추행범이 상품 구매력이 없는 저임 노동자나 무직자들에게 많이 나타나는 경우가 이를 반증한다. 돈과 권력이 없으면 성을 구매할 수 없으므로 성을 강제로 취해야 하기 때문에 경찰서에 가고 신문에 나는 것이다. 다소 소외되어 나타나는 박몽구의 시에서 성적 욕망의 기표는 '살'으로 대표된다.

> 한 겹 투명한 유리벽 너머 불꽃빛 종이꽃 요란하게 핀 자리에서 너희들은 살을 연다. 길고 나른한 오후의 길고 곧게 시계바늘이 펴지듯 사지를 편다. 너의 몸을 만지고 돌아온 빛은 비스킷처럼 바삭바삭해진다. 바삭바삭해진 네 몸과 달리 눈이 젖어있는 게 슬플 뿐. 어떤 사람들은 두툼한 돈으로 너와의 시간을 사려하고…너에게는 거울이지만 나에게는 유리를 통해, 너의 벌건 살 대신 나의 일그러진 얼굴을 본다. 파라다이스는 이 세상의 어디에도 없다고.
> ―「유리벽 1―파리 텍사스」 부분

이 시는 영화 <파리 텍사스>를 인유하여 상품화된 유리벽 저쪽의 성을 이야기하고 있다. 영화의 내용은 붕괴된 가정의 이야기이다. 남편은 양자로 입양시킨 아들의 부양비를 보내오는 아내를 찾아나선다. 결국 남편은 환락가에서 일하는 아내를 찾아내는 데, 아내는 손님이 유리벽으로 여자를 볼 수 있고, 여자는 손님을 볼 수 없는 곳에서 일을 하고 있었다. 시에서는 영화의 의미와 달리 성을 판매하는 자본주의 문화의 한 현상을 보여준다. 여기서 보여지는 성은 밝고 건강한 성이 아닌 자본 시장에서 상품으로 판매되는 슬프고 일그러진 "더러운" 성이다.

「유리창 3」에서는 "손바닥만한 땅 한번 뒤집기를 하면 / 아파트도 술도 여자도 맘껏 주무를 수 있"고, "로또 한 장이면 세상을 뒤집는데 / 무슨 쥐꼬리만한 월급에 목을 매느냐고 / 속옷만 걸친 마네킹의 도드라진 살이 묻는다"고 한다. 그리고 "로데오 거리에 서면 / 다 벌거벗긴 나를 / 유리창 너머 벗들이 맘껏 주무른다"고 한다. 성적 주체가 인간이 아닌 상품인 마네킹인 것이다. 인간의 욕망 과잉으로 상품과 주체가 전도된 것이다.

「유리창 4」에서도 "훤한 가슴 아래로 살이 매그러운 마네킹"이 성의 주체로 등장한다. 이 "벌거벗은 마네킹은 내 주머니를 살피고 있고, 몸이라도 팔아 내가 저를 가져주기를 원하고 있"다고 한다. 인간이 성의 주체가 아닌 상품이 성의 주체가 되는 것이다. 상품사회에서 역력한 인간의 소외현상이다.

「유리창 5」는 홍등가인 미아리 텍사스를 인유하고 있다. 여기서 화자는 "유리창 너머 마릴린 먼로의 포즈로 / 모로 누운 너는 / 살을 가린 한 올의 실크마저 던져 / 너를 다 벌거벗은 모양이지만 / 네가 더 보여줄수록 / 의문의 안개만이 더욱 뭉글뭉글 피어날 뿐이다"고 한다. 화자의 관점에서 이들 창녀들의 욕망은 작은 욕망에 불과하다. 화자는 이들 작은 욕망 위에 창녀들의 불행을 즐기는 거대한 욕망이 있다고 한다. 화자가 우려하는 거대 욕망은 다름 아닌 "초고층 아파트군"으로 비유되며 자본의 세습으로 비유된다.

 이 밖에 「유리벽 2」에서 "포옹하고 밀착하듯 걸어가는 연인"과 "벗다시피한 거리의 여자애들"을 통해, 「도스또예프스키의 사글세방」에서는 "달구어진 연인들의 몸이 홍찻잔을 뜨겁게 달구고 있다."를 통해, 「숨어있는 책」에서는 "커플째 통째로 바꿔 뜨겁게 주말을 달구려는 스와핑 족들의 은밀한 이메일"과 "스크린이 먹통이 되면 다시 지하의 콜라텍으로 내려가 어둑할 때까지 끌다가 궁합이 맞으며 그대로 엘리베이터를 타고 올라가 장미여관에서 속전 속결로 젊음의 갈증을 채울 수도 있는데 무슨 퀴퀴한 책을 찾느냐고, 낡은 손으로 자꾸 오지랖을 붙드느냐고 캐묻는 여기는 한국판 하라주꾸."라며 현대 자본주의 외적 욕망의 풍경을 드러냄과 동시에 화자를 통해 창작자의 내적 욕망의 풍경을 드러낸다.

 물욕의 욕망이 육욕의 욕망으로 전화된다면, 물욕의 소외 역시 육욕의 소외로 전화되어 나타난다는 등식이 성립한다. 구매력 상실로 물욕에서 배제된 화자는 현실에서 실현할 수 없는 육욕의 욕망을 화자를 통해 도피시킨다. 어디로? 책 속으로. 다음 인용하는 부분이 그렇다.

> 이윽고 따가운 탱크탑으로 겨울을 이기며 한껏 재잘거리던 여자애는 남친의 손을 잡고 심야극장으로 사라지고, 남은 몇몇은 주말을 그대로 둘 수 없어 극장 위층 모텔로 가 근육질로 뭉쳐진 주말을 뜨겁게 달군다. 기다리는 사람 오지 않고, 모니터를 뒤로 한 채 나는 어머니의 닮은 꼴을 찾아 거리를 떠도는 자크라캉 한 페이지를 넘긴다.
>
> ― 「유리벽에 기대어」 부분

3. 음악 제재의 인유

인유는 시의 오래된 수사법이자 중요한 시의 원리이다. 이미 잘 알려진 인물과 사건, 작품의 구절을 시의 원천으로 사용하는 것이다. 인유는 독창성이 의심스럽긴 하지만 작품의 "흥미와 의미를 보다 풍부하게"[1] 한다. 박몽구의 시에는 인물과 사건, 음악작품 등이 많이 인유되는 편이다. 그는 오랫동안 음악에 관심을 가져왔고, 앞서 낸 두 권의 시집 표제가 음악과 관련이 있다.

그는 음악을 재료로 가져와 현실과 역사와 자신의 삶을 깊은 의미의 숲으로 변주한다. 그의 음악 소재 시는 작곡자나 연주가의 방황과 방랑, 외로움과 상처, 슬픔과 가난, 어둠과 소외의 선율로 변주하여 화자의 처지로 보편화한다. 이를 테면 지난 시집에서는 아이들의 학자금 마련을 위해 밤을 새워가며 평균율 클라비어곡집을 써내려간 바흐나, 장작을 사기 위해 병든 몸으로 밤새워 악보를 써대는 모차르트의 삶을 통해 어려운 현실을 살아가는 독자에게 동병상련의 전율을 느끼게 하고 있다.

>   잘 닦인 추암리 바다 모래처럼
>   잡음이 서걱거리는 엘피로
>   브람스의 현악6중주를 듣는다
>   북받치는 높은음자리에서는

---

[1] 김준오, 『시론』, 삼지원, 1982, p.133.

가끔씩 콧소리마저 흥얼거리며
첼로의 현을 문질러대는
파블로 카잘스의 연주를 듣고 있으면
거북하던 속이 어느새 가라앉는다
바늘귀만한 잡음에도
모두 채널을 돌리는 시대에
매끄러운 선율로 가득 찬 히페리온 버전도
장만해 두었지만
나는 잡음이 성성한 카잘스의
느리고 깊은 소리에 빠져든다
욕망을 지긋이 누른 채
스승의 아내를 사랑한다는 말
끝내 뱉지 못하고 몇 줄의 현에 실려 보낸
브람스가 살아 있는 낡은 엘피가
삼키고 있는 말이 좋다
보이지 않는 곳에 쌓는
뜨거운 것이 있기에
눈앞의 보석을 넘어 거친 식사를 넘어
실체에 닿을 수 있다고
짓누르고 있는 천장과 빛의 무게를
훌훌 털고 찬 공기를 넘어
폭설로 끊긴 산길을 넘어
추암리 앞바다의 일출을 떠올릴 수 있다고
카잘스의 굵고 튼 손이 말한다
제아무리 뭉칫돈과 기름진 식탁을 준다해도
조국 카탈로니아의 총칼을 눈감아주는
정치가들 앞에서는 결코 활을 잡지 않았던
카잘스를 콧소리와 함께 브람스를 듣는다

모든 말 다 삼킨 백지편지를 밤새 쓴다
　　　―「백지편지―브람스 현악6중주 제1번」전문

　화자는 카잘스의 브람스 연주를 듣고 있다. 추암리 바다모래처럼 서걱거린다는 창작자의 경험은 비유로 차용된다. "느리고 깊은 소리"를 내는 카잘스의 음악이나 스승의 아내를 사랑했던 카잘스 개인사도 시에 차용된다. 그러나 이 시의 핵심 내용은 후반부에 나타난다. 카잘스의 정치적 신념에 창작자 자신의 정치적 신념을 일치시키고 있다. 이 시의 내용에 의하면 카잘스는 "제 아무리 뭉칫돈과 기름진 식탁을 준다"고 해도 식민 조국을 "눈감아 주는 / 정치가들 앞에서는" 연주를 거부했던 음악가이다.
　이러한 화자의 정치적 신념과 경험은 다른 시에서도 나타난다. 이를테면「블러디 선데이 막간에서」는 북아일랜드의 데리시에서 벌어진 평화시위에 가해진 군인의 무차별한 유혈진압을 소재로 한 영화 <블러디 선데이>를 보면서, 영화에 등장하는 인물과 1980년 광주 유혈현장의 인물을 통하여 동류항을 느낀다. 또「작은 꽃―임영희에게」를 통해 광주 유혈의 현장에 있었던 사람들이, '광주의 정신'은 어디다 두고 "그럴듯한 의자와 / 돈만 찾아 5월을 다시 죽"인다며 안타까워하고 있다.
　박몽구가 인유하는 인물들은 불우한 환경에서 자신을 지켜가는 인물들이다. 화자는 이러한 인물들과 거의 같은 처지에 있다. 현실이 어려운 화자는 인유되는 인물에게 돌아간다. 아니 인물들에게 도피하기도 한다. 그러한 경우는「서울의 올훼―굴렌 굴드를 들으며」에서 화자의 처지와 인유되는 인물인 굴렌 굴드의 일화를 통해서 잘 드러난다.

>   학위를 따고 밤 새워 논문을 써도
>   굳게 닫힌 문 열리지 않는 날
>   사람을 만나는 대신 굴렌 굴드가
>   연주하는 골드베르크 협주곡을 듣는다
>   매끈한 의자를 버린채
>   격정의 순간이 올 때마다
>   의자 삐걱거리는 소리가 뒤섞이고
>   하이파이를 거부하듯 콧소리가 섞인
>   굴렌 굴드를 들으며
>   키를 넘는 눈을 넘어
>   읽지 않은 책보다 두꺼운 얼음을 넣어
>   읍내로 가는 길을 생각한다
>   깔끔하게 고쳐 맨 넥타이와
>   값비싼 옷감 두텁게 바른 화장으로
>   포장된 연주회장은 음악으로 가는 길이 아니라고
>   떠나는 굴렌 굴드를 따라
>   책을 넘어 책에 닿는 길을 생각한다
>   이십수 년의 망령이 아직도 떠돌면서
>   가로막는 보이지 않는 손을 넘어
>   사람의 마을에 닿는
>   길 한 가닥 닦는다
>   —「서울의 올훼—굴렌 굴드를 들으며」부분

 화자는 현실이 "문을 열지 않"을 때 음악을 들으며 자신을 위로한다. 현재 화자는 안전된 직장의 은유인 "매끈한 의자"에 앉아있는 게 아니다. 그러나 화자는 오히려 이것이 문학으로 가는 길이라는 생각도 한다. 인유되는 인물인 굴렌 굴드가 "깔끔하게 고쳐 맨 넥타이와 / 값비싼 옷감 두텁게 바른 화장으로 / 포장된 연주회장은 음악으로 가는

길이 아니라고" 하며 떠나는 것과 자신의 입장을 일치시키고 있다. 인유되는 인물 같은 삶을 사는 것이 1980년 광주 유혈참사로 암시되는 "이십수 년의 망령"의 장애를 넘어 "사람의 마을"로 가는 길이라고 한다.

「서울의 올훼—슈베르트의 Sonata A Major op.120」에서는 "낡은 피아노 한 대 들여놓을 길 없어 / 무릎 위의 기타가 오케스트라를 대신했던 / 슈베르트의"의 불우했던 일화를 시로 형상화하고 있다. 화자는 "며칠 째 누구의 목소리도 들을 수 없는 날" 오디오를 친구삼아 슈베르트를 들으며 자위한다. <보리수> 곡은 귀족들이 부르며 즐겼지만, 정작 그 곡을 작곡한 슈베르트는 교외에서 매독과 싸우며 빵과 약을 걱정하며 죽어갔던 것이다.

시에서 인유되는 음악은 화자가 세상에서 버림받고 소외될 때 찾아가는 도피처이다. 「서울의 올훼—브람스 교향곡 3번」에서 화자는 "독한 여자와 헤어지고 온 오후처럼 / 휑한 들에 서도 / 사방이 막혀있는 밤"에 브람스를 듣는다. "아이들에게 일방통행의 수업을 하고 와 / 길게 쳐진 어깨 드리워진 서재에서"도 브람스를 듣는다. 그러면서 "모퉁이가 헤지고 귀가 눌린 책들은 / 밥이 아니어도 좋다고 / 고정된 의자가 아니어도 좋다고" 자위하며 "남이 흉내내지 못할 길 / 걸어가면 그만이라고" 자위한다. 「서울의 올훼—모짜르트 피아노협주곡 27번」에서도 "모짜르트가 스스로 연탄했다는 카텐차를 듣고 있자면 / 교수 자리와 빵빵거리는 찻소리쯤은 / 아무것도 아니다"고 자위한다.

최근 박몽구의 시에는 사찰의 이름이 자주 나온다. 화자가 사찰을 찾는 것은 상업자본주의로부터 소외된 불우한 처지를 달래보려는 심사일 것이다. 사찰을 여행하며 쓴 시에서는 자아의 성찰과 함께 더러워진 세상살이를 정화하려는 의지가 엿보인다. 기대와 달리 다음과 같은 밝은 구절들을 많이 만날 수 있다.

"검고 깊이를 모르게 썩은 절집 앞 연못 위에 / 티 없이 맑은 연잎 하나 떠 있다."(「개심사의 까치밥」)

"한잔 석간수가 / 흐린 팔당호에 잠긴 세상을 흔들어 깨웁니다"(「수종사에 가서」)

"달빛에 아기자기한 알몸 훤히 비춘다 / 허공에 아기물떼새 한 보자기 풀어놓는다"(「간월암」)

"핀 연분홍 꽃 하나 / 나는 산문 앞 흐린 연못에 핀 흰 목을 들어올리는 걸 보며 / 시의 꽃 한 싹 돋는 걸 본다"(「개심사 시편」)

"… 절마당의 가을 빛은 사천왕 가득한 산 아래서도 따사로운 얼굴 잃지 않았을까요."(「정취암에 가서 5」)

"만리포 앞바다의 청명한 파돗소리 / 안면도에 술처럼 퍼진 해송 향기 / 한올 홀연히 안고 / 상왕산 바위에 든 사람아(「서산 마애 삼존불의 말」)

박몽구는 정취암에 대한 5편의 연작을 쓰기도 하는데, 결국 아래와 같은 것을 얻기 위해서다.

> 미명의 어둠 속에서
> 지천명을 맞은 나는
> 당장 눈앞에 희망의 꾸러미를 내려놓으라는
> 비원 앞에 난감해 하는 부처의 모습이
> 안쓰럽게 촛불 너머에 어려보였다
> 새벽 산바람이 어리석은 사람을 일으켰다
> ―「정취암에 가서 4」 부분

　지천명에 이른 화자가 희망의 꾸러미를 내놓으라고 하면, 부처 역시 난감해 할 수밖에 없다. 천명을 체득하여 스스로 일어서야 하는 나이이다. 우리 나이로 쉰 살인 지천명은 공자가 나이 쉰에 천명(天命), 곧 하늘의 명령을 알았다고 해서 연유한 말이다. 천명은 우주만물을 지배하는 하늘의 명령이나 보편적 원리를 가리키는 유교의 정치사상이다. 이 정도의 나이에 이르른 박몽구는 시 「마음의 귀」에서 베토벤의 첼로 소나타를 들으며 "지천명을 턱걸이하면서 / 어두워진 눈이 책을 자꾸 밀어내고" "어두워진 귀 넘어" "맑고 깊은 영혼의 눈"을 뜬다고 한다.
　음악가 외의 사람 이름을 인유하기도 한다. 「정취암에 가서」 연작에서는 시승 수완을 "동 매 한송이"로 비유한다. 「선암사 왕벚나무 그늘」에서는 동화작가 정채봉을 기억하고, "낡은 풍경이 우는 만큼 / 어두운 산길이 열린다"고 한다. 「다박솔 한그루」에서는 운동권 목사이자 시인인 김창규의 인간됨을 "녀석의 부르튼 발에는 / 늘 등꽃이 켜져 있다"고 한다. 「블러디 선데이의 막간에서」는 1980년 당신 광주의 승려 이광영을 등장시키고, 「종로타워 앞에 핀 수선화―윤서」에서는 윤서라는 인물이 등장한다. 이외에 지체장애자였던 마산의 시인 이선관, 민통선 마을에서 목회를 하는 시인 이적, 1980년 금남로에서 활약했던 광주의 인물 임영희가 인유된다.

4. 닫는 글

박몽구의 열한 번째 시집에 실린 최근의 시들을 간단히 개괄하여 보았다. 박몽구는 등단 시부터 줄곧 사실주의적 창작기법을 고수하고 있다. 이번 시들은 상업자본주의 상품 중심의 세계인 저쪽과 거기서 소외된 이쪽의 대립을 시의 구성 원리로 하고 있다. 저쪽과 이쪽을 경계 짓는 것은 유리, 유리창, 유리벽, 통유리 등 유리 심상으로 나타내고 있다. 그런데 유리를 통해서 인간이 상품을 관찰하거나 인식하는 것이 아니라, 거꾸로 상품이 주체가 되어 인간을 관찰하거나 인식한다는 문제 제기가 이번 시들을 의미 있게 한다. 또한 이러한 당대적 문제를 그 전에 잘 나타내지 않던 성적 욕망의 기표를 통해 일그러진 모습으로 나타내는 것도 달라진 모습이다.

박몽구는 시에 인물과 사건과 음악작품을 다수 인유한다. 특히 작곡가와 연주가, 음악 작품을 인유하여 불우하였지만 한 길을 간 음악가들을 불우한 화자의 현실과 교합시킨다. 이러한 시들은 이전의 시에서도 자주 그리고 많이 보여주었다. 이미 발간한 두 권의 시집 제목이 음악과 관련된다. 또 이번 시에는 사찰이 많이 나오는 것이 특징이다. 지천명에 이른 나이를 끌고 절에 가서 자신을 정화해보는 것이다. 그런데 화자는 자신의 불우한 현실을 적극적으로 극복하려 하기보다는 자족하거나 음악 속으로 도망치고 있다. 그렇다고 그것이 시의 약점이 될 수는 없다. 의외로 사찰 제재의 시에서는 밝고 긍정적인 시어를 만날 수 있는 것도 특징이다.

11. 문숙; 생활 제재의 부정과 비극적 상상

1. 여는 글

　문숙의 시는 간명한 표현과 해독 가능한 쉬운 내용을 특징으로 한다. 최근 문단에 발표되는 난해하거나 번잡한, 기괴한 표현이 문숙 시에는 거의 나타나지 않는다. 그는 오래전 공자가 말한, 뜻이 통하는 표현이 중요하다는, 수식보다 진실이 더 우선이라는 전통시관을 따르고 있는 것이다.
　또한 문숙 시는 제재의 유형화나 계열화가 쉽다. 그래서 창작자가 강조하는 가치의 중심과 지향성을 어렵지 않게 눈치 챌 수 있다. 이러한 시는 독자의 재미를 반감시키기도 하지만 창작자가 일관된 세계관을 유지하고 있다는 믿음을 갖게 한다.
　문숙의 시를 훑어보면서 가장 먼저 유형화, 계열화 하고 싶다는 충동을 일으킨 것은 일상 생활제재의 시들이다. 주부 생활 일상을 제재로 채용한 시들에서 거의 시적 성공을 거두고 있다. 그는 생활 일상 가까이에 있는 사물에 부정과 비극적 상상력을 가열시킨다.

　이를테면 「낡은 고무장갑」, 「어머니」, 「치약 껍데기」, 「항아리」, 「단추」, 「새우튀김」, 「버선코」, 「소화기」, 「수건」, 「페트병」, 「마늘」, 「자리를 고쳐 앉는다는 것」, 「낡은 장롱」, 「부부」, 「금간 화분」, 「나무도마」 같은 작품들이다.

2. 일상 생활제재의 서정화

　아래 인용하는 「낡은 고무장갑」은 모두 14행의 수작이다. 이 시가 시성을 획득하는 것은 설명이나 설득, 논증 형식의 일상적 언술이 아니라는 데 있다. 낡은 고무장갑에 대한 구체적 인상을 감각적이고 객관적으로 묘사하여 시 읽기의 즐거움을 주고 있기 때문이다. 문숙의 이러한 생활제재 계열의 시들은 견딜 수 없이 난잡하고 혼란하고 지겹고 싱거운 시단에서 오랜만에 만나는 청량한 바람과 같아 즐겁다.

　　　손이 빠져나간 홀쭉한 장갑
　　　장독 위에 걸쳐 있다
　　　모든 움직임은 멎은 지 오래
　　　누군가의 빛바랜 껍질
　　　텅 빈 몸을 만져본다
　　　그에게 빛은 독이었다
　　　탱탱하던 전신이 찐득하다

한 사람을 기억하며 보낸 세월
그만 자신을 허물고 싶은 걸까
쩍쩍 달라붙어 놓지 않는다
제 살점을 헐어
여기저기 붉은 지문을 찍고 있다
물기에 젖어 산 날보다
버려져 말라간 날의 고통을 말하고 있다

—「늙은 고무장갑」전문

  위 시에서 화자는 관찰자이다. 주체는 고무장갑이지만 대상과 거리를 두고 관찰하는 관찰자 서술인 것이다. 누가 고무장갑을 벗어 놓은 것이 아니라, 고무장갑에서 "손이 빠져나"갔다는 첫 행부터 시성을 획득하고 있다. 일상에서도 주체이면서 시에서도 주체가 되는 뻔한 진술은 독자의 관심을 끌지 못한다. 일상에서는 손이 주체이나 시에서는 장갑이 주체다. 손이 빠져나간 채 장독 위에 오래 얹혀 있는 고무장갑은 빛이 바랜다. 이 빛이 바랜 고무장갑은 "누군가의 빛바랜 껍질"이며 "텅 빈 몸"이라며 인격화를 하고 있다.

  6행에서 화자는 고무장갑에게 "빛은 독"이라고 단언한다. 상식적으로 빛이 독이 될 수는 없다. 빛은 물, 공기와 함께 생명의 기본요소이다. 그러므로 이는 상식의 위반이다. 그래서 시 읽기의 충격이 있다. 물론 탄성을 유지해야 하는 고무류의 화학제품은 빛이 독이라는 게 일반상식이다. 그럼에도 독자가 고무장갑에게 햇빛이 나쁘다는 상식적 정보를 생각하기도 전에, 빛이 독이라는 단언을 듣는 것은 아무래도 충격을 준다. 표현의 낯섦 때문이다. 시에서 낯섦은 독자를 매혹시키는데 중요하다. "탱탱하던 전신이 쩐득하다"는 육체적 감각은 다

11. 문숙; 생활 제재의 부정과 비극적 상상 255

소 관능적이다. 찐득찐득한 늙은 몸의 관능을 연상하는 이 시행은 앞에서 육체감각화한 "홀쭉한 장갑"이나 "빛바랜 껍질" "텅 빈 몸"과 어울려 비극성을 발아한다.

  8행의 "한 사람을 기억하며 보낸 세월"은 햇빛에 낡은 고무장갑의 비유이기도 하지만 창작자인 시인이 화자를 통해 시 속에 개입해 들어가는 '시인 자신의 이야기'로 오해하여 읽을 수도 있다. 늙은 장갑을 통해 창작자의 심정이 투입, 발효된다는 오해이다. 김소월의 시에서 확인할 수 있는 것처럼 창작자와 화자는 전혀 다른 모습일 수도 있다. 작품의 내용과 시인의 삶과는 다른 것이다. 그렇지만 독자는 창작자에게도 한 사람을 기억하며 보낸 세월이 있을지 모른다는 막연한 짐작과 오해를 통해 시에 흥미를 갖는다. 창작자는 작품 속에 창작자 자신을 약간 드러내고 싶은 욕망을 언제나 가지고 있다. 그래서 작품은 곧 시인 자신이라는 말이 있다. 이 욕망의 정도는 독자가 읽어내는 정도에 따라 다르다.

  9행과 10행은 화자의 관찰적 감상이다. 문맥상 두 행은 도치되어 있다. 도치는 정서적인 반응의 강도를 드러내기 위하여 시에서 많이 사용하는 수사법이다. 햇빛에 녹은 고무장갑이 장독에 달라붙어 잘 떨어지지 않는 현상을 사실적으로 묘사하고 있다. '쩍쩍'이라는 의태어가 사실성을 더해준다. 11행 12행의 살점을 헐어 붉은 지문을 찍는다는 비유는 비극의 극화이다. 오죽하면 살점을 헐어버리겠는가?

  13행 14행에 오면, 이 시가 버려진 고무장갑만 이야기 하는 것이 아니라는 것을 알 수 있다. 어느 한 사람의 비극적 인생을 비유하고 있다는 느낌을 받는다. 독자가 창작자의 전략을 알아차릴 때 시 읽기의 즐거움은 배가된다. 훔쳐보는, 알아내는 기쁨일 것이다. 어차피 글은 무엇인가를 의미하고 전달하기 위해 쓴다. 물론 언어에 전달하고자 하는 마음을 다 담지는 못한다. 그렇지만 창작자는 의미하고 전달하기 위해 다양한 전략을 구사한다. 이 시가 은근하게 비유하여 전달하고자 하는 것은 어떤 한 인물의 일생이다. 비유되는 인물의 삶은 '물기'가 없는 고통스런 삶을 살고 있는 인물이다. 작품이 곧 시인 자신이라고 오해한다면, 창작자 자신이나 창작자의 어머니, 또는 창작자의 현재적 심리상태일 수도 있다.

또 다른 시 「어머니」는 "부엌 천정에 매달린 형광등"을 제재로 가져와 시를 발아시키며, 「치약 껍데기」는 생활용품인 치약을 다 쓰고 난 껍데기에서 시를 발아시키고 있다. 다 사용한 치약 껍데기로 한 남성 노동자의 죽음을 비유하는 것이다. 「항아리」 역시 주부 일상에 가까이 있는 항아리와 관상용 꽃 심기의 체험에서 우려낸 작품이다.

> 된장을 담아두던 항아리에
> 모래를 깔고 물을 부어 스킨딥시스를 심었다
> 제 몸에 꽃을 담고도
> 여전히 된장 냄새를 피운다
> 자주 물을 갈아도
> 노랗게 꽃잎이 타들어간다
> 단지를 들어내자
> 항아리 밑이 된장물로 흥건하다
> 짜디짠 눈물이 고였다.
> 숨구멍으로
> 제 몸에 담았던 한 흔적을
> 조금씩 몸 밖으로 버리고 있었던 항아리

한 사람의 기억을 버리려
　　숨 죽여 울던 저 여자

　　　　　　　　　　　—「항아리」 전문

　단연 14행의 이 시 역시 생활제재를 형상화한 수작이다. 이 시는 된장을 담았던 항아리에 관상용 화초를 심은 일화를 토대로 하고 있다. 1행과 2행은 화자의 단순한 행위이다. 단순 서술문에 불과한 두 행으로 된 한 문장에서 우리는 시성을 느낄 수 없다. 아무런 비유나 시적 장치가 없기 때문이다. 그러나 3행과 4행에 와서야 시적 장치에 걸려든다. 꽃과 된장은 잘 어울리지 않는 대조 개념을 가지고 있다. 제 몸에 꽃을 담고도 된장냄새를 피운다는 표현은 내용이 모순된다. 몸에 꽃을 담은 사람은 꽃향기를 피울 것이기 때문이다. 그러나 시인은 꽃을 담았지만 된장 냄새를 피운다고 말해버린다. 이 모순적 진술은 독자의 관심을 끌게 된다. 관심이 끌린다는 것은 창작자가 설치한 올무에 독자가 걸려들었다는 것이다.

　5행 6행은 된장을 담았던 항아리의 본성이 잘 변하지 않음을 물을 자주 갈아도 "꽃잎이 타들어간다"는 표현으로 진술한다. 7행 8행의 사건을 통해서 본성이 잘 변하지 않음을 구체적으로 확인한다. 단지를 들어내고 보니 항아리 밑에 된장물이 고여있다는 것이다. 그런데 창작자는 그걸 짜디짠 눈물로 비유한다. 된장물이 눈물이라니. 이러한 의인화를 보고, 여기쯤에서 독자는 항아리가 어떤 인간의 속성임을 환기할 것이다. 그 항아리는 현실에 적응하기 위해 자신의 본성이자 자아인 제 몸에 배었던 된장냄새를 지워가며 조금씩 몸을 바꾼다. 시의 마지막 두 행에 와서는 항아리를 '저 여자'로 인격화한다. 항아리를 갑자기 여자로 환치시키는 언술을 만나면서 독자는 충격을 갖게 된다. 항아리는 "한 사람의 기억을" 지우려고 "숨죽여 울던" 창작자의 경험적 내면일까? 시가 곧 시인이라는 오해를 믿는다면 그럴 수도 있다.

「단추」는 장롱 밑에서 먼지에 싸여있다가 나온 단추를 통하여 회상하는 형식의 시이다. 아무리 좋은 추억과 기억이라도 생활 속에 묻혀 잊혀진다는 것을 단추를 통하여 형상화하고 있다. 「버려진 종이컵」은 일회용으로 사용되다 아무렇게나 구겨져서 버려지는 종이컵의 일생을, 「새우튀김」은 새우튀김을 하면서 변화하는 새우의 외형을 시적으로 변용시키고 있다. 일상을 시적 제재로 채취하여 형상화하는 능력이 탁월하다.

> 바다를 버리고서야 몸을 쭉 폈다
> 단단한 껍질을 벗고
> 노란 삼베옷을 입고 기름 속으로 뛰어든다
> 뜨거움이 스미자
> 육신에 남아있는 생의 관성으로
> 바싹 몸을 옹그린다
> ─「새우튀김」부분

인용한 시에서도 확인되지만, 버리다, 껍질, 옹그리다(웅크리다)는 문숙의 시에서 자주 나타나는 어휘이다. 요리를 하면서, 요리의 일상에서 생의 비극성을 환기해내는 창작자의 관찰력과 상상력이 뛰어나다.

「버선코」는 버선을 통하여 "답답함을 따스함이라 믿고 산" 어머니의 일생을 비유하고 있다. 고무장갑, 항아리, 단추와 마찬가지로 버선은 아직까지 나이든 여성과 친숙한 생활용품이다. 「수건」에서는 몸을 감쌌다가 아무렇게나 내던져지는 젖은 수건을 통하여 딸과 화자 자신과 어머니의 관계를 환유시키고 있다. 「페트병」에서는 내용물을 다 쏟아내어 쓸모없어진 페트병이 길바닥에 버려져 뒹구는 것을 제재로 가져와 "자신을 꼿꼿하게 세우는 일"이 누군가를 가슴에 가득히 품고 견디는 일이라고 한다.

> 열무김치를 담그며
> 빈 김치통 뚜껑을 연다
> 파김치를 담았던 통에
> 아리게 배어있는 냄새
> 함께 어우러져 곰삭은
> 시간이 담겨 있다
> 물로도 헹궈시지 않는다
> 한동안
> 파김치 냄새로 울렁거린다
>
> ― 「흔적」 전문

　문숙 시의 장점과 특징이 잘 나타나는, 설명이 필요하지 않은 간명한 시이다. 일상을 제재로 한 다른 시들도 그렇지만 대상을 묘사하는 힘이 뛰어나 내용이 잘 들어온다. 이 시의 창작자는 김치를 담으면서 일어난 단순한 행위를 시제로 포착하여 인간사의 이야기로 비유 확장시킨다. 남녀를 불문하고 가사노동에 조금이라도 관심을 기울여 본 사람이라면, 김치를 담았던 빈 그릇에서 나는 냄새를 맡은 기억이 있을 것이다. 창작자는 이러한 경험에 상상력을 발휘하여 한편의 시를 제작한 것이다. 이 시에서 핵심 문장은 "함께 어우러져 곰삭은 / 시간"이다. 화자는 파김치를 담았던 그릇에서 나는, 잘 헹궈지지 않는 냄새를 통하여 함께 어우러져 곰삭은 시간을 보낸 사람의 냄새를 환기한다. 그 냄새는 화자의 기억에 아리게 배어 속을 한동안 울렁거리게 한다.

「우산」은 강의실에 오랫동안 남아있는 녹슨 우산을 여성화자로 인격화하여 명확하게 묘사하고 있다. 홀로 놓여진 여성화자의 심리는 누군가의 기억으로부터 멀어진 생물학적으로 소외된, 마음을 스스로 닫아걸고 있는 "한 사람의 지문으로 얼룩진 그녀"이다. 「마늘」은 말라가는 마늘을 인격화하고 있다. 마늘이 말라서 푸석한 껍질만 남은 상황을 '해탈'로 묘파하고 있다. 「낡은 장롱」은 골목에 버려져 비를 맞고 있는 낡은 장롱과 좁은 어깨의 한 여자를 병치시켜 비유하고 있다. 「나무도마」에서는 칼자국이 난 도마의 상처를 통해 "식구들의 허기를 채우던 아버지"의 힘겨운 삶을 환기한다.

이렇게 문숙은 일상과 가까이 있는 생활용품, 특히 주부와 가까이 있는 사물을 제재로 채택한 시에서 높은 시적 성취를 이루어낸다. 시의 대상이 되는 사물은 대개 인격화되며, 인간사와 병치되어 비유된다. 병치비유는 비유를 이루는 두 개의 요소 사이에 독특한 정서를 환기한다. 또한 대상을 간명하게 묘사하는 창작자의 특기가 생활소재의 시에서 위용을 과시한다. 표현에도 무리가 없어 내용이 쉽고 잘 읽히는 장점을 가지고 있다.

3. 부정과 비극의 어휘 사용

문숙의 시에는 부정적이고 비극적인 분위기의 정서가 속출한다. 부정과 비극의 정서는 창작자의 외적 삶과는 달리, 현상을 부정하거나 비극으로 보려는 내면심리 반영일 경우가 있다. 그의 수작인 「늙은 고무장갑」에서는 부정적 심상이 두드러진다. '늙은 고무장갑'이라는 제목에서부터 홀쭉한 장갑, 빛바랜 껍질, 텅 빈 몸, 독, 허물고, 헐어, 버려져 등의 어휘가 부정적 정서의 분위기를 조성한다. 부정적 어휘의 다발적 사용은 "물기에 젖어 산 날보다 / 버려져 말라간 날의 고통을 말하고 있다"며 마지막 두 행에서 비극적으로 극화된다. 다음의 「어머니」 역시 부정과 비극의 심상으로 가득 차 있다.

> 부엌 천정에 매달린 형광등
> 스위치를 당겨도 쉽게 스파크가 일지 않는다
> 빛이 다 빠져나가고 껍데기만 남아 깜박거린다
> 하얗던 몸속으로 검은 시간이 스민다
>
> 양 모서리가 캄캄해져 온다
> 긴 시간 나를 굽어보며
> 내 모퉁이를 환하게 비추던 한 생애가
> 속절없이 저물고 있다
>
> ― 「어머니」 전문

인용한 2연 8행의 시는 부엌 천정에 매달린 스파크가 잘 일지 않는 형광등을 소재로 하여 어머니의 생애를 비유한다. 어머니는 곧 형광등이고, 낡은 형광등은 속절없이 늙어가는 어머니인 것이다. '어머니'라는 제목, 그리고 낡은 형광등의 현상이 본문에 진술되면서 제목과 본문의 내용이 폭력적으로 결합되어 시성을 획득한다. 오래된 형광등은 스파크가 쉽게 일지 않는다. 깜박거리다 만다. 늙은 어머니의 몸 같다. 필라멘트가 있는 부분은 검게 타들어간다. 이러한 오래된 형광등의 현상은 늙은 어머니의 "몸속으로 검은 시간이 스미는 것"으로 비유된다. 오랫동안 화자의 외면을 굽어보며 환하게 비추어왔던 것은 형광등이나, 내면을 환하게 비추어왔던 것은 어머니인 것이다. 외면과 내면, 낡아가는 형광등과 늙어가는 어머니를 병치하여 비유한다.

「치약 껍데기」도 어느 가장인 남성노동자의 '가벼운' 죽음을 환유하는 부정과 비극으로 가득한 시이다. 다 사용하여 쓸모없어진 치약껍데기의 버려짐을 통해 자신의 내용물을 다 내주고 죽어간 가장을 비유한다.

>납작해진 치약을 짜고 또 짠다
>부풀었던 몸
>바짓단처럼 말려있다
>마알간 향기도 지워지고
>선명하던 이름도
>뭉개져 희미하다.
>
>(생략)
>
>알맹이가 모두 빠져나가
>뚜껑 없이 내던져진 치약 껍데기
>쓰레기통에 버려진다.
>
>― 「치약 껍데기」 부분

모두 3연으로 된 시의 1연과 3연을 인용해본다. 내용의 비극성은 물론이려니와 지워지고, 뭉개져 희미하다, 구겨지다, 밀려다니다, 추락, 빠져나가, 내던져진, 껍데기, 쓰레기통에 버려지다 등 부정적 어휘로 가득하다. "납작해진 치약을 짜고 또 짠다"는 노동자를 최대한 쥐어짜는 자본주의 생산구조, 생계를 위해 자신의 능력을 최대한 발휘해야 하는 자본주의 체제의 비극적 속성을 암시한다. 자신의 몸을 사용할 만큼 사용하고도 더 사용해야 하는 가장의 비극이 문맥에 숨어서 도사리고 있다. 자본주의 생산체제에 얽매여 인간의 본성을 잃어가는, 소외되어가는 인간의 모습이 바짓단처럼 말려있다거나 말간 향기가 지워진다거나, 선명하던 이름이 뭉개져가는 등 인간의 정체성을 잃어버리는 것으로 묘사된다. 그러다 3연에서 자신을 다 소모하고 세상에서 내팽개쳐져 죽어가는 인간을 쓰레기통에 버려지는 치약껍데기에 비유한다.
　문숙의 시에서 부정과 비극성은 「금 간 화분」에서 더욱 처연하게 나타난다. 한때 무리 없이 아이들과 좋은 집에서 잘 살았던 엄마이자 여성의 가난하고 비극적인 현재를 우울하게 그려내고 있다.

　　　　종일 어둠을 버티고 선 골목
　　　　지하방 창틀에 금 간 질화분 하나
　　　　속을 텅 비우고 겨울을 나고 있다
　　　　누군가를 담아 키운 듯
　　　　주위에는 마른 흙이 묻었다
　　　　온 몸을 가로지른 지렁이 같은 금

　　　　어두컴컴한 지하 셋방에 웅크린 여자

한때는 올망졸망 초롱꽃 같은 새끼를 품고
젖줄을 물리며
백열등이 환한 거실을 받치고 섰던 진호엄마
강 건너 오색 불빛에 이끌려
사이키 조명을 따라돌다
끝내 집으로 돌아가는 길을 잃어버린 여자
겨울바람에 시들고 있을 아이들을 떠올리며
문풍지처럼 울고 있다

이젠 아무 것도 담을 수 없게 된
저 금 간 화분
텅 빈 몸속으로 진눈깨비만 내린다

―「금 간 화분」 전문

  모두 3연 18행으로 된 시다. 1연은 금이 간 화분을 이야기하고 있다. 배경은 종일 어둠이 버티고 선 좁은 골목에 있는 지하방이다. 주거환경이 아주 열악하다. 금방 가난한 삶이 있는 장소라는 것을 알 수 있다. 그 지하방 창틀에 금이 간 질화분이 하나 놓여있다. 그런데 속이 텅 비었다. 거기다 추운 겨울이다. 그 화분의 주변에는 흙이 묻어 있다. 누군가를 담아 키운 듯하다고 화자는 추정한다. 화분의 몸에는 지렁이 같은 금이 나있다. 이렇게 1연은 주변에 대한 정황과 금이 간 화분을 묘사하고 있다.
  2연에 와서는 화분이 있는 지하 셋방에 여자가 웅크리고 있음을 서술한다. 2연 1행을 읽어가면서 금이 간 화분이 바로 이 '웅크린 여자'를 비유한 것임을 알아차릴 수 있다. 금이 간 화분과 웅크린 여자는 서로 병치되어 비유된다. 그러면 금이 간 화분과 같은 여자라니? 독자는

11. 문숙; 생활 제재의 부정과 비극적 상상 265

여자에게 어떤 사연이 있음을 기대하게 된다. 다음 3행에서 5행 "한때는 올망졸망 초롱꽃 같은 새끼를 품고 / 젖줄을 물리며 / 백열등이 환한 거실을 받치고 섰던 진호엄마"를 읽어가면서 이 여자가 진호엄마라는 것을 알게 된다. 그런데 '한때'라니. 접두사 '한'과 시간인 '때'의 결합은 과거의 어느 시간을 가리키는 것이니, 지금은 이러한 상황이 아니라는 말이다. 아이들도 곁에 없고 백열등이 환한 거실에서 살고 있는 것도 아니다. 지하 셋방에서 웅크리며 혼자 살고 있는 것이다.

그런데 이 시에서 시적 주인공이 어떤 연유로 금 간 화분처럼 살고 있는지 정보를 주지 않고 있다. 춤바람을 피우다 가족들로부터 쫓겨났는지, 아니면 가정경제를 위하여 유흥노동에 종사하는 것인지 등. "강 건너 오색 불빛에 이끌려"라는 시행과 "끝내 집으로 돌아가는 길을 잃어버린"이라는 표현을 보면 자발적 유혹과 실수로 가정을 잃어버린 것 같기도 하다. 3연에서 화자는 이 여자를 "이젠 아무 것도 담을 수 없게 된" 금이 간 화분이라고 한다. 견고한 창작자의 도덕관이 금 간 화분이라는 사물을 통해 형상화된 사례라고 볼 수 있다.

문숙의 시에는 위에 인용한 시 외에 부정적이고 비극적 분위기를 형성하는 어휘가 많이 나오는데, 특히 '껍데기'류 와 '버리다'류 어휘가 지배적이다. '껍데기' '껍질' 등 어휘가 나오는 시와 시행은 「새우튀김」에서 "단단한 껍질을 벗고", 「밤송이」에서 "두어 개 알밤이 빠져나간 껍데기", 「마늘」에서 "푸석한 껍질만 잡힌다" 등이다.

'버리다'류의 어휘를 통해 부정적이고 비극적인 분위기를 형성하는 시와 시행은 「늙은 고무장갑」에서 "물기에 젖어 산 날보다 / 버려져 말라간 날의 고통을 말하고 있다", 「항아리」에서 "숨 구멍으로 / 제 몸에 담았던 한 흔적을 / 조금씩 몸 밖으로 버리고 있었던 항아리", 「버려진 종이컵」에서 "구겨 넣은 꽁초 하나 / 얼룩진 몸 안에 버려져 있다", 「새우튀김」에서 "바다를 버리고서야 몸을 쭉 폈다 / … / 조금씩 익어가며 / 구부리고 펴던 기억마저 버리고 있다", 「소화기」에서 "구석진 곳에 차갑게 방치된 채", 「페트병」에서 "가벼움으로 중심을 잃고 / 길바닥에 버려졌네", 「흔들리지 않는 배」에서 "누가 타고 버린 것이냐", 「낡은 장롱」에서 "골목 어귀에 버려진 장롱 하나 / 비를 맞고 있다" 등이다.

  그렇다고 문숙의 시에 부정과 비극의 정서만 나타나는 것은 아니다. 부정과 비극의 상황에서 버팀과 희망의 힘을 보여주고 있는 시들도 다수가 보인다. 대부분 민중의 삶을 제재로 한 시들이 그렇다. 시인의 건강한 세계관이 반영되는 사례들이다. 「용수 할매」는 비극적 주인공이 안간힘으로 현실을 버티며 사는 가난한 노파의 삶을 적실하게 그려낸다.

        리어카를 끌고 오는 용수 할매
        가을비는 폐지를 적시며 내리고
        길 앞으로 쏟아질 듯 뒤따르는 리어카가
        야윈 걸음을 밀고 있다

        일찍 자식 앞세우고
        어린 손자랑 등 기대며 살던 할매
        컴컴한 골목길
        휘파람이 휙휙 날던 밤
        손자마저 낙과처럼 떨구고

한동안 보이지 않았다
중심을 잃은 채
길처럼 매달렸던 하나님도 놓고
몇 달을 주검처럼 보냈단다

오늘은 저승이라도 끌고 오는지
쉽게 걸음을 옮기지 못한다
가지 끝에 매달린 가랑잎처럼
리어카 손잡이 움켜잡고
흰 고무신에 담긴
마른 풀잎 같은 다리로
미끌미끌 버티며 오고 있다

― 「용수 할매」 전문

    모두 3연 20행의 이 시는 독거노인인 할머니의 힘든 노동생활을 형상화하고 있다. 1연에서 시적 주인공인 용수 할머니는 리어카로 폐지를 모아 팔아 생계를 유지하는 것으로 추측된다. 창작자는 화자의 시선을 통해 비가 내려 리어카에 실린 폐지를 적시고, 주인공이 야윈 걸음을 하고 있다며 비극적 분위기를 연출한다.
    2연에서는 주인공의 비극적 가족사가 서술된다. 자식은 먼저 죽고, 같이 살던 어린 손자 역시 불량배들에게 죽은 것으로 암시된다. 주인공은 이런 팔자 사나운 삶에 절망했던지 다니던 교회도 그만두었다. 행복한 생활을 담보해주지 않는 교회라는 게 도대체 무슨 소용이겠는가. 3연에서는 주인공이 리어카를 끌고 있는 상황이다. 리어카를 끄는 것은 저승이라도 끄는 것처럼 힘겨우며, 손은 가랑잎처럼 마르고 앙상하다. 다리는 풀잎처럼 가늘고 말랐다. 시에 동원되는 비극적 분위기와 주인공의 비극적 성격이 잘 어울리며 시의 비극적 상황을 잘 연출해내고 있다. 그러한 비극적 삶일지언정 늙은 육체로 현실을 "움켜잡고", "버티며" 현실을 살아내는 할머니의 삶이 대견하게 보인다.

「폐광촌의 풍경」 역시 탄광노동자인 남편을 막장에서 잃고 등이 굽은 채 홀로 사는 마을과 노파의 삶을 비극적으로 형상화한다. 화자는 "아직도 연탄을 피워내는 / 구멍이 숭숭난 마을"의 "여기저기 놓인 몇 점 화분"에서 "작은 꿈망울이 피고 있다"고 한다. 「산나리가 피는 동네」 역시 가난한 판잣집동네의 비극적 분위기를 연출하고 있다. 좁은 골목과 텃밭이 있고, 낡은 리어카도 있고 돌담도 있고 호박덩굴도 자라는 곳이다. 교회 십자가도 등대처럼 서 있다. 이러한 동네에 "둥글게 말린 아이들의 웃음소리"가 "산나리처럼 피고 있다"고 한다. 부정과 비극적 현실에서 긍정과 희망을 보려는 창작자의 안간힘과 형상능력에 믿음이 간다.

4. 회고적 연애와 관능의 상상

문숙의 시는 생활제재를 채취하여 형상화하거나 부정과 비극의 정서에 침잠하거나에 상관없이 연애의 상상력을 발휘한다. 그러나 연애는 과거이며 열망일 뿐이지 현재 진행형은 아니다. 몇 개의 시에서 창작자 개인의 외상으로 인한 자연스러운 연애의 복합심리 반영, 아니면 시적 장치로서 연애의 관념이 어느 상황에서나 의도적으로 발아하고 있다. 이를테면 「늙은 고무장갑」 8행에서 "한 사람을 기억하며 보낸 세월"을 읽을 때, 시에서 내적 주인공이 한 사람을 기억하면서 한 자리에서 자기 몸을 헐어내는 늙은 고무장갑처럼 될 때까지 살았구나 하는 감격을 맛본다. 「항아리」라는 시의 마지막 부분에 "한 사람의 기억을 버리려 / 숨죽여 울던 저 여자"라는 곳에 이르면, 된장을 담아두었던 항아리에 된장 냄새가 배어 잘 지워지지 않듯이, 자기 몸에 담아두었던 잘 지워지지 않는 상대에 대한 기억을 버리려고 애쓰는 시적 주인공의 슬픔을 맛보게 된다.

장롱 밑에 떨어진 단추
어둠에 갇혀
먼지더미에 푹 파묻혀 있다
어느 가슴팍에서 떨어져 나온 것일까

한 사람을 만나
뿌리 깊게 매달렸던 시절을 생각한다
따스하게 앞섶을 여며주며
반짝거리던 날들

춥고 긴 골목을 돌아나오며
한 사람의 생애가 풀어지지 않도록
단단히 채우다, 끝내
서로를 동여맨 실이 풀려
바닥으로 떨어져버린 단추

세상 밖으로 구르다
먼지를 무덤처럼 뒤집어쓴 채

잊혀진 그대

—「단추」전문

　모두 4연 16행의 이 시는 보잘 것 없이 떨어져 나간 생활제재인 단추를 통하여 연애의 운명성을 이야기한다. 과거의 연애는 현재의 생활에 묻힌다. 언제 떨어져 나갔는지 모르는 단추와 같다. 우리는 이사를 하거나 가구를 옮기다 새삼스럽게 먼지를 뒤집어쓰고 있는 단추를 발견하게 된다. 필요할 것 같아 주워서 잘 닦아 두거나 어느 옷에 달렸던 것인지 기억해보지만 다시 생활 속에서 거들떠보지도 않게 된다. 현재 일상에서는 필요가 없으니 찾지 않게 되는 것이다. 지나간 연애도 그럴 것이다.

　1연에서 화자는 장롱 밑 어둠 속에 갇혀있던 단추를 발견한다. 우연이든 아니든, 창작자가 의도했든 안 했든 장롱이라는 낱말의 상징성이 강하다. 장롱은 가구의 대표이자 결혼한 여성의 가장 큰 재산목록으로 상징된다. 요즘 아파트에 붙박이장이 있는 경우에는 다르지만, 장롱은 오랫동안 결혼 필수품이었다. 부피도 가장 크거니와 가격도 가장 비쌌다. 떨어진 단추가 장롱 아래 어둠과 먼지더미에 파묻혀 있었다는 것은 일상생활에서 단추를 잊어버리고 있었다는 말이다. 이러한 단추를 발견하면서 화자는 어느 가슴팍에서 떨어져 나왔는지 의구심을 갖는다.

　1연의 의구심은 2연에서 풀어진다. 2연은 연애가 빛났던 시절이다. 그때는 "한 사람을 만나 / 뿌리 깊게 매달렸던 시절"이며, "따스하게 앞섶을 여며주며 / 반짝거리던 날들"이다. 그러다 3연에 와서는 연애의 운명이 도래했음을 알린다. 단추를 "한 사람의 생애가 풀어지지 않도록 / 단단히 채웠지만 "서로를 동여맨 실이 풀려 / 바닥으로" 단추가 떨어져버렸다는 것이다. 4연에서는 "잊혀진 그대"라며 연애가 생활에 묻혀 잊혀졌음을 단언한다. 연애에게 먼지를 뒤집어씌워 망각하게 하는 생활은 정말 냉혹하다. 생활은 연애의 무덤이다. 이미 결혼은 연애의 무덤이라고 잠언처럼 말한 사람도 있다.

 연애에게 먼지를 뒤집어씌우고, 연애를 생활의 어둠에 가두어버리는 현실의 냉혹성은 「버려진 종이컵」에서도 재연된다. 창작자의 심리적 대변자일수도 있는 화자는 "버릴 수 있는 것도 사랑이다 / 한 가슴에서 조용히 잎이 지고 있다"고 한다. 시에 연애의 냄새를 숨겨놓기는 하지만 그 냄새를 스스로 가두고 덮어버리는 체념적 연애가 문숙의 시에 보여지는 연애의 상상력이다.

    공사 중인 골목길
    접근 금지 팻말이 놓여있다
    시멘트 포장을 하고
    빙 둘러 줄을 쳐놓았다
    굳어지기 직전,
    누군가 그 선을 넘어와
    한 발을 찍고
    지나갔다

    너였다

                     — 「첫사랑」 전문

    사랑이란 파내는 일
    나를 너만큼

그 자리에 너를
　　꾹 눌러 심는 일

　　　　　　　　　　— 「나무를 심으며」 전문

　인용한 두 편 모두 사랑의 원리를 간명하게 형상화한 수작이다. 대부분 시멘트길 공사를 하는 곳을 실수로 들어가 자신의 발자국을 남기거나, 다른 사람이나 짐승들이 찍고 간 발자국을 경험한 적이 있을 것이다. 「첫사랑」은 이러한 평범한 경험을 기발한 발상으로 첫사랑의 원리를 시화하여 보편성을 획득하고 있다. 사랑은 접근 금지된 영역을 도발하여 발자국을, 흔적을 가슴에 깊이 남기는 것이다. 도로를 아예 파내고 다시 공사하기 전에는 시멘트에 찍힌 발자국이 없어지지 않는다. 첫사랑의 발자국도 마찬가지일 것이다. 그 사람의 뇌가 멈추고 몸이 무덤 속에서 분해되기 전까지는 흔적이 남아있을 것이다.

　「나무를 심으며」는 나를 파내고 상대를 그 자리에 심는 것이 사랑이라는 창작자의 관념이 화자를 통해 구체화되고 있다. 사랑은 나를 파내는 일이다. 그리고 그 자리에 상대를 들어앉히는 것이다. 나를 파내는 일은 고통이다. 사랑하는 것은 정말 축제이며 고통스러운 사건이다. 상당히 잠언적인 관념이지만 나무심기라는 구체적 행위에 비유하여 사랑의 원리를 보편화하고 있다. 이 보편성 획득이 독자의 공감을 준다.

　일상에 묻힌 사랑의 비극적 기억과 체념, 그리고 고통뿐만 아니라 사랑에 대한 희구와 열망도 문숙 시의 도처에 나타난다. 「소화기」에서는 다음과 같이 말하고 있다.

> 나를 잠근 안전핀을 뽑고
> 내 안을 확인하고 싶어
> 나만을 태울 수 있는 불길을 만나
> 한순간의 뜨거움을 향해 확
> 나를 쏟아버리고 싶어
> 딱 한번만 숨쉬고 싶어
>
> —「소화기」 부분

　소화기를 제재로 하여, 안전핀을 뽑을 때 확 터져 버리는 분말이 내재된 소화기의 속성을 사랑의 속성에 비유하고 있다. 이 시에는 창작자의 열망이 화자를 통해 대리된다. 화자는 딱 한번만이라도 터져버리고 싶다는 충동을 내재하고 있다. 화자는 어디에도 안전지대가 없다고 언명한 뒤, 소화기처럼 구석지고 서늘한 곳에 놓여 먼지만 받고 있는 자신이 녹슬고 있다고 인식한다.

　화자는 자신의 내면에 출렁이는 바다와 같은 생명력과 근원적 폭발성이 있지만, 이것을 외면화하지 못하고 있는 현실을 가짜 "고요와 평화"로 인식한다. 가짜 현실은 "내가 나를 보지 못"했기 때문이다. 이것은 지금 내가 나를 봤다는 반증이며, 시 창작의 동기와 욕망은 내가 나를 본 순간부터 시작된다. 화자의 "나를 깨우고" "누군가의 손길에 세차게 흔들리고 싶"다는 열망은 자아를 찾으려는 구체적 행위로 표현된다. 나를 잠가왔던 안전핀을 뽑아 자아를 노출시키고 싶어 하는 것이다. 그러나 노출된 자아는 확 쏟아버리고 싶다는 극적인 소망으로 끝날 뿐이지 시 안에서조차 행위로 완결되는 것은 아니다. 문화적 윤리적 외압 현실에 길들여진 창작자의 가짜 자아가 내면의 진짜 자아를 억압하고 짓누르고 있기는 여전하다.

창작자는 시 「단풍」에서 단풍의 현상을 사랑으로 비유하는데, 화자를 통해 "딱 한번만 저, / 가슴에 감전당하고 싶다"며 연애에 대한 일회적이고 전소적 열망을 진술한다. 시 「징검돌」에서는 두 사람 사이에 만날 수 없는 존재론적인 거리가 있음을, 그래서 지금도 여전히 "너를 향해 가고 있는, 저 / 징검돌 같은 마음 하나"라는 거리의 연애를, 내용물이 없을 때 중심을 잃고 쓰러지는 페트병의 현상을 연애의 원리로 포착한 「페트병」에서는 "누군가의 가슴 가득 품고 / 숨 가쁘게 견디는 일임을"이라며 진술한다.

창작자가 남자와 등을 돌리고 나란히 누워 있다가 창작 동기를 얻은 듯한 「화성」에서 화자는 "등을 돌리고 누워있는 저 남자 / 육만 년을 거쳐야 다시 / 내 안으로 들어올 것이다"라고 단정한다. 남녀가 마주 누우면 서로 안으로 들어가 거리가 없는 동심일체의 상황이지만, 서로 등을 돌리고 누웠을 때의 거리는 육만 년이라는 시간이 되어야 서로 안으로 들어올 수 있는 아득한 거리가 존재하게 된다고 한다. 이 밖에 연애적 상상이 가능한 어휘와 시행은 「바퀴의 힘」, 「꽃사과」, 「결혼」, 「라일락이 피던 날」, 「우산」, 「이별」, 「낡은 장롱」 등의 시에서도 나타난다.

연애의 상상에서 가장 시적 성공을 거두는 시는 「부부」이다. 이 시는 좌판 위에 있는 고등어자반을 시적 제재로 포착하여 부부애를 형상화한 수작이다.

  좌판 위에 고등어자반 한 손
  제 속을 버리고 한 쌍이 되었다

한 마리가 가슴을 넓게 벌리고
또 한 마리는 뼈까지 드러내며
바다의 푸른 기억을
서로의 품으로 껴안는다
가슴을 갈라 등을 품는 아픔의 두께

잔물결이 사라진 시간
머리도 비우고 지느러미도 접은 채
서로에게 절여진 고등어 두 마리
그들의 접힌 상처 사이에
허옇게 말라붙은 바다가 보인다

— 「부부」

    모두 3연 12행의 이 시는 두 쪽으로 나누어 소금 간을 한 고등어자반 두 마리를 부부로 착안하여 서술하는데 매력이 있다. 1연에서 부부는 고등어자반처럼 자기의 속을 서로 버려야 한 쌍이 된다는 부부생활의 원리를 암시하고 있다. 2연에서는 배가 갈라져서 벌어진 자반이 서로 껴안는다는 말인데, 그것은 "가슴을 갈라 등을 품는 아픔의 두께"라며 표현의 묘미를 주고 있다. "바다의 푸른 기억"은 기억으로만 가지고 있는 과거의 분명한 생활태도라고 보면 될까? 3연에서는 머리를 비우고 지느러미도 접은, 즉 모든 자기를 포기하고 서로에게 간절한 사이가 되는 부부를 절여진 고등어 두 마리로 암시한다. 그렇다. 부부는 서로 자기를 포기하고 서로에게 절여지는 사이이다. 부부가 서로 껴안는 지점은 상처의 자리이다. 두 개의 나무를 접붙일 때 두 개의 나무에 칼로 상처를 내어 상처 난 자리를 서로 맞붙이듯이. 접힌 고등어의 상처 사이에 말라붙은 바다가 보인다는 상상, 누구나 부부는 맞붙은 상처 사이에 말라붙은 바다를 가지고 있다. 그것이 부부관계의 현실이다.

 시인의 눈에 포착된 시의 대상은 때로 관능적 연애의 상상으로 발전하기도 한다. 다음의 시들이 그렇다.

   소리 없이 스미는 그와
   질펀하게 어울려
   이 봄에
   사랑의 씨앗 하나 배고 싶다
                — 「봄비」 부분

   땅 속을 더듬는 불씨들의 아우성
   발그레한 황토 한바가지 빌어 객토하고 싶다
                — 「객토」 부분

 가지치기를 하여 끝이 뭉툭한 가로수를 시의 대상으로 삼은 「가로수」에서 화자는 "아랫도리가 흥건"하다고 한다. 자유로를 가면서 만난 전신주와 칡덩굴을 서로 한 몸이라고 상상하는 「통일전망대 가는 길」에서, 화자는 "하늘을 오르는 사랑의 몸짓 / 저 징한 하모니"라고 한다. 정치적 역사적 제재를 관능적 연애의 상상으로 서정화하고 있다.

4. 닫는 글

　이상과 같이 문숙의 시를 일별하면서 일상 생활제재의 서정화, 부정과 비극의 어휘 사용, 회고적 연애와 관능의 상상력으로 유형화하여 살펴보았다. 문숙은 최근의 젊은 시인들의 시 쓰기와 달리 간명한 표현과 쉬운 내용을 특징으로 한다. 그 가운데 일상의 생활제재를 시화한 작품들의 시적 성취가 높다. 이러한 작품들에서 일상 사물은 인격화되며, 사물의 현상을 통해 인간사를 비유한다.
　시의 분위기는 대체로 부정적이고 비극적 정서를 가지고 있다. 버리다, 웅크리다, 껍데기 등 부정적이고 비극적인 어휘가 그의 시에 다발적으로 발견된다. 그리고 거의가 여성화자이다. 이는 창작자의 내면 심리 반영일 수도 있고 시적 장치일수도 있다. 그러나 몇 개의 작품들에서는 견딤과 희망을 이야기하기도 한다.
　연애와 관능의 상상력도 보인다. 앞에서 언급했듯이 화자와 창작자가 일치하는 것은 아니지만, 창작자의 내면에 숨어있는 열망이 시적 화자를 통해서 나타난다고 할 수도 있다. 그러나 대부분 기억의 연애이며 기억의 관능이다. 때로 도발성도 보이고 열망도 보이나 시적 현실에서 실현되지는 않는다. 이외에 늙어가는 심상의 '어머니'가 제재로 자주 등장하거나 시의 내용에 창작자 자신으로 보이는 여성 화자의 '자아 찾기'도 보인다.

12. 표성배; 공장 공간과 노동 일상의 표현

1. 여는 글

예술작품은 특정한 사회적 조건과 관계들의 반영이다. 의도적이든 아니든 표성배는 이러한 사회주의적 예술관의 형상원리에 부합하는 시들을 생산해내고 있다. 예술가들에게 영감을 자극하는 것은 인본주의적 이상이다. 그러나 잉여에 최선의 가치를 두는 자본주의 생산양식은 인본주의적 이상에 대하여 적대적이다. 경제적 효율을 최선으로 하는 자본은 수익구조에 맞게 인간을 강제로 조직하고 배열하여야 하기 때문에 노동으로부터 인간의 소외가 일어난다.

인간의 소외문제를 지적하고 고쳐보려는 예술 행위에 대하여 자본이 너그러울 리가 없다. 최근 문학의 위기, 시의 위기는 자본주의의 극성 때문에 나타나는 자연스러운 현상일 수도 있다는 가정이 가능하다. 문학이 이 자본의 문제, 자본을 통해 실현되는 권력의 문제에 시비를 걸

때 건강한 생명력을 유지할 것이라는 상상도 해본다. 자본에 포섭되고 짓눌린 소비와 소외의 세계를 벗어나 인본주의적 이상을 꿈꾸고 실현하려는 창작자의 사상은 자본주의 생산양식 체계와 항상 충돌을 일으킬 수 밖에 없을 것이다. 이러한 충돌을 미학적 원리를 통해 예술, 즉 시로 발현시키는 것이 시 창작자의 행위일 것이다.

표성배의 시는 1930년대 카프의 노동문학과 1980년대의 민중문학의 지류로서 노동문학에서 보여주는 선배들의 소재 채취방법과 달리, 시에 생물어를 다량 투입함으로써 또 다른 공장 공간의 서정화 방법을 모색하고 있다. 시의 주제는 주로 노동현실의 비극성과 노동으로부터의 소외, 자본에 대한 저항으로 나타난다.

2. 생물어 투입과 공장 공간의 서정화

공간은 시간과 함께 인간의 삶을 규정한다. 공간은 인간의 생활을 규정한다. 인간은 공간을 바탕으로해서 생활을 영위하고, 그 바탕 위에 시간을 더해 경험을 축적한다. 이러한 과정을 반복하면서 인간은 역사를 만들어가는 것이다. 이처럼 공간은 인간의 정체성을 형성하는 기본요소라고 할 수가 있다.

표성배의 시에서 외적 공간은 공장이다. 공장은 화자의 경험공간이다. 창작자 자신으로 보이는 화자의 실제 행위가 이루어지는 활동공간이다. 이러한 공간은 시에서 미학적 변형을 거쳐 작품에 반영된다. 표성배가 시에 반영하는 공간은, 우리가 선입견으로 갖기 쉬운 쇳덩이와 기계소리만 윙윙거리는 무생물의 공간이 아니라 기계어와 생물어가 만나 동거를 하며 축제를 벌이는 공간이다.

> 지게차들이
> 숨이 턱에까지 차올라 웽웽거린다
> 바퀴가 수백 개에 달하는
> 트랜스포트라는 괴물이
> 몇 백톤이나 되는 제품을 업고
> 공장바닥을 휘젓고 다닌다
> 불꽃을 내뿜는 용접기와 고막을 찢는 함마소리,
> 철판을 동그랗게 말기도 하고
> 원하는 만큼 눌러 굽히기도 한다
>
> 이런 투박한 공장에도
> 쇠들의 무뚝뚝함만 있는 것이 아니다
> 연약해보이는 민들레가 꽃을 피우고
> 개나리는 봄만 되면 낭창낭창 허리를 흔든다
> 은행나무에 보금자리를 튼 까치들과
> 시멘트 바닥을 넘어
> 대장정의 모험도 마다하지 않는
> 개미들도 있다
>
> 몇 백 톤의 쇠들과 불꽃과
> 나무와 꽃과 개미들이 공존하는 곳
> 공장이 삭막하기만 하다는 말은
> 이제 수정되어야 한다
> ―「나무와 꽃과 불꽃」 전문

인용한 시는 모두 3연 21행이다. 시에서 보여지듯, 표성배의 공장 공간은 삭막하지 않다. 1연은 기계와 소음을 생동감 있게 서술하여 전형적인 공장 공간임을 보여주고 있다. 지게차들이 시동을 켜고 바쁘게 돌아다니고, 괴물같은 트랜스포트가 제품을 실어 나르고 있다. 용접기가 불꽃을 일으키며 작업을 하고 있고, 망치 소리가 고막을 찢는다. 철판을 말거나 굽히기도 한다. 이러한 번잡한 공장 상황이 구체화되어 서술되고 있다.

　2연에서 창작자는 공장에 "쇠들의 무뚝뚝함만 있는 것이 아니"라고 전제한 뒤, 공장안에 있는 생물들의 양태를 열거한다. 민들레꽃은 연약하게 피어있고, 개나리는 낭창낭창 허리를 흔들며 피어있고 작은 개미들도 있다고 하여 무생물과 생물, 공장안의 완강한 기계나 설비들과 대비효과를 노리고 있다. 공장 안에 있는 것으로 보이는 은행나무 위에 둥지를 튼 까치를 통해 생명 공간의 확장을 노리고 있다.

　3연은 창작자가 1연과 2연을 종합하고 있다. 창작자는 "공장이 삭막하기만 하다는 말은 / 이제 수정되어야 한다"고 강조한다. 이러한 설명투가 독자의 상상력을 좁혀 감동을 줄여주기도 하나, 무생물의 공간에 생물의 투입을 통한 생명력을 강조한다는 면에서 다른 노동시들과는 변별되는 독특한 양식을 획득한다.

　표성배 시의 제재가 적출되는 공장 공간은 활달하고 생동감이 넘치는 공간이다. 다음 시에서 확인이 가능하다.

　　　　공장 야적장 언덕배기
　　　　무성한 갈잎이 정답다
　　　　여름 내내 빳빳이 기가 살아

나 같은 것은 근접도 못했는데
처서가 지나자
부는 바람에도 어른처럼 유연해졌다

따갑던 햇볕도
푸근한 햇살처럼 다가오고
처마 밑 비둘기들도 신이났다
아침 체조음악에 맞춰
제법 큰 소리로 떠드는 것을 보니

소나무도 도장나무도
좀 더 성숙해진 느낌이고
늦게 핀 백일홍만이
마음껏 뽐내고 있는 화단에도
어김없이
가을이 온 모양이다

덩달아 처져 있던 깃발도
어깨 들썩들썩이는

―「가을이 온 모양이다」 전문

  모두 4연 19행의 이 시 역시 무생물의 공장 공간에 생물의 투입을 통하여 공장이 생명 공간이라는 것임을 서술하고 있다. 1연은 공장의 야적장 언덕에 있는 가을 잎들이 흔들리는 상황이다. 2연 역시 마찬가지이다. 햇살이 있고 비둘기들이 신이 난 상태이며 체조음악이 있다. 3연에서 백일홍이 뽐내고 있으며, 4연에서는 깃발이 어깨를 들썩이는 상황이다. 그러면서도 분위기는 과거의 빳빳하거나 따가운 것이 아니라 유연하고 푸근한, 그래서 성숙한 상황이다. 계절의 변화에 따른 창작자의 내면 성숙을 시적 대상인 사물의 변화를 통해 밖으로 드러내고 있다. 이 시에도 갈잎, 비둘기, 소나무, 도장나무, 백일홍 등 생물어를 등장시켜 공장 공간의 서정성을 높여주고 있다.

  공장 공간에 있는 식물인 풀과 꽃들은 화자의 심정을 대변하기도 한다. 시 「바람이 지나간 자리」에서 벚나무와 감나무, 감꽃을 통해 세상에서 살아가면서 "캄캄한 어둠 속에서 온 몸으로 견"뎌 오면서 상처를 입은 화자의 심정을 투영하고 있다. 「너에게도 이름이 있을진대」는 공장의 시멘트 바닥 틈에 홀로 난, 너무나 보잘 것 없어서 이름을 알 수 없는 식물에 대한 창작자의 관심을 시로 보여주고 있다. 너무 작아서 이름을 알 수 없거나 "부르고 싶어도 불러 볼 수 없"는 어린 잎은 "시멘트 틈새에 / 뿌리내리고 잎 틔"운 대견한 존재이다. 화자는 작은 잎이 작업장 크레인이나 지게차에 몸이 상하는 것도 걱정이 되지만, 홀로 밤을 지내야 하는 외로움을 더 걱정하기도 한다. 금속성의 공장 공간에 식물성의 침투로 대비효과를 통한 서정성을 보여주고 있다. 「나팔꽃」은 공장 울타리에 핀 나팔꽃의 속성을 통해 공장을 탈출하고 싶은 화자의 심리를 반영하고 있다.

      밖을 향한 꿈을 키워 왔구나
      따가운 햇볕이 내리쬐면
      꽃잎 오므려 아픔을 견디고
      담장 너머 먼동이 트면
      힘찬 나팔소리 울려
      다시 일어서는
      나팔꽃,

                               — 「나팔꽃」 부분

화자는 나팔꽃이 '아픔'을 통해, 그리고 다시 '아침의 일어섬'의 과정을 통하여 "밖을 향해 꿈을 키워왔"다고 한다. 나팔꽃이 한시도 멈추지 않는 '바람' 속에서도 담장을 넘으려는 나팔꽃의 현상을 화자의 심리와 병치시키고 있다. 시 「오늘같은 날」에서는 창작자로 보이는 화자가 "수십 년 공장생활"을 하면서 가졌던 "무겁고 답답한 것들"이나 "근심걱정"을 "잠시 잊고 / 키 작은 회양목이라도 / 쓰다듬어" 보자고 제안한다.

「찔레꽃」에서 화자는 "공장 야적장 언덕에 뿌리내려 / 하얀꽃을 피워내는 너를 볼 때마다" 같이 '노동자의 길'을 가기로 했던 동지들의 얼굴이 떠올라 몸살을 앓는다고 한다. 「개나리」에서는 이른 봄비를 통해 개나리꽃이 피는 것을 상상하고, 화자가 열다섯 살에 공장에 들어온 경로를 이야기 한다. 화자는 "내리는 빗속을 동네 형을 따라" 공장에 첫 출근을 한 것이다. 그러나 공장에는 공장 생활의 보람이나 희망으로 상정되는 개나리꽃이 피지 않고 계절의 봄만 왔다가 간다고 한다.

화자가 공장생활을 일찍했다는 증거는 다른 시에서도 노출된다. 코스모스가 가을이라는 제 계절에만 피는 꽃이 아니라는 것을 시 창작동기로 하는 「코스모스」라는 시이다. 여기서 코스모스는 가을에만 피지 않는다. 계절보다 일찍 핀 코스모스는 "또래들보다 먼저 공장에 나간" 화자를 은유한다. 그래서 계절도 아닌 일찍 핀 코스모스는 화자 자신의 인생을 닮아 애처롭다.

시 「겨울에 드는 날」에서는 공장 화단에 있는 겨울 배롱나무 마른 잎을 통해서 화자가 "꽃을 피워냈던" 행복한 과거를 상상한다. 현재 화자의 불행한 심리가 꽃피던 시절이 아득하다는 행복한 과거로 은유되고 있다. 「덩굴장미」에서는 의기소침한 화자의 심리를 덩굴장미의 외관을 통해 투영하고 있다.

> 공장 울을 따라
> 화려함 뽐내고 있지만
> 너도 힘이 부치는가 보다
> 팔 다리 다 늘어뜨리고
> 고개마저 숙였구나
>
> ―「덩굴장미」 부분

덩굴을 늘어뜨리고 피는 덩굴장미와 화자의 지친 발걸음은 유사하다. 유사성의 원리를 통해 창작자는 화자의 심정을 비유한다. 화자나 덩굴장미는 "기댈 곳"이 없는 공통점을 가지고 있다. 그러나 기댈 곳 없는 화자는 덩굴장미의 경우처럼 "제자리에 붙박혀 / 구릿빛 땀을 흘리"며 열심히 살고 싶다고 한다. 이러한 화자의 긍정적 의지는 시의 곳곳에 나타난다. 이를테면 「다시 밥이다」에서는 "공장이 오히려 다정"하다고 한다.

표성배의 시에서 동물인 비둘기가 공장 공간에 들어가 화자의 심리를 밝히는 주요 기호로 등장하기도 한다. 「참 맑다」에서는 "공장 처마에 날개를 접은 / 비둘기 몇 마리 / 한 줄로 앉아 한가로워 보인다"고 하고 있으며, 「흐린 날 공장 안은」에서 비둘기는 흐린 날 "천장 어디쯤 날개를 웅크"리고 앉아있는 모습이다. 「비둘기」에서는 공장에 날아들어 소음 속에 사는 비둘기의 안타까운 심정을 이야기하고 있다. 공장 안에 날아든 비둘기는 천장에 매달린 등 위에도 앉고, 크레인을 타고 앉아 있기도 하다. 고막을 찢는 듯한 가우징 소리나 프레스 소리에도 "귀마개도 없이 견디"며 살고 있다. 이렇게 열악한 공장 환경에 적응하며 사는 비둘기의 삶의 방식은 화자의 철공소 시절을 떠오르게 한다. 화자 자신은 철공소 다니던 시절 소음으로 잠을 못 이뤘는데, 비둘기 역시 소음으로 잠을 못 드는 날이 많을지 모른다는 것이다.

시 「엄밀한 탈출」에서는 "바람도 비도 비집고 들 틈 없는 / 벽과 벽뿐인 공장 처마"에 사는 비둘기를 통해 공장을 탈출하고 싶은 자신의 심정을 이입하고 있다. 「안과 밖」에서는 "공장 담을 / 자유롭게 오가는 비둘기 떼가" 부럽지만 화자 자신과 아무런 상관이 없다고 한다. 그러면서 "먼 나라 자욱한 포성 따위야 / 나와는 아무 상관도 없는 일"이라며 자조한다. 그러나 기법상 자조일 뿐이지 실제는 화자가 공장 담장 밖의 세계에 갖는 관심이라고 볼 수 있다.

표성배 시에서 공장 공간은 생물, 즉 식물이 무성하게 번식하는 곳이다.

> 민들레 질경이 토기풀들 등 밀치며 쌕쌕거립니다
> 단정한 향나무 폼 잡기에 바쁘고
> 끈기 시합이라도 하는 듯
> 배롱나무는 작은 잎 하나 떨구지 않고 견뎌내고 있습니다
> 감꽃 몇 개 핀 감나무는
> 바람이 불까 전전긍긍 하늘만 쳐다봅니다
> 그 옆에 등나무 쉼터엔
> 제관 씨 용접 씨 선반 씨 옹기종기 모여 앉아
> 서로 등 다독이고 있습니다.
> ― 「화단」 전문

공장 안에 있는 화단에서 벌어지는 식물들의 특성과 양태를 재미있

게 묘사하고 있다. 식물과 같은 등위로서 노동자들도 등나무 쉼터에서 쉬고 있는데, 제관 씨, 용접 씨, 선반 씨 등 대유를 사용하여 시 읽는 재미를 더하고 있다.

3. 노동현실의 반영과 비극적 인물형상

표성배는 생산 현장에서 일하는 노동자, 즉 인물의 전형화를 통하여 노동현실을 반영한다. 예술 창조의 한 방법으로서 현실 반영은 인물의 정확한 묘사와도 관련이 있다. 그러나 현실 반영은 단순한 현실 복제를 의미하는 것이 아니다. 현상의 본질에 침투해 들어가 진실을 획득해내는 방법이다. 그러기 위해서는 시적 주인공에 대한 세부적 진실과 함께 전형적인 공장 공간의 상황에서 전형적 공장노동자에 대한 진실한 재현이 필요하다. 묘사를 통한 진실한 재현은 묘사되는 사건, 노동자 자신의 사회 생활적 성격과 심리의 반영을 통해 구체화된다. 이러한 예술적 방법으로 탄생된 작품은 독자에게 영향을 미쳐 감동에 달하게 한다. 교훈적이고 논리적 설명이나 강변을 통해서 노동 현실을 전달하려는 미숙함은 예술, 즉 시의 품위를 한층 손상시키는 일이다.

「그라인더맨」은 인물 형상이 돋보이는 시이다. 그라인더라는 공작기계로 쇠를 깎아내는 노동자의 인물 묘사를 통해 노동현실과 노동의식을 재현하고 있다.

쉬는 시간만 되면

공장 바닥에 눕기 바쁜
그의 몸은 한짐이다

처진 어깨
다 닳은 지문
작은 키에 달라붙어 달랑거리는 입들
그저 착하게 보이는 얼굴
그저 침묵하는 눈동자
공장에선 헬리콥터 조종사라고도 하지
밥먹을 때는 수전증이 있는 것처럼
손을 달달 떠는 것을 쉽게 볼수 있어
슈퍼맨도 스파이더맨도 아닌
그라인더맨

나는 알지
보안경에 가려진 핏발선 눈
마스크에 숨겨진 앙다문 입
안전모 속을 역류하는 피
발부터 어깨까지 가죽 앞치마에 숨겨진
불 같은 몸뚱이

온 종일 쉴새 없이 불을 뿜는
그라인더맨
그의 몸은 한짐이다.

— 「그라인더맨」 전문

모두 4연 22행의 시이다. 끊임없는 노동에 임하는 노동자의 세부 묘사를 통해서 인물 전형화에 성공하고 있다. 1연은 일에 지쳐 쉬는 시간만 되면 공장 바닥에 몸을 눕히는 인물을 통하여 예사롭지 않은 노동

강도 현실을 전제하고 있다. 2연부터는 노동하는 인물에 대한 세부 묘사가 진행된다. 시적 주인공은 노동으로 어깨가 처지고, 지문은 닳아 없어졌다. 작은 키에 "딸랑거리는 입"을 가지고 있다. 얼굴은 착해 보이고 눈동자는 항상 '침묵'한다. 헬리콥터와 닮은 그라인더의 유사성 때문에 동료들은 그를 헬리콥터 조종사라고 한다. 작업시 그리인더의 진동으로 인하여 떨던 손은 작업을 하지 않고 밥을 먹을 때도 수전증처럼 떤다. 그러나 그는 영화에 나오는 슈퍼맨도 아니고 스파이더맨도 아닌 그라인더 직무를 하는 공장 현장에서 만든 말인 그라인더맨이다.

2연이 외적 표면 현상의 묘사라면 3연은 내적 심리 현상의 묘사이다. 첫 행에서 화자는 시적 주인공인 인물에 대하여 '안다'고 전제를 한 뒤에 외적 현상을 통해 내면을 암시한다. 주인공은 "보안경에 가려진 핏발선 눈"을 가지고 있으며, "마스크에 숨겨진 앙다문 입"을 가지고 있고, "안전모 속을 역류하는 피"를 가지고 있다. 안전을 위해 걸치는 "가죽 앞치마에 숨겨진" 몸은 불덩이같다고 한다. 인물의 외형을 병렬적으로 나열하면서도 폭발하기 직전의 내적 긴장감이 시적 성취를 가져온다.

위에 인용한 시에서처럼, 그의 시에 나타나는 노동자들은 대개 노동의 힘을 믿고, 노동에서 희망을 찾으려는 건강한 노동 몰입형이다. 「가까운 곳에 눈은 머문다」에서도 인물은 노동현장에서 "햇살과 구름과 / 바람 사이에 일어나는 일에는 / 마음 쓸 여유가 없"이 용접을 하고 그라인더를 하고 크레인을 운전하느라고 정신이 없다. 시적 주인공은 "용접 불빛", "그라인더 불꽃", "크레인의 힘"이 햇살보다 가깝다고 믿는 인물이다. 「사람보다 사람을 있게 하는」은 노동 사랑의 노래이다.

> 우리 식구 살 수 있는 밥을 주는 일거리들
> 깨어질라 멍들라 찢어질라
> 정성스런 손길이 예사로운 것이 아니다
>
> 야외 작업장에서
> 조립하다만 제품을 비닐로 덮으며
> 우리 식구 목숨 같다는 생각이 든다
> ─「사람보다 사람을 있게 하는」 부분

인용한 시의 창작 동기는 화자가 야외 작업을 하는데 비가 오려고 하자 제품을 덮는데서 시작한다. 화자는 제품을 '신주단지'처럼 소중하게 다루는 것이 하나도 이상하지 않으며, 그것이 사람을 있게 하는 것인지 모른다는 창작자의 노동 사상을 반영하고 있다. 그러나 시 「나와 아내 사이처럼」에서 보여주듯이 "나와 공장 사이"는 나와 아내와의 사이 같다. 늘 함께 있으면서도 "너무나 먼 사이"이다. 그래서 부부싸움 같은 '파업'을 한 후에도 돌아오며, 파업 후에 돌아오는 첫 출근 공장의 현장은 사랑스러운 공간이다.

「나는 노동자인가」에서는 "한 해가 시작되고부터 / 나는 얼마나 행복하더냐 / 눈 뜨면 출근할 공장이 있고 / 비 오면 비 맞는 제품 걱정할 일거리가 있으니 / 오히려 내가 미안할 정도"라고 한다. 가장이 일자리를 잃고 생계의 막바지에 몰려 죽음을 선택하거나, 남아있는 "아내의 울음소리"가 전국 방방곡곡에 산재한 상황에서 상대적으로 행복하다는 화자의 이야기다. 그러나 이것은 역설이다. 이러한 상황에서 자신의 일자리가 견고한 것에 대한 상대적 미안함, 그런 일자리를 가지고 있으면서 연대적 노동자 의식을 가지고 있지 못하다는 자의식을 내포한 시이다.

그리고 화자는 출근표에 도장을 찍어야 안도하는 노동자이기도 하다.

  출근표에 도장을 찍고
  기계 앞에 서서 내 자리를 확인하고 나서야
  또 하루를 안도하는
  나는 확실한 노동자

            —「확실한 노동자」 부분

 여기서 "나는 확실한 노동자"라고 강조하지만, 이는 확실하지 않은 노동자라는 불안정한 심리를 역설적으로 반영하는 것이다. 이러한 불안정성은 자본의 끊임없는 노동통제 전략을 통해서 형성된다. 자본은 '정리해고'라는 "흉흉한 소문"을 퍼뜨리기도 하고(「정리해고」), '대기발령'을 통해 노동자를 우울하게 한다.(「대기발령」)

  오늘도 위기를 말한다

  위기라는 말 앞에
  이십 년 넘게 쌓아올린
  내 노동이 허물어질지도 모른다는 생각에
  불안한 것이다

  내 생각과 상관없이
  돌아가는 기계
  돌아가다 멈추는 조립라인
  도깨비처럼 나타난 외국법인
  공장 이전, ……
  밤새 허둥대는 꿈을 꾸다

깨어난 아침처럼
두려운 일이 또, 있을까

어느 날
누군가 내 노동을 단단히 묶어
이쯤에서 당신은 쉬어야겠어하는
문자메시지가 도착할까봐
두 다리에 힘을 줘보지만
불안은 사라지지 않는다
— 「보이지 않는 손」 전문

항상 노동 통제전략으로 위기를 조장하는 자본의 속성과 노동자의 불안감을 형상화하고 있다. 공장 설치나 생산 설비의 작동, 외국자본 횡포, 공장이전 등은 노동자의 의사와 상관없이 이루어진다. 이러한 자본의 통제 앞에 놓인 노동자인 화자의 불안심리는 사라지지 않는다. 불안정 노동에서조차 낙마하여 가판 의류상을 하는 노동자의 실정이 「저 사람」을 통해 구현된다.

챙이 큰 모자를 깊이 눌러 쓴 것을 보니 나처럼 부끄러움이 많은가 보다. 말을 건네면서도 얼굴 붉히는 걸 보니 반질반질한 장사꾼은 아닌 듯하다.
가음동 시장통 한길 가에 리어카를 세워놓고, 지나는 사람들에게 쭈빗쭈빗거리는 저 사람, 떡 벌어진 어깨 굵은 손마디, 그늘진 얼굴
저 사람도 나처럼 불안한 공장엘 가슴 졸이며 다녔을까
하나에 이천 원 삼천 원짜리 여름 옷가지를 늘어놓고 말을 건네다 담배만 피워 무는 저 사람, 아무래도 어디서 많이 본 듯하다
— 「저 사람」 전문

어디서 많이 본 듯한, 공장에서 해고된 동료가 노상에서 값싼 옷가지 장사를 하는 내용의 시이다. 원래 장사꾼이 아닌 동료의 장사수단이 서툰 것을 통해 국내 노동 현실의 진실성에 접근하고 있다.

노동 현장의 생산 시설은 노동자를 죽음이라는 비극적 상황으로 몰고 가기도 한다. 비극적 노동현실에 자주 접한 화자는 「무덤덤한 하루」에서 보여주듯 공장 공간에서 일어나는 산업재해 사건에 대하여도 무덤덤하다. 산재 사고는 일상처럼 일어나는 "일상이 되어버린 / 무덤덤한 피 / 피 냄새"일 뿐이다. 화자는 다른 노동자가 "공장 바닥에 나뒹"구는 상황을 무덤덤하게 바라보는 자신이 안쓰럽다고 한다.

「길」에서는 안전한 작업을 위해서 안전 작업대를 만드는 '그'가 작업을 하다가 추락한 내용이다. '그'가 지상으로 추락하면서 "그의 몸뚱이가 길이 되었다"는 것이다. 그리고 화자 자신의 안전한 길도 그가 추락하고 나서 만들어졌다는 것이다. 노동자의 의지와 상관없이 공장이 개폐를 거듭하는 상황을 시 「봉암공단」을 통해 보여준다. 이러한 상황에서 노동자는 "하고 싶은 말은 한 마디도" 할 수가 없다.

화자는 어린 나이인 열 네 살에 공장에 들어와 새벽녘까지 기계소리에 맞추어 일을 하기도 한다. 이렇게 어려서부터 생활을 꾸려야 하는 '생존의 법칙'을 알게 된 사연이 시 「나이테」로 형상화된다. 화자는 어려서 쇠뭉치의 무게에 견디기가 어려워 "기름때 절은 작업복 보통이를 / 달팽이집처럼 짊어지고 / 이 공장 저 공장을 떠돌"았지만 나이가 들어서는 현재의 사업장을 벗어날 수 없다는 것을 알고 있다. 열네 살에 나이가 베어져 "더 이상 나이를 먹지않는다"는 은유를 통해 비극적 발언을 하고 있다.

결국 「자랑거리」에서 "이십 년 넘게 공장을 다녀도 / 변변찮은 내 모습이 나를 주눅들게" 하며, "소위 노가다라는 것은 / 수십 년을 일해도 이력서에 / 한줄 적을 것이 없다"고 한다. 그래서 화자는 노동에 "지친 몸을 은행나무에 / 기대"기도 한다.(「물들고 싶다」)

        야근 일에 지친 아침을 맞으면
        눈 맞추어 함께 우울해 하던 공장 뒷산이
        저만치 달아났다
        들어선 아파트 높은 그늘에
        나는 주눅들고

                            —「갓산」 부분

인용 시에서처럼 야간 노동을 마친 화자의 심리적 '우울'이 자연 환경에 전이된다. 화자의 직접적 심리도 주변의 아파트 그늘에 주눅이 든다. 시 「측백나무」에서는 화단에 혼자 서 있는 측백나무를 하루 종일 기계 앞을 떠나지 못하는 노동자에 비유하고 있다. 측백나무가 하는 말이기는 하지만 "차라리 / 쓰러질 수만 있다면 / 무거운 짐, / 훌훌 털어버리고 싶다"고 한다. 열악한 노동 현실을 죽음을 통해 벗어나고 싶다는 소망을 암시한다.

이러한 열악한 노동환경을 극복해보려고 노동자들은 쟁의를 벌이기도 한다. 그의 시 행에서 간간이 쟁의활동을 엿볼 수 있다. 「관계」에서 화자는 아무리 머리띠를 묶어도 "변하지 않는 것은 / 노동과 자본의 관계"라고 한다. 그리고 "노동의 댓가를 정당하게 받겠다는 노동자는 / 오늘도 굶고 있다"는 것이다. 시 「삼월에」에서는 공장 주변에 내리는 눈을 통해 "머리띠를 두르고 북을 치며 / 구호를 앞세우"던 시위 상황을 떠올린다. 시 「데모를 한다」에서는 화자가 속한 집단의 노동쟁의는 노동자뿐만 아니라 공장 공간에 있는 '벚나무'나 '키 큰 전봇대'도 같이 연대한다. 「기계의 말」에서는 화자가 "닦고 조이고 기름 치고 어쩌다 스위치를 내리고 데모를 하는 것은 내 마음과 네 마음을 함께 전하는 것"이라고 한다. 자본에 대항을 무생물인 기계와 연대를 통해 정당화하는 것이다. 시 「밥」에서는 밥을 위해 "누군가 몸에 불을 지폈다는 소식"을 듣기도 하다.

>단순히 밥의 문제였다
>울을 타고 꽃을 피운 네 자태도
>슬쩍슬쩍 훔치기만 했던 내 마음도
>그리운 사람에게 편지 한 장 쓸 여유마저
>앗아가버리는 밤
>   ― 「다시 밥이다」 부분

화자가 노동쟁의를 끝내고 나서 공장에 돌아온 소회를 서술하고 있는 시이다. 인간은 생계를 위해 노동을 한다. 노동하지 않고 생계를 해결하려면 약탈이나 착취밖에 없을 것이다. 그래서 노동을 안 하는 인간, 노동 없이 생계를 유지해가는 인간은 타락한 인간의 전형일 수 밖에 없다. 그러나 생산 효율 제고를 목적으로 하는 노동은 인간을 노동으로부터 소외를 시킨다. 인간이 필요로 해서 하는 게 노동인데, 오히려 인간이 노동에 짓눌리는 것이다. 그래서 노동의 해방이란 다름아닌, 노동으로부터의 인간 해방이다. 인간 중심의 노동을 해보자는 것이다. '밥'을 걱정하지 않는 생존과, 그리운 사람에게 편지 정도는 쓸 수 있는 정신적 여유와 여가를 필요로 한다.

그러나 「하루만이라도」에서 보여주듯 여가문화에 익숙하지 않은 노동자로서는 오랜만에 가져보는 휴식 역시 지루할 뿐이다. "어두침침한 방에 홀로 누워 / 내가 노인이 되었다가 / 남겨진 아이들이 되었다가" 덜컥 겁을 집어먹을 뿐이다.

4. 닫는 글

표성배 시의 개성은 직접생산 현장인 공장에서 노동을 하는 공장노동자로서 인본적 이상과 생산적 현실이 만나는 충돌 지점을 시로 형상화하는 데 있다. 그의 시에서 창작자 자신으로 보이는 화자는 선반공이며, 수십 년 동안 공장에서 노동을 하고 있는 노동자이다. 창작자는 화자의 작품 내 현실 공간과 인물의 형상을 통해서 공장 노동의 상황과 노동자 일상을 구체적으로 보여주고 있다. 이 같은 그의 시는 끝임없이 발전해가는 민중문학의 지류인 노동문학의 유지와 발전에 나름대로의 독특한 기여를 하고 있는 것이다.

그의 시는 이전의 노동시들과 같이 읽기가 쉽다는 장점도 있지만, 공장 공간에 널려 있는 기계어와 함께 생물어가 빈번하게 등장한다는 특징도 가지고 있다. 그의 시에 나타나는 기계어는 함마, 그라인더, 용접기, 제관, 용접, 선반, 크레인, 지게차, 트랜스포트, 프레스 등이 반복되어 나타난다. 그의 시 전편에 반복되어 나타나는 생물어는 꽃, 나무, 풀, 동물어로 나누어 볼 수 있다. 꽃과 관련된 어휘는 꽃을 비롯하여 나팔꽃, 하얀꽃, 들국화, 개나리, 민들레, 백일홍, 코스모스, 아카시꽃, 감꽃,

찔레꽃 등이다. 식물어는 회양목, 상수리나무, 소나무, 벚나무, 측백나무, 도장나무, 감나무, 은행나무, 감나무, 배롱나무, 참나무, 등나무, 황금쥐똥나무, 왕감나무 등이다. 풀은 질경이, 민들레, 토끼풀이 나타난다. 동물은 비둘기, 쥐, 까치, 소, 꿩, 개미, 미꾸라지, 들고양이 등이다. 이밖에 소나기, 비, 햇살, 바람, 별, 눈 등 천체 및 기상어가 빈번하게 등장한다.

표성배는 인물의 묘사를 통한 전형화에도 미학적 성과를 거두고 있다. 시에는 다양한 인물이 나타나는데, 어려서 공장에 들어온 인물에서부터 일에 몰입하는 인물, 산업재해로 현장에서 죽어가는 인물, 정리해고와 대기발령으로 불안해하는 인물, 노동쟁의에 참여하는 인물, 불안정 노동에 시달리는 인물, 해고가 되어 거리에서 값싼 의류 노점상을 하는 인물 등이 시적 화자나 주인공이 되어 시에 출연한다.

많은 독자들이 제조산업의 현장에서 일하면서 시 창작을 하고 있는 표성배의 시를 통하여 한국내 공장 공간과 노동의 현실, 노동자의 일상세계를 진실하게 엿볼 수 있는 계기가 되었으면 한다.

닫는 시론

13. 정치시론; 사회정치적 상상력 시의 전통과 현재

1. 여는 글

 이 글1)의 목적은 사회정치적 상상력의 시만 쓰자는 것이 아니라, 한국시의 건강을 위해 상상력의 편식을 막아보자는 것이다. 나는 감히 인생의 문제는 '먹고사는 일'과 '사랑하는 일'이라고 서슴없이 말하고 싶다. 인간의 모든 행위는 이 두 가지로 귀결될 것이다. 둘 가운데 뭐가 먼저냐고 나에게 묻는다면 물론 '먹고사는 일'이 먼저라고 대답한다. 필자는 '사랑하는 일'에 관심이 많지만, 이 문제는 다른 사람들도 많이 이야기 하고 있으므로 '사랑하는 일'은 다음으로 미루고 '먹고사는 일'을 우선 이야기 해보도록 하겠다.
 필자는 지금 이 먹고사는 문제 때문에 피시 앞에 앉아서 자판을 두드

---

1) ≪시민문학≫, 2004 가을 및 ≪시를 사랑하는 사람들≫, 2006. 7~8에 발표한 글을 보완한 것이다.

리고 회사에 나가며 학교에 나가 강의를 한다. 적절한 보상을 주지 않는 어떤 행위들을 할 때 우리는 얼마나 짜증나는가. 성직자인들 의식주를 위하여 불경과 성경을 읽고 외우며 신도를 위해 기도하는 노동을 하지 않겠는가? 최근 일본에서 스님들이 노동조합을 설립했다는 신문기사를 봤다. 내가 아는 스님은 자신을 스스로 '위장 취업자'라고 한 적이 있다. 성직자들이 이럴진대 범인들이야 오죽하랴?

그런데 사람의 최고 문제인 이 먹고사는 문제가 바로 정치적인 문제이며 정치적으로 결정된다는 것이다. 우리가 밥 한 숟가락을 푹 떠서 입에 넣기 전에 팔을 멈추고 쳐다보자. 한 숟가락의 밥이 얼마나 정치적인가. 그 쌀값의 단위가 어디서 결정되는가. 농민들은 왜 벼를 불태우고 소를 끌고 여의도로 진격하는가. 왜 할복을 하는가?

노동자들의 임금인 월급은 또 얼마나 정치적인가. 임금을 올리려고 노사간 대립하다가 안 되면 정치권력이 경찰과 군대를 개입해서 해결하기도 한다. 최근에 국가안전보장이사회에서 특정 산업노동자들의 파업을 국가비상사태로 인정하여 대응하겠다고 하는 걸 보면 의식주를 해결하려는 노동자들의 임금이 얼마나 정치적으로 결정되는가를 알 수 있는 쉬운 예이다.

빈부의 문제를 판가름하는 부동산을 가지고 대통령까지 나서서 왈가왈부하는 것은 또 얼마나 정치적인 것인가. 물가를 못 잡는다고 주부들은 또 얼마나 정치인들을 남편보다 더 씹어대는가. 그렇기에 우리의 생존 자체가 정치적 조건에 둘러싸여 있다고 보면 된다. 모든 것이 정치적이라고 해도 틀린 말이 아니다. 인간은 사회적 동물이라고 했을 때 인간은 정치적 동물이라는 말과 같다고 보면 된다.

우리는 태어나서 죽을 때까지 정치적 통제 속에서 살고 있다. 출생, 혼인, 학교, 등록금, 지하철 요금, 국방의무, 성교, 교우 관계, 오늘 점심에 먹게 될 밥 한 수저까지 정치적인 것이다. 그러니 사람의 모든 일상생활은 정치적으로 결정된 권력의 통제 안에 있다고 보면 된다.

그런데도 우리의 시인들은 언제부터인가 시에서 정치적, 사회적 상상력을 잃어버렸다. 시와 정치는 서로 상관없는 것처럼 여기고 있으며, 시가 정치적 내용을 소재나 주제로 하면 대개 실패한다고 여겨왔다. 그것은 오랫동안 남북이라는 정치적 상황과, 정치권력에 편승하여 문학권력을 누려온 비순수한 문학 잔당들의 잘못된 사이비 정치적 문학 확대 재생산과도 관련이 있다.

그 결과 대부분의 현재 시인들이 정치적이고 공공적 사건을 시에 끌어들이는 것을 침묵하고 개인적 소아에 침몰하여 한국시단의 왜소화를 가져온 것이다. 그야말로 정치사회적 상상력이 빈곤한 빈혈 걸린 시를 써대다가 문학의 죽음이라는 선고를 받기에 이른 것이다.

2. 사회정치적 상상력의 시적 전통

오랫동안 문학의 전통은 인간의 실질적, 현재적 삶의 조건을 규정하는 정치, 경제, 사회문제를 비켜가지 않았다. 한 집단의 지도자나 지성으로서, 아니면 피 억압자로서 '거대한 현재'를 붙들고 끊임없이 해석하고 변화시키려고 하였다. 시인은 양심을 가지고 의식적으로 모든 국민 혹은 모든 계급에게 말을 걸었던 것이다. 대중들은 시인이 한 말에 주목

하였으며 대중의 의견에 영향을 미쳤다.

시인들은 실제로 국민을 대변한 지도자이고 교사였고 그 자부심도 대단하였다. 동서양의 정치가들은 시인이 아닌 경우가 거의 드물었다. 근현대만 봐도 중국의 모택동은 물론 베트남의 국부 호치민, 최근 영국에서 인류 최고의 철학자로 뽑힌 마르크스에서 혁명가 체 게바라까지 굵직굵직한 인간들은 모두 시를 창작했다는 것을 알 수 있다. 중국의 전 주석인 장쩌민의 시는 교과서에도 실렸으며, 현재 주석도 이백 시를 외우고 다니며 미국 대통령과 외교를 하는 것을 보았다. 시적 상상력과 정치적 상상력이 결코 전혀 별개가 아니라는 말이다.

필자의 80대 조상이자 인류의 큰 스승인 공자는 시를 중요시하여 『시경』을 편집하였고, 불경의 기록자나 성경의 예언자들도 대부분 훌륭한 시인들이었다. 시가 얼마나 정치적이기도 하며 정치와 관련이 깊은가는 동양의 시 전통에서도 확인할 수 있다. 공자가 편집하여 공자 문하의 교양서적으로 삼은 『시경』은 대부분 정치에 대한 비판이나 풍자로서 받아들여졌고, 남녀의 연애시들까지 정치적인 비유로 해석되었다.

『시경』에 주석을 붙인 『모시』「대서」에는 정치득실을 바로잡고, 천지를 움직이며 귀신을 감동시키는 것으로 시보다 가까운 것이 없다고 하였다. 또 중국 한나라에서는 패관이라는 관리를 보내어 거리에서 떠도는 이야기를 모아 조정에 보고하게 하여, 위정자가 백성의 뜻이 어디에 있는지 파악하여 직접 정치에 참고하고 백성의 여론을 조사하여 지방 관리의 상벌을 감행하였다.

삼국지의 주인공으로 더 잘 알려진 위나라 황제이자 시인인 조조는 문장이란 나라를 다스리는 위대한 사업이요 영원히 없어지지 않는 성대한 일이라고 했다. 당나라의 백락천은 사회교화를 위한 풍유시가 자신의 시작 목표라고 하였다.

우리나라에도 시의 사회정치적 성격은 풍부하고 훌륭한 전통을 가지고 있다. 사례를 열거하려면 끝이 없다. 문헌으로 남아 있는 우리의 최초의 시라고도 할 수 있는 고조선의 「공후인」2)이라는 시를 이야기해 보겠다. 시를 현대식 표기로 다시 구성하면 이렇다.

여보 물 속으로 들어가지 마세요
남편은 기어코 물 속으로 들어갔네
강물에 쓸려가 죽었으니
가신 남편을 어찌하지요

창작 동기가 중국과 우리나라 문헌에 설화로 실려있는 이 시는 고조선 어느 나루터의 뱃사공 곽리자고의 아내인 여옥이 지었다고 한다. 곽리자고가 어느날 새벽 나룻배를 저어 강을 건너고 있을 때 호로병을 든 머리가 흰 노인이 머리를 풀어헤치고 물결 사나운 강물에 뛰어들어 강을 건너려고 하였다. 그러나 뒤에 따라온 노인의 아내가 강을 건너지 못한다고 말렸으나 노인은 끝내 강을 건너다가 강에 빠져 죽은 것이다.

슬픔에 잠긴 아내는 소리내어 통곡하다가 공후를 타면서 애절한 심정을 담아 부르고 남편의 뒤를 따라 강물에 몸을 던져 죽고 말았다. 이 광경을 본 곽리자고는 집에 돌아와 아내 여옥에게 그 사실을 얘기하고, 여옥은 노인부부의 비참한 죽음을 슬퍼하며 공후를 타면서 그 사연을 노래에 담아 불렀다. 시인의 애절한 심정이 드러나 있는 이 노래는 그

---

2) 장덕순, 『한국문학사』, 동화문화사, 1975, p.70.

내용의 비극적 참상 때문에 수많은 사람들이 따라 부르면서 온 나라 안에 퍼져 오늘날까지 전하고 있는 것이다.

우리는 이 시와 기록에서 몇 가지 사실을 유추할 수 있다. 당시 공후라는 악기가 유행했을 것이라는 것과 아주 유명한 노래여서 온 나라 안에 널리 퍼지는 것은 물론 이웃나라인 중국의 문헌에 실릴 정도였다는 것, 그리고 노인이 미쳐서 자살했다는 것, 아내가 남편을 따라 죽을 만큼 사랑했거나 남편 없이는 더 이상 살 수 없을 정도로 관계가 심각했을 것이라는 것 등이다.

그러나 이 시를 나름대로 더 자세히 들여다보면 당시 노인 문제가 심각했던 것이 아닌가 생각한다. 마침 김대행도 "삶의 곤궁함이 죽음에 이르게 한 것으로 보아 당시 민중의 생활상을 반영한 것으로 볼 수 있다"[3]는 의견을 내고 있다. 이 시가 단순히 미친 노인이 강물에 자살한 사건이었다면 아무도 주목하지 않고 지금까지 전해지지도 않았을 것이다. 자살에 담긴, 자살이 내포한 의미가 있는 죽음이었기 때문에 여옥이 시로 썼을 것이다. 유관순이나 전태일을 생각하면 될 것이다.

고려시대에는 노인을 폐기 처리하는 고려장 관습이 있었고, 현대에도 버려지는 노인문제가 심각하다. 노인문제는 오래된 사회의 과제이다. 삶의 문제, 이것은 대개가 먹고사는 문제겠지만, 이 죽음으로까지 내모는 노인의 삶, 그것은 곧 다가올 창작자 자신의 삶이기도 하고, 여옥 자신의 삶이기도 하고, 그 시를 읊는 전체 민중의 뻔히 보이는 불안한 미래이기도 하다. 그래서 시인은 삶의 절박성에 따른 기막힌 정경을 절절한 심정으로 노래했고, 백성들은 슬픈 이야기를 입에서 입으로 지금까

---

[3] 조동일 외, 『한국문학강의』, 길벗, 1994, p.181.

지 수천 년이나, 그것도 교과서를 통해서 전하고 있는 것이다.

  이 시는 고대 사회의 현실을 반영하고, 그 비극적 현실 즉 노인문제라는 당시 사회의 구체적 현실에 토대를 두었기 때문에 시적으로 성공을 거두었다는 것이 필자의 생각이다. 「공후인」을 보면서 현대의 노인문제나 생활고로 인한 젊은 부부의 자살이나 실직, 현재 청년실업 등의 문제가 왜 시인들의 시의 소재나 주제로 절절하게 들어오지 않나 하는 생각을 하게 된다.

  『삼국유사』에 나오는 노동요인 「풍요」4)도 사회정치적 입장에서 볼 수 있다. 7세기 전반기 영묘사라는 절의 부처를 만드는데 동원된 백성들이 흙짐을 져 나르면서 부른 노래이다.

      오라 오라 오라
      오라 서럽더라
      서럽다 이내 중생이여
      공덕을 닦으러 오다

  풍요는 널리 불려진 노래라는 말일 것이다. 민중의 노래인 것이다. 이 노래는 신라선덕여왕 때 양지라는 승려가 만들었다. 불상을 만들 때 백성들이 흙짐을 날라다 주며 이 노래를 불렀다고 한다. 그 이후에도 사람들이 방아를 찧거나 일을 할 때 이 노래를 불렀는데, 내용을 보면 '서럽다 이내 중생이여' 하고 노동의 고역 속에서 살아가는 고통을 노래하고 있다. 지배 계급이었던 승려가 사람들을 동원하여 불사를 계속하니 백성들의 고통이 얼마나 컸겠는가. 백성의 피와 땀으로 이루어진 신라 불

---

4) 장덕순, 앞의 책, p.95.

교문화는 그렇게 형성되어 지금까지 남아있는 것이다.
 후기 신라에 왕거인이라는 사람이 있었다. 그의 시 「분하고 원통하다」⁵⁾라는 시가 『삼국유사』에 전한다. 필자가 『삼국유사』를 읽으면서 가장 관심을 가졌던 부분이다.

　　　　우공이 통곡하니 삼 년 세월 가물었고
　　　　추연의 슬픈 원한 오월에도 서리가 왔네
　　　　지금의 나의 시름 옛일과 다름없건만
　　　　하늘은 말 없이 왜 푸르기만 한가

 시인이 옛 고사에 의탁해서 나라를 어지럽히고 민중들을 못살게 구는 왕을 비롯한 당시 위정자들을 저주하고 분노하는 시다. 그리고 그걸 내버려두는 무심한 하늘에 대하여 한탄한다. 왕거인은 9세기 말 진성여왕 때 위정자들의 잘못된 정치행위에 불만을 품고 시골에 내려가 은거생활을 한다. 이때 왕과 왕족, 간신들의 세도가 극성하여 정치가 문란하고 농민봉기가 도처에서 일어났다. '바라건대 나라를 망쳐먹는 왕과 간신들은 물러가라'는 뜻의 은어로 된 대자보가 경주 시내에 나돌았다. 이에 질겁한 왕과 위정자들은 왕거인을 포함한 많은 사람들을 잡아다 옥에 가두었다. 옥에 갇힌 왕거인은 자기의 분하고 억울한 심정을 시로 써서 감옥벽에 붙였다고 한다.

---

5) 일연, 이민수 역, 『삼국유사』, 을유문화사, 1983, p.141.

3. 반자본, 반제국주의를 선동한 박인환

우리의 현대문학 전통에서도 카프나 해방공간의 시, 1980년대의 시들이 아니더라도 정치적 상상력을 발휘한 시들을 얼마든지 만날 수 있다. 정치시는 시의 정치성을 이야기하거나 정치권력을 이야기하는 시가 아니다. 사람이 현재 살아내고 있는 사회를 정치적 상상력을 통하여 보여주는 시이다. 그러므로 정치시는 정치적 상상력의 시라고 하면 된다. 대개 시인들은 정치시를 창작할 때 쉽게 두 가지 방법적 전략을 택한다. 직접 표출하는 방법과 암시적 비유를 통한 방법이다. 자본가들을 직접 꾸짖는 1950년대 박인환의 시를 보자.

> 나는 너희들의 마니페스토의 결함을 지적한다
> 그리고 모든 자본이 붕괴한 다음
> 태풍처럼 너희들을 휩쓸어갈
> 위험성이
> 파장(波長)처럼 가까와진다는 것도
>
> 옛날 기사(技師)가 도주하였을 때
> 비행장에 궂은 비가 내리고
> 모두 목메어 부른 노래는
> 밤의 말로에 불과하였다.
>
> 그러므로 자본가여
> 새삼스럽게 문명을 말하지 말라
> 정신과 함께 태양이 도시를 떠난 오늘
> 허물어진 인간의 광장에는

비둘기 떼의 시체가 흩어져 있었다.

신작로를 바람처럼 굴러간
기체의 중추는
어두운 외계 절벽 밑으로 떨어지고
조종자의 얇은 작업복이
하늘의 구름처럼 남아 있었다.

잃어버린 일월의 선명한 표정들
인간이 죽은 토지에서
타산치 말라
문명의 모습이 숨어버린 황량한 밤

성안(成案)은
꿈의 호텔처럼 부서지고
생활과 실서의 신조에서 어긋난
최후의 방랑은 끝났다.

지금 옛날의 촌락을 흘려버린
슬픈비는 나린다.

― 박인환, 「자본가에게」 전문

 대개 박인환을 모더니스트이며 감상주의적 연애시만 쓴 시인으로 오해하고 있다. 박인환은 그간 우리들이 가졌던 선입견과 달리 전후 국내와 현실에 대한 국제정치적 인식을 통해 사실주의 시를 많이 쓴 시인이다. 시에서 박인환은 자본가들의 마니페스토(Money Pest, 선언서)6)를 단호하게 지적한다. 시인의 눈에 자본가들이 판치는 세상은 "정신과 함께

―――――――――
6) 필자는 그동안 마니페스토를 '돈벌레(Monry Pest)'로 이해하였으나 잘못이었다.

태양"이 떠난 도시이고 "인간이 죽은 토지"라는 것이다. 그리고 자본은 붕괴하리라고 한다. 자본 중심의 신자유주의 물결이 한국을 휩쓸고 있는 현재에 비하면, 박인환 당대에는 자본의 극성과 횡포가 쉽게 눈에 띄지 않았을 텐데도 시인은 자본가들의 결함을 올바르게 주목하고 있다. 박인환은 「인도네시아 인민에게 주는 시」를 쓰기도 했다.

  동양의 오케스트라
  가메란의 변주악이 들려온다
  오 약소민족
  우리와 같은 식민지의 인도네시아

  삼백 년 동안 너의 자원은
  구미자본주의 국가에 빼앗기고
  반면 비참한 희생을 받지 않으면
  구라파의 반이나 되는 넓은 땅에서
  살수 없게 되었다.
  그러는 사이 가메란은 미칠 듯이 울었다

  (2개 연 중략)

  사나이는 일할 곳이 없었다 그러므로 약한 여자들은 백인 아래서 눈물 흘렸다
  수만의 혼혈아는 살 길을 잃어 애비를 찾았으나
  스라야바를 떠나는 상선은
  벌써 기적을 울렸다

  (1개 연 중약)

주거와 의식은 최저고
노예적 지위는 더욱 심하고
옛과 같은 창조적 혈액은 완전히 부패하였으나
인도네시아 인민이여
생의 광명은 그놈들의 소유만이 아니다

마땅히 요구할 수 있는 인민의 해방
세워야 할 늬들의 나라
인도네시아 공화국은 성립하였다 그런데 연립임시정부란 또다시 박해다
지배권을 회복하려는 모략을 부숴라
이제 식민지의 고아가 되면 못 쓴다
전 인민은 일치 단결하여 스콜처럼 부서져라
국가 방위와 인민전선을 위해 피를 뿌려라
삼백 년 동안 받아온 눈물겨운 박해의 반응으로 너의 조상이 남겨놓은 저
야자나무의 노래를 부르며
오란다군의 기관총 진지에 뛰어들어라

(이하 3개 연 중략)
― 박인환, 「인도네시아 인민에게 주는 시」 부분

    모두 11연 66행의 유장하고 격렬한 장시를 통해 박인환은 "제국주의의 야만적 제재는 / 너희뿐만 아니라 우리의 모욕"이라고 하며 식민지 인도네시아와 한국을 동일화시키고 있다. 그러면서 시인은 "최후의 한 사람까지 싸"우라고 선동하고 있다. 당대의 멋쟁이자 로맨티스트였던 「목마와 숙녀」, 「세월이 가면」의 시인 박인환은 시 쓰는 방법에서 전후 문학 모더니즘의 기수로만 알려져 있다. 그러나 그는 한

국전쟁 후 지식인의 도시적 우수와 애상을 시에 담아 노래하기도 하고, 민중에게 고통을 주는 자본가를 꾸짖으며 제국주의에 반대하는 '선전포고형' 시도 쓴 것이다.

시인의 이 같은 정치적 상상력과 열정이 아름답고 통속적인 언어, 그러면서도 허무하고 암울한 도시를 노래하여 지금까지 대중의 심금을 울리고 있는 것이다. 대부분 독자들은 차마 박인환이 이런 시를 썼으리라고 짐작하지 못할 것이다. 그의 시선집에는 이런 사회정치적 상상력의 시들이 거의 빠졌기 때문이다. 정치적 상상력이 없이 시를 편집하거나 가르치는 대부분 비겁한 학자나 교수나 선생들의 범죄 행위는 이만저만이 아니다.

4. 역사와 사회인식을 강조한 신경림

신경림의 많은 시들은 정치적 상상력으로 가득 차 있다. 그는 직접적이라기보다는 암시적인 방법으로 시에 정치현실을 반영한다. 그는 산문 「무엇을 어떻게 쓸 것인가」7)에서 문학의 사회참여를 찬성하느냐 반대하느냐 하는 문제는 '무엇을' 쓸 것인가와 '어떻게' 쓸 것인가 가운데 어느 쪽에 역점을 두느냐에 따라 결정된다고 하였다.

그는 '무엇을'에 더 천착하는 경우 참여문학을 찬성하는 것이며, '어떻게'에 치우칠 경우 참여문학을 반대하게 된다고 하였다. 필자는 신경

---

7) 신경림, 『삶의 진실과 시적 진실』, 전예원, 1982, pp.13~27. 「무엇을 어떻게 쓸 것인가」는 1981년 11월 서강대학교에서 강연한 것을 1982년 ≪정경문화≫에 실었다가 단행본으로 묶은 것이다.

림의 이러한 말에 꼭 동의하지는 않는다. '어떻게'가 꼭 참여문학을 반대하는 것은 아니라고 본다. 신경림은 암울한 정치현실을 다음과 같이 표현하고 있다.

> 젊은 여자가 혼자서
> 상여 뒤를 따르며 운다
> 만장도 요령도 없는 장렬
> 연기가 깔린 저녁길에
> 도깨비 같은 그림자들
> 문과 창이 없는 거리
> 바람은 나뭇잎을 날리고
> 사람들은 가로수와
> 전봇대 뒤에서 숨어서 본다
> 아무도 죽은 이의
> 이름을 모른다 달도
> 뜨지 않는 어두운 그날
>
> — 신경림 「그날」 전문

독자는 한편의 암울한 풍경화 같은 이 시를 읽고 나면 어떠한 죽음일까 하고 궁금증을 자아내게 된다. 암시적 수법을 사용하였기 때문이다. "만장도 요령도 없는" 상여를 따라가며 우는 젊은 여자를 떠올리면 예사롭지 않은 죽음이라는 것을 눈치 채게 된다. 한낮이 아니고 "연기가 깔린 저녁"에 상여가 나가고, 저녁이라서 그늘에 짙은 그림자가 "도깨비"처럼 드리우는 "문과 창이 없는 거리"가 음산한 풍경을 떠올리게 한다. "사람들은 가로수와 / 전봇대 뒤에 숨어서" 장례 행렬을 구경하고, 죽은 사람의 "이름을 모른다". 이것은 표현의 부자유와 정보권력의 독점 상태였던 군사독재시절의 암울한 분위기를 암시한다. 달이 "뜨지 않은 어두운 그날"이라는 암울한 분위기는 암시의 깊이를 더한다. 특히 "그날"이라는 불특정 부사의 사용은 비구체적 시간의 제시로 상상의 확장을 가져온다. 비슷한 분위기의 시를 또 보자.

> 자전거포도 순댓국집도 문을 닫았다
> 사람들은 모두가 장거리로 쏟아져 나와
> 주먹을 흔들고 발을 굴렀다
> 젊은이들은 징과 꽹과리를 치고
> 처녀애들은 그 뒤를 따르며 노래를 했다
> 솜뭉치에 석유불이 당겨지고
> 학교마당에서는 철 아닌 씨름판이 벌어졌다
> 그러다가 갑자기 겨울이 와서
> 먹구름 끼더니 진눈깨비가 쳤다
> 젊은이들은 흩어져 문 뒤에 가 숨고
> 노인과 여자들과 비실대며 잔기침을 했다
> 그 겨우내 우리들은 두려워서 떨었다
> 자전거포도 순댓국집도 끝내 문을 열지 않았다
> — 신경림 「폭풍」 전문

이 시의 제목이 암시하고 있는 '폭풍'이 무엇인지 궁금하다. 사람들은 상가의 문을 닫고 거리에 쏟아져나와 "주먹을 흔들고 발"을 구르며 징과 꽹과리를 치며 철 아닌 씨름판을 벌이고 있다. 그런데 갑자기 겨울이 오고 먹구름이 끼고 진눈깨비가 친다. 암울한 정치환경이라는 정치적 상상을 가능하게 한다. 또 젊은이들이 흩어져 문 뒤에 숨었다는 것도, 겨우내 두려워서 떨었다는 것도 독자의 정치적 상상을 자극한다. 거기다 자전거포와 순댓국집도 끝내 문을 열지 않는, 즉 민중들이 생업을 전폐하면서까지 정치적 폭력을 두려워하는 시적 상황은 끝없이 암울한 정치적 현실임을 암시한다.

신경림은 또 다른 시 「전야(前夜)」에서 "그들의 함성을 듣는다 / 울부짖음을 듣는다 / 피맺힌 손톱으로 / 벽을 긁는 소리를 듣는다 / 누가 가난하고 / 억울한 자의 편인가 / 그것을 말해주는 사람은 / 아무도 없다 달려가는 그 / 발자국 소리를 듣는다 / 쓰러지고 엎어지는 소리를 / 듣는다 그 죽음을 덮는 / 무력한 사내들의 한숨 / 그 위에 쏟아지는 성난 / 채찍소리를 듣는다 / 노랫소리를 듣는다"며 매우 고양된 목소리로 암시적 수법을 통한 독자의 정치적 상상을 자극한다.

얼마 전 한 선배 시인이 생활고로 죽었다. 생활고로 죽는 것은 시인의 자랑이 아니다. 그건 시인의 비극도 아니다. 오직 개인의 비극일 뿐이다. 그가 시 때문에 굶어죽은 것은 핑계다. 오래전 내가 만난 한 미혼의 여성 시인은 방안에 그대로 자다가 죽었으면 한다는 말을 했다. 얘기를 들어보니 실연도 아니고 경제 궁핍 때문에 오는 생활고였다. 그동안 젊어서는 여기저기 일을 하고 잡글을 쓰고 아이들을 가르치다가 경기가 나빠지다 보니 근근이 버티던 수입이 없어져 버린 것이다. 그런데도 그는 지금까지 자신의 삶의 문제에 본질적으로 접근하는 시를 쓰고 있지 않았던 것이다. 시에 대한 잘못된 관념, 겉멋이 그를 사로잡고 있는 것이다.

그녀는 자신의 생활고나 실업, 가난 문제, 위정자의 정치적 경제적 파행이나 실패를 시로 건드려서는 시가 안 된다고 생각하고 있었다. 솔직히 나는, 무슨 말을 하는지도 모르겠는 그녀의 시집을 끝까지 다 읽지 못했다. 그녀는 한국 시단의 나쁜 것만 답습하여 나쁜 시를 재생산하고 사이비 지성에 아부하여 평생 문단권력을 흠모하거나 끌려다니는 것밖에 할 수 없는 불쌍한 사람일 뿐이다.

나는 처자식과 생활을 버리고 현실과 대결하지 않고 도피해 있는 '청산별곡형' 시인들의 시들을 좋아하지 않는다. 문학을, 시를 빌미로 막행막식하는 것도 보기가 싫지만, 생활은 천하에 잡놈이거나 야바위꾼이면서 시는 속세를 떠난 듯하고 잠언적 언사를 구사하는 것도 구역질이 난다. 못된 생활을 매끄러운 언어로 위선 위장하는 시보다, 세파의 진흙 속에서 먹고살기 위해 치열하게 뒹구는 문필가들의 생활과 고뇌, 슬픔, 정치사회에 대한 원망과 변혁을 추동하는 속된 시가 더 훌륭하다고 본다.

5. 닫는 글

모든 예술 작품과 마찬가지로 시의 원동력은 상상력이다. 상상력은 시가 독자의 관심을 끄는 힘이며, 시의 위력을 발휘하게 하는 힘이다. 시인은 현실에서 다양한 상상력을 통해 정치사회적 폭력과 자본주의 주도하에서 꿈을 상실해 가는 인간에게 삶을 재조정하고 희망을 갖도록 부추겨야 한다.

그러나 현재의 시인들은 젊으나 늙으나 정치에 대한 몰이해와 편견, 무관심으로 사회정치적 상상력을 백안시하는 경우가 많다. 왜 시인들은 자신의 삶의 조건을 결정짓는 사회정치 현실을 비틀고 꼬집지 않는지

갑갑하다. 이것은 정신보다 문자에만 매달린 태만한 작가정신, 시정신에서 오는 것이라고 본다. 대부분 시인은 지식인도 지성인도 아니지만, 시에서 사회정치적 상상력을 회피하는 것이야말로 시인의 반지성적 행태의 대표 사례라고 할 수 있다.

독자들이 시집을 읽다가 내팽개쳐버리는 이유는 시에 구체적 생활이 없고, 한심한 관념과 말놀이만 무성하기 때문이다. 시는 민중에게 적절한 꿈과 희망의 언어를 불어넣고 실현하도록 충동해야 한다. 그러기 위해서 시인은 정치와 시, 시와 사회 사이의 벽을 상상력이라는 힘을 통해 깨부수어 사회정치적 상상력과 문학성, 시성이 조화되는 형상작업을 해야 하는 것이다. 1980년대에 많이 들었던 정치시와 사회시가 재미없다, 목소리가 생경하다는 말은 바로 시적 형상력의 부족함 때문에 온 비판이다.

어느 사회에서나 지배권력은 인간의 자유영역을 통제하고 침해하고 억압하게 된다. 시인은 인간의 자유영역을 좁히려는 정치사회적 금기의 벽을 상상력을 통해 타개하여 인간의 존엄성을 일깨워주고 새로운 삶의 방향을 제안해야 한다. 시가 현실의 도피처가 되고 위안만을 제공해서는 안 된다. 적을 죽여야 적으로부터 도망쳐서는 자신이 항상 죽음의 위협에 놓여있게 되는 것이다. 도피하고 위안만 받아서는 근본적으로 행복해질 수 없다는 말이다.

그런 면에서 자본중심의 세계화, 신자유주의, 미국의 패권주의, 기아로 죽어 가는 후진국의 어린이들, 매춘, 아동노동, 핵, 한반도의 남북 관계, 재벌, 대통령의 실정, 빈부의 양극화, 기업내 정규직 노동자와 비정규직 노동자의 차별 등 모두가 우리나라 시인들의 시의 제재로 들어와야 한다.

　인간은 고독이나 사랑, 불안, 존재에 대한 회의 등에 영향을 받기도 하지만 정치, 경제, 사회제도 등 외적 조건에 훨씬 더 영향을 많이 받는다. 그러므로 인간의 존재를 규정하는 기본권, 생존권 문제와 직결되는 외적 조건을 시로 건드려야 한다는 충분한 근거가 있다.

　다시 강조하지만 이 글은 시인 모두에게 정치시, 사회시를 쓰라는 말이 아니다. 모두 한 가지만 써대서는 시가 망한다. 요즘의 정신없는 시들처럼 말이다. 현재 인간 삶의 조건을 건실하게 할 수 있는 균형있는 상상력을 시에 발휘하자는 것이다. 시인들이여! 시를 쓰면서 역사의식, 사회의식, 정치의식의 지진아라는 조롱을 더 이상 받지 말자.

찾아보기

▫ 인물

ㄱ

강희맹	21
고 은	64
고은태	65
공광규	29, 35
김경린	43
김삿갓	21
김영승	28
김종철	151
김종해	151
김춘수	19

ㄴ

나태주	128

ㅁ

마르크스	304
모택동	304
문숙	254

ㅂ

박몽구	236
박이도	103, 111
박인환	41, 309

ㅅ

서거정	20
서정주	19, 20
성철 스님	33
성현	21
송세주	21
신경림	82, 313

ㅇ

안도현	140

야운 조사　　　145
양지　　　307
엘리어트　　　67, 154
오도송　　　33
오탁번　　　22
이규보　　　31
이백　　　304
이인로　　　31
임효림　　　206

ㅈ

장쩌민　　　304
정취암　　　249
주오현　　　206

ㅊ

체 게바라　　　304
최동호　　　192

ㅍ

표성배　　　279
프로베르　　　136

ㅋ

카프　　　280

ㅎ

한용운　　　206
허백 명조　　　33
호치민　　　304
황지우　　　27

■ 용어

ㄱ

개발독재기	173
계열화	253
고급 풍자	24
고려가요	16
골계	17
골계담	21
과장	16
국가정보원과거사진상규명위원회	207
<국제신보>	42
기독교	105, 154, 177
기지(위트)	16
깎아내리기	24

ㄴ

노동문학	280
농담(조크)	16

ㄷ

대위법 양식	165
대화법	35
둔주곡	165

ㅁ

만해실천사상선양회	207
말놀이	30
말재롱	30
모더니스트	41, 47
모순어법	33, 34
미국 하류문화	177
미래시제	118
민담	16
민속극	16
민요	16
민주개혁국민연합	217
민주화운동기념사업회	207
민중문학	280
민중의 벗	206
민중항쟁	206

ㅂ

반어적 수법	30
백담사	206
베트남	164
보광사	207
본격문학	16
부풀리기	24
불교	68, 154, 184, 193, 208
불교적 상상력	71

비자립명사	35		역설	24, 33
비정규노동자	208		연쇄법	132
			영묘사	307
(ㅅ)			영상구성 기법	193
			왕거인	308
사설시조	16		욕설	24
사회정치적 상상력	303		우스갯소리	16, 23
상말	35		우화	82
선시의 수사법	33		우화적 진술	92
선적 발상	71		위트	24
설화	16		유머	17
성서	291		유행 속어	35
세태 풍자	25		유형화	253
센티멘털리즘	41		윤회	195
생태적 상상력	144		음악형식	165
시조	16		익살	17
신화	16		인유의 방법	27
실천불교승가회	207		일상시	119
(ㅇ)			(ㅈ)	
아이러니	24		자기 풍자	24
야유	24		자기비하	16
언어당착	33, 34		자미(滋味)	15
언어유희(펀)	16		재담	22
언어유희	30		재미	16
여가문학	16		재미의 시학	15
역설(패러독스)	16		저급한 풍자	24

324 시 쓰기와 읽기의 방법

전설	16
전장시인	53
전통지향성	105
정영 선사	228
정치 풍자	24
정치적 상상력	301
정치적 풍자	24
조어화(造語化)	123
종교 어휘	180
종교지향성	1034
죽림칠현	32

ⓒ

처용설화	19
청록파	44
축소	16

ⓟ

판소리	16
팔레스타인	216
패러디	24
펀(Fun)	30
폭로	16
풍요	307
풍유(알레고리)	16, 82, 83
풍유적 진술	83

풍자(새타이어)	16, 17, 24, 24, 26
풍자적 개작(패러디)	16
풍자적 상상	101

ⓗ

한국전쟁	53
한시	16
해학(유머)	16, 17, 24
향가	16
허무주의	41
현대불교문학상	192
≪현대시≫	67
현실지향성	104
현실지향적 시	119
휴식문학	16
희언	17
희언법	30

■ 작품

㉠

「가을 공원」 134
「가을이 온 모양이다」 283
「갓산」 295
「개」 96
「개미를 보며」 97
「객관성·주관성의 문제」 68
「거기 바로 거기서 당신」 146
「거리」 41, 45
「거리의 꽃」 215
「거인의 나라」 86
『경국대전』 20
『고은전집』 69
「고장난 사진기」 87
『골계전』 21
「공후인」 305
「구화산 후기―등신불 시편·13」 188
「굴비」 22
「그날」 314
「그라인더맨」 289
「금 간 화분」 265
『금광명경』 226
「기침의 무게」 130
「길을 가다가 그를 보았네」 221

「꽃과 나비」 230
「꽃향기에 취하여」 226

㉡

「나목」 100
「나무를 심으며」 273
「나무와 꽃과 불꽃」 281
「나에게 내가 묻고 싶다」 144
「나팔꽃」 284
「낙엽」 74
「남풍」 42, 47, 50
「낮은 곳으로―산중문답 시편·4」 189
「내 허망한」 89
「내가 꿈꾸는 여자」 147
「너에게 묻는다」 140
「너와 나―등신불 시편·10」 187
「네팔에서―산중문답 시편·1」 187
「노을」 229
「노인과 수평선」 194
『누가 오나 누가 오나』 124
「늙은 고무장갑」 255

㉢

「다시 밥이다」 296

「단추」 271
「대서」 304
「대숲 아래서」 128, 131
≪대화≫ 236
「덕장—설악산 백담사 앞 용대리에서」 233
「덩굴장미」 286
「도라지꽃」 230
「돌계단」 147
『동국여지승람』 20
『동국통감』 20
『동문선』 20
「들길」 141
「등신불—등신불 시편·1」 185
『등신불 시편』 151

㊀

「막동리 소묘·4」 133
『만인보』 69
「매형 요셉—못에 관한 명상·29」 182
「면도날」 204
「명동을 지나며」 172
『모시』 304
「모자(帽子)」 117
『목마와 숙녀』 42
『못에 관한 명상』 151

「무엇을 어떻게 쓸 것인가」 313
「무제」 21

㊂

『박인환 선시집』 42, 44
「반성 810」 28
『반추』 103
「밥에 대하여·1」 174
「백두산」 69
「백지편지—브람스 현악6중주 제1번」 245
「범벅타령」 25
「베트남 칠행시」 167
「보이지 않는 손」 293
「부부」 276
「부활」 232
「북 —쇠가죽으로 만든 모든 북을 위하여」 209
『불나비』 67
「불안과 희망 사이에서」 43
「비상」 234
「빈몸」 76
「빨래」 231
「뿔」 95

찾아보기 327

ㅅ

「사람보다 사람을 있게 하는」 291
「사르트르의 실존주의」 45
「산」 142
「산수유꽃 핀 날」 72
「산토끼」 98
『삼국유사』 18, 308
『새로운 도시와 시민들의 합창』 43
「새우튀김」 259
「서부전선에서―윤을수 신부에게」 59
「서양귀신―못에 관한 명상・23」 178
「서울의 올훼―굴렌 굴드를 들으며」 247
「서울의 유서」 151, 170
「城―강읍기 3」 88
「소백산 양떼」 84
「소시장에서」 113
「소화기」 274
「숙자는 남편이 야속해 KBS 2TV, 산유화(하오 9시 45분)」 27
「순이야」 231
「숨」 73
「숨막히는 열차 속」 90
「시」 150

「시간의 마차 위에서」 35
『시경』 304
「식민항의 밤」 53
『신시론』 43
≪신천지≫ 45, 50
「심심하다―등신불 시편・4」 186

ㅇ

「아내는 외출하고」 163
『아라비안 나이트』 17
「아름다운 열차」 91
「아메리카 영화 시론」 45
「아저씨에게」 109
「어떠한 날까지―이중위의 만가를 대신해서」 56
「어린 딸에게」 55
「어머니―못에 관한 명상・38」 184
「어머니, 우리 어머니』 151
「어머니」 262
『오늘이 그날이다』 151
「오딧세이」 17
「오이도」 151
「5월에」 133
「옥수수 밭 너머」 161
「옥수수」 162
「용수 할매」 268

「우리시대의 새」	93
「우리집에서 생긴 일」	29
「유리벽 1—파리 텍사스」	241
「유리벽에 기대어」	243
「유리창 4」	238
≪유심≫	206
「음성」	105
「이무기」	225
『이솝우화』	17
「이앙요」	18
「이웃」	213
「인도네시아 인민에게 주는 시」	42, 50, 312
「인천항」	53

ㅈ

「자본가에게」	42, 310
「자음요」	31
「장 서방」	214
「재봉」	155
「저 사람」	293
「저 은행나무」	139
「저녁놀」	149
「전사—자신의 조국을 위하여 죽음으로 항거하는 테러리스트를 위하여」	218
「절망이 벤치 위에 앉아있다」	137

「折花行(꽃을 꺾어들고 가면서)」	32
「정신의 행방을 찾아」	53
「정취암에 가서 4」	250
「죽음의 둔주곡—나는 베트남에 가서 인간의 심음소리를 더 똑똑히 들었다」	165
「지금은 고독할 때」	223
「진드기」	99

ㅊ

「처용가」	17, 20
「처용훈—『삼국유사』 제2권, '처용랑, 망해사'조」	20
「첫사랑」	272
「춘향전」	17
「치약 껍데기」	264

ㅌ

「태풍이 지나간 저녁 들판에서」	94
「투신 자살」	212

ㅍ

「폐결핵」	66, 72
「폭풍」	315
「풍경소리를 잡아먹던 자벌레」	198
「풍요」	307
「피를 먹고 자라는 나무」	219
『피안감성』	68
『피안행』	68
「피양에선 돈 지고 오라네」	121

ㅎ

「何如之鄕 5」	30
「한낮 님」	78
「한줄기 눈물도 없이」	58
『한하운 시초』	65
「할머니의 못」	203
「함박눈이 허공을 부르다」	201
「항아리」	258
「해고 통지서」	210
『해변의 운문집』	68
「화단」	287
『화엄경』	228
「확실한 노동자」	292
『황무지』	67
『황사바람』	192
「회상의 숲·1」	110
「흔적」	101, 260

시 쓰기와 읽기의 방법

2006년 9월 25일 1판 1쇄 인쇄
2006년 9월 30일 1판 1쇄 발행

지은이 • 공 광 규
펴낸이 • 한 봉 숙
펴낸곳 • 푸른사상사

등록 제2-2876호
서울시 중구 을지로3가 296-10 장양B/D 701호
대표전화 02) 2268-8706(7) 팩시밀리 02) 2268-8708
메일 prun21c@yahoo.co.kr / prun21c@hanmail.net
홈페이지 //www.prun21c.com
ⓒ 2006, 공광규

값 20,000원

ISBN 89-5640-486-0-93810

☞ 저자와의 협의에 의해 인지는 생략함.
　21세기 출판문화를 창조하는 푸른사상이 되도록 노력하겠습니다.